中國學術思想 研究輯刊

十 二 編

林 慶 彰 主編

第29冊

《說文解字》數術思想研究（上）

陳 雅 雯 著

花木蘭文化出版社

國家圖書館出版品預行編目資料

《說文解字》數術思想研究(上)／陳雅雯 著 — 初版 — 新北市：
花木蘭文化出版社，2011〔民 100〕
目 4+214 面；19×26 公分
（中國學術思想研究輯刊 十二編：第 29 冊）
ISBN：978-986-254-670-3（精裝）
1. 說文解字　2. 研究考訂
030.8　　　　　　　　　　　　　　　　100015937

ISBN-978-986-254-670-3

9 789862 546703

中國學術思想研究輯刊
十二編　第二九冊　　　　　　　　　ISBN：978-986-254-670-3

《說文解字》數術思想研究（上）

作　　　者　陳雅雯
主　　　編　林慶彰
總 編 輯　杜潔祥
出　　　版　花木蘭文化出版社
發 行 所　花木蘭文化出版社
發 行 人　高小娟
聯 絡 地 址　新北市永和區中正路五九五號七樓
　　　　　　　電話：02-2923-1455／傳眞：02-2923-1452
網　　　址　http://www.huamulan.tw 信箱 sut81518@gmail.com
印　　　刷　普羅文化出版廣告事業
封面設計　劉開工作室
初　　　版　2011 年 9 月
定　　　價　十二編 55 冊（精裝）新台幣 90,000 元　　　版權所有・請勿翻印

《說文解字》數術思想研究（上）

陳雅雯　著

作者簡介

陳雅雯，畢業於輔仁大學中文系、中文所，國立成功大學中國文學系博士。現為遠東科技大學資訊工程系、通識教育中心副教授。大學時代中國文字學的基礎培植，開啟日後研究《說文解字》的理路，從漢字形音義的孳乳譜系，到漢字承載的思想與文化內涵，以哲學思考體認漢字建構的世界秩序，呼應內在信念所創造的實相，明白漢字很多的故事，正是更大的驚喜與感動。

提　　要

　　漢代的思潮特色，是在天人之學的架構之下，產生了陰陽五行 讖緯 數術的連結效應。《說文解字》作為古代字書的撰著動機，乃源發於漢代經學的啟迪。許慎經學家的身分，和書中所呈現的經書材料，是發掘其數術思想的來源。本研究試圖連結《說文》文字 經學 數術的知識群組，用數術這把鑰匙，回顧漢代的思想特色，並重啟《說文》這片乏人問津的地帶，解開其中迷思，以尋求合理的解答，揭櫫《說文》所蘊含的《易》理、陰陽五行、天人之學、天文律曆與方技思想，擴展《說文》的研究領域，體現其另類的數術意義與價值。

　　本論文共分八章，第一章〈緒論〉之於本論文猶如「惟初太極，道立於一」的「一」，象徵著研究動機之始與論文撰述之端；之後「造分天地」，開啟第二章《說文》的漢代數術天地，作為與《說文》數術聯繫的臍帶；而後孕育「化生萬物」，生成第三章至第七章《說文》字例紛繁的數術世界。最後歸結於第八章〈結論〉，是本論文的要義總述，似終點，亦有以待來茲的研究期許，猶如「畢終於亥」，復歸於一，終而復始，生生不息。《說文》數術的秘密，在共時性的作用之下，異時的證據說法受到不斷鼓動、鼓舞，因而那個同時性活動可以不斷地被解開與看見。

誌　謝

　　歲月，很奇妙！與《說文》結緣，是大學、碩士班時的故事。後來，步入現實的體驗，匆匆，好似變得一切空白而陌生。然而，心中還是遙記著那僅僅對自己一個人有意義的鼓聲。

　　多年之後，進入成大，距離就此慢慢拉近，熟悉感漸漸找回。沈老師寶春總是在最新的出土學術資訊上，給予莫大的提領，又不時生活話家常，心中總是溫暖滿滿。數術啓蒙來自於林老師金泉的悉心教授，總有說不盡的奇與巧，還有許多尚待拂塵的領域，在罕見的寶庫中招喚。原來，走過歲月，欣喜雙倍關懷的知遇，還有學術鎔鑄的嘗試。此刻，不正是一種幸福！

　　初生之犢，有請許老師錟輝、王老師初慶、季老師旭昇作論文審查，倍感殊榮。許老師有碩士論文的口試因緣，王老師是輔大時期的啓蒙與指導教授，季老師常蒞校口試審查與學術演講。三位老師寶貴的建議及時提醒，不要忘卻初衷的縝密與寬容。此刻，不正是一種幸福！

　　張老師高評在研究的深廣中，總懷著學術的開朗與幽默；江老師建俊在魏晉中，對清談一路的行持，總不遺餘力要見眞章；王老師偉勇詞人的抒詠，總見一份胸襟與氣度；陳老師益源的細密感興，總有學術的期待與更新。每屆系主任總不厭其煩的耳提面命，終於有這本論文的完成。此刻，不正是一種幸福！

　　緣分可貴，友情無價，資料的諮詢、查閱、影印，有遠從臺北錕鍵寄來的包裹，有佑仁 e-mail 的細細指點，有熱心慧賢善巧、效率的大力協助；還有惠茹、妍伶、詩雯、榮冠、宇清、郁茹、嘉璟的聲聲加油，正彥老師的摘要英譯。再如何，也要好好微笑擁抱，有你（妳）眞好！此刻，不正是一種

幸福！

　　論文執筆過程，案牘總有成堆成山的書籍，伴著電腦轟轟的散熱聲，在午夜凌晨交替時分鼓舞著。每天的用餐時間，便是空檔和父親談心的時刻，這裡鋪展的愛心，延續了母親曾經的叮嚀。歲月，不曾失去，有的是無盡的愛。此刻，不正是一種幸福！

　　感謝歲月這場共時奇遇，讓書架靜止的書本，化作如松之盛，開展秋水長天，在無聲勝有聲的驚歎號中持續鼓舞著！！疏漏不足與大膽評騭之處，祈請 方家海函指正是幸！

　　以上這篇誌謝原文寫於 2009 年 6 月，在成大順利通過博士論文審查及口試的當時。事隔兩年，承蒙 花木蘭文化出版社的出版，以饗更多的學術同好者，在此致上最深的謝忱。

陳雅雯 謹識於

中華民國一〇〇年七月 歲在辛卯

目

次

凡　例

一、本論文以段玉裁《說文解字注》（經韻樓藏版）爲研究文本。以楊家駱主
　　編《說文解字詁林正補合編》（臺北：鼎文書局）爲重要的輔助參考。徐
　　鍇《說文解字繫傳》發揮《說文》《易》學之旨最著，亦是本論文倚重的
　　參考要書。

二、本論文數術之定義與字例分類以《漢書・藝文志》「數術略」「方技略」
　　和《後漢書・方技列傳》爲參考基準，字例分爲《易》學、陰陽五行、
　　天文律曆、方技四類，以專章方式論述。

三、每小類字例皆先列字例表，按篇卷數依次排列。字表以下標號再作個別
　　字例分析。
　　（一）引錄字例的《說文》原文，若有不同版本文字，則加註說明。
　　（二）以「按」作字例分析。引證兼採古今，化異時爲共時。

四、以列表或徵引圖像，配合字例的分析說明。

五、註解中的參考書籍或期刊論文，未收錄在【參考書目】舉要者，請酌參
　　各章次。

六、附錄《說文》數術總字表分《易》學、陰陽五行、天文律曆、方技四類，
　　分記《說文》篇卷數與本論文所在的頁碼。若有互見情形，則加註說明
　　互見之章節頁碼。

第一章　緒　論

一、研究動機與目的

　　《說文解字》作爲古代字書的撰著動機，乃源發於漢代經學的啓迪，《說文·敘》云：「蓋文字者，經藝之本，王政之始，前人所以垂後，後人所以識古，故曰：本立而道生，知天下之至賾而不可亂也。」許沖〈上說文表〉云：「今五經之道昭炳光明，而文字者其本所由生。」許愼撰著《說文》，是從解經立意出發，以詳實嚴謹的著經態度來撰寫這一部字書，「博問通人，考之於逵」，「六藝群書之詁」，「世間人事，莫不畢載。」〔註1〕《說文》包羅範疇之廣泛，還是源於許愼學養博通。所以，《說文》的價值不僅建立在文字學上，更應該有其經學、思想上的意義，《說文》可當作一部字書研究，同時也可作爲經書、思想作品研究。

　　《後漢書·儒林傳》記載許愼「博學經籍」，被時人譽之爲「五經無雙」。〔註2〕儒家經學是漢代的中心學術活動，《論衡·程材》：「夫五經亦漢家所立，儒生善政大義皆出其中。」根據《史記·太史公自序》五經所包含的範疇是「《易》著天地陰陽、四時五行，故長於變；《禮》經紀人倫，故長於行；《書》

〔註1〕　許沖〈上《說文解字》表〉：「愼博問通人，考之於逵，作《說文解字》，六藝群書之詁，而天地、鬼神、山川、艸木、鳥獸、蚰蟲、雜物、奇怪、王制、禮儀，世間人事，莫不畢載。」

〔註2〕　《後漢書·儒林傳》：「許愼，字叔重，汝南召陵人也。性淳篤，少博學經籍。馬融常推敬之。時人爲之語曰：『五經無雙許叔重。』爲郡功曹，舉孝廉，再遷，除洨長。卒於家。初，愼以五經傳說臧否不同，於是撰爲《五經異義》，又作《說文解字》十四篇，皆傳於世。」

記先王之事，故長於政；《詩》記山川谿谷、禽獸草木、牝牡雌雄，故長於風；《樂》樂所以立，故長於和；《春秋》辯是非，故長於治人。是故《禮》以節人，《樂》以發和，《書》以道事，《詩》以達意，《易》以道化，《春秋》以道義。」兩漢時代一切政治制度、社會風尚、教育宗旨及私人修養等綱節，無一不根據經學而來，五經不僅是學術課程，且是文化傳統的積澱。善通五經的許慎，不啻為博學通儒。

　　《後漢書・儒林傳》提到許慎的著作只有《五經異義》和《說文解字》，但是《隋書・經籍志》記載還有《淮南鴻烈閒詁》。張震澤認為許慎著述可考者尚有：《孝經孔氏古文說》一卷、《六韜注》若干卷、《論語》、《離騷》或亦有注。〔註3〕劉汝霖《漢晉學術編年》則又多了《史記》注。〔註4〕這些著作於今可見者，除了《說文》最完整外，《五經異義》與《淮南鴻烈閒詁》都只是輯佚本，其他著作則不見輯佚。由此可見，許慎雖以經學聞名，而其所著或所注之書涉及經、史、子、集等範圍，不為經學所限。

　　再者，由今存《五經異義》佚文可知，許慎雖身為古文經學家，既匯集古今師說，區分異同；又權衡各家是非，以求真解。〔註5〕在他的《說文》裡有借文字證經書，以經書考文字，所引用的典籍有古文經，又有《魯詩故》、《齊詩故》、《公羊傳》、《春秋繁露》等今文學派著作；所引用的漢代名師有如劉歆、張敞、杜林、賈逵等古文經師，又有如董仲舒、京房、歐陽喬等今文經師。〔註6〕《五經異義》、《說文》二書所作既不同時，且師有異讀、學有

〔註3〕 張震澤，《許慎年譜》（瀋陽市：遼寧大學出版社，1986.8），頁4。

〔註4〕 劉汝霖，《漢晉學術編年》（上）卷五（臺北：長安出版社，民國68.10（1979.10）），頁41。

〔註5〕 劉師培〈古今文考〉曰：「若《五經異義》，于博士之經，冠以今字，以別古文，故有今《易》京孟說，有今《尚書》夏侯歐陽說，有今《詩》魯齊韓說，有今《春秋》公羊穀梁說，有今戴《禮》說，有今《孝經》、今《論語》說。今學而外，有古《周禮》說，有古《尚書》說、古《毛詩》、古《左氏》、古《孝經》說，所言今說古說，猶言今文說古文說耳。」，《左盦集》卷三《劉申叔先生遺書》（三）（臺北：台灣大新書局，民國54.8（1965.8）），頁1459。馬宗霍曰：「許慎專以古學名者也。……慎之《五經異義》，其說九族，則不從古《尚書》說，而從今《禮》戴、《尚書》歐陽說，其論諸侯無去國之義，則不從《左傳》說，而從《公羊》說。」見《中國經學史》第六篇〈兩漢之經學〉（臺北：臺灣商務印書館，民國75.2（1986.2）），頁45。

〔註6〕 參考王蘊智，《中國的字聖——許慎》（鄭州：河南人民出版社，1994.8），頁11。

新知，故二書撰述意向不盡相同，不減許慎學能兼賅古今、識能臧否異同之功。故其經學、思想、文字訓詁，未嘗專輒固執，不墨守方隅，立言求當，論證客觀。許慎以古文家之姿兼容今文經，超越今古學的藩籬，沒有狹隘的門戶之見，既發揮經學的有效闡釋意義，同時也展現許慎綜合博通的學術胸襟。

　　經學的今古文之分和融通問題是漢代的學術焦點，而以陰陽五行、讖緯數術附會儒家經義又是漢代學風的另一大特點。漢代博學通儒的傾向，使得當時知識階層的取徑大大拓展，而這種知識拓展的直接後果，擴大儒學經典知識唯一性的解釋，各種駁雜的思想如百川匯流，形成龐大的陰陽天人體系，浸染著各種知識層面，就連儒學也不能例外。因此，被視為儒學的經書，原本也容載了一些零散、屬於先秦的陰陽天人之學，到了大談天人災異的漢代，更加促使經書這部分思想的揚現，並得到越發積極的整合詮釋，於是帶動緯書大量的發展，說它是天人之學的附加產物也好，或者是經學的延伸演繹也好，存在可以說明：漢代的思潮特色，是在天人之學的架構之下，產生了陰陽五行──讖緯──數術的連結效應。葛兆光曾經說：「我們現在的思想史卻常常忽略了數術方技與經學的知識，使數術方技的研究和經學的研究，成了兩個似乎是很隔絕的專門的學科。」〔註7〕《說文》的詞義系統是對六藝群書詞義系統的精密概括，自然也顯露此複雜成分，它是《說文》「初形本義」條件外另有的意義系統，其所形成既專門又複雜的學術特色，是本研究動機的最佳誘因與新考驗。

　　從學術史的角度來重新審視《說文》這些特殊意義，會發現其說解內容多涉及《易》理與陰陽五行，性質與數術無異，反而成為《說文》值得探索、釐清的學術議題。所以，本題研究正有意用數術這把鑰匙，重啟《說文》這片乏人問津的地帶，進入罕知已久的區域，解開其中迷思，以尋求合理的解答，揭櫫《說文》所蘊含的《易》理、陰陽五行、天人之學、天文律曆與方技思想，體現《說文》另類的數術意義與價值。因此，構成《說文》的附會謎奧並非有違本形本義，而是該書汲取當時的陰陽數術思想說解文字之故，如是鑿枘自不牴觸，附會籬障亦可移除。易言之，以往《說文》為人所輕忽，詬病為穿鑿附會的部分，用漢代這種特有的思路去解析，反而可以解惑。是

〔註 7〕葛兆光，《思想史的寫法──中國思想史導論》（上海：復旦大學出版社，2004.7），頁 31。

以「《說文解字》數術思想研究」爲題，建立《說文》的轉型研究意義如下：

（一）拓展《說文》的研究領域

《說文》固然有其文字學理，不過在這背後應該還有更高、更深的思想動力，影響著許慎的著述意旨，藉著《說文》的行文體例一一呈現。所以，《說文》雖是一本字書，但字裡行間透顯的義蘊，不是文字學盡可解釋透徹的，與其受限於字書的框架，僅定位在文字學的研究，毋寧解除這框限，試圖證實它的思想內容，發掘《說文》不同的學術意義與價值，爲《說文》注入新的學術動力，才有助於文字學的永續研究與發展。

（二）釐清《說文》的學理真相

雖然已有部分學者注意到《說文》的思想義蘊探討，不過多爲初步的探索、零星的論述，全盤深入分析者爲數甚少，是以本研究在前人的研究基礎下，在《說文》的字書語詞中，作字例的詳細搜尋，與原理的深入論述，在質與量上將齊頭並進，以補現有研究成果不足之處，尋求蹊徑另闢的研究新契機。

（三）重新建立《說文》在學術史上的價值

許慎經學家的身分，和書中所呈現的經書材料，是發掘其數術思想的來源。本研究試圖連結《說文》文字——經學——數術的知識群組，以形成更嚴謹、更寬廣的知識網路，藉此擴展《說文》的研究領域，並藉機回顧漢代的思想特色。因此，本研究目的是要重啓《說文》不易理解或遭人誤解的話語系統，溝通文字學門與思想學門彼此間的交流，《說文》的字例是研究主體，數術是研究主軸，主體猶如是散佈在主軸上的一個個零件，主軸則是主體要運作、運轉的學理結構，也就是從數術主軸探討對許慎之影響，及其在《說文》字例主體的呈顯面貌，展現《說文》不同的學術價值。

二、研究綱要與方法

（一）研究綱要

本研究的論域延展理路，一方面連接外緣線索，一方面作內在論述的整合與系統化，以勾勒《說文》與漢代數術思想的密切關係。所謂外緣線索就是指漢代數術概說，這部分安排在第二章。內在論述的整合與系統化則從《易》學、陰陽五行、天文律曆、方技四方面作發揮，分屬第三、四、五、六章；第七章則是對《說文》數術思想的闡釋現象作一番審視。茲就二至八章述要如下：

　　第二章〈《說文解字》與漢代數術之關係〉：本章所論大致有幾項重點：（一）先就「數術」此一術語作釋名，比較數術、方技、方術的異同，以確定數術的廣、狹範疇。（二）漢代的數術分類：從《漢書‧藝文志》「數術略」和《後漢書‧方術列傳》說明兩者的分類內容。（三）漢代數術範疇：包括《漢書‧藝文志》「數術略」、「方技略」兼及陰陽家、兵陰陽、河圖、洛書、緯候等範疇，是以陰陽五行理論為基礎，研究大宇宙與小宇宙的學問。（四）數術對漢代學術的影響：分別探討數術與漢代經學、史學、子學、文學、讖緯、民間宗教、出土文物的關係，不僅可明白數術對當時學術、文物的影響程度，同時也可回應漢代數術的涵蓋範疇。（五）《說文》的數術類別：前述的（一）（二）（三）是漢代的數術概說，這些內容的探討可作為鈞稽《說文》數術分類的參考指南。易言之，有了漢代數術概況的支撐，《說文》的數術分類才站得住腳。《說文》的數術分類，一方面反映著漢代數術思想對《說文》產生的影響，一方面也是匯集呈顯《說文》數術思想的方式。漢代數術概況是因，《說文》數術分類是果，兩者的連結為雙向的因果關係，由因可以感果，由果可以知因緣。經此因果連結，根據其分類特點，分別安排專章作詳細論述，《說文》的數術思想才能全盤托出，彰顯《說文》的數術主論。

　　第三章〈《說文解字》《易》學思想〉：《漢書‧藝文志》以《易》為六藝之首，不獨是儒家最高經典，更是天地自然運行變化的總則，理論層次最高，本研究因之列為《說文》數術思想研究的首章。這章大抵從《說文》的〈敘〉與字例來進行論述。（一）《說文‧敘》部分：將檢討許慎援引文字創制傳說的出處與用意，並對《說文》的「文」、「字」編纂體例（如篇卷、字數、部首數、部首排列），重新作《易》理數術的闡述。（二）《說文》數術字例部分：1. 《說文》在部首編排、六書次序、字例先後相續之理深富《易》三才之道。2. 《說文》象數思想：分別詳論《說文》「始一終亥」部首、卦氣說、納甲說，以彰顯《說文》與《周易》更深厚的關係。3. 《說文》筮數系統：說明《說文》編纂體例和一至十的筮數數理，並推測五、十所標示的四正四隅，與太一乙行九宮、九宮栻盤、九宮八風、明堂、河圖洛書的玄祕淵源。另外，還有《說文》萬「物」之數的推算。

　　第四章〈《說文解字》陰陽五行思想〉：以字例分析《說文》陰陽五行與天人感應的思想。陰陽消長，五行終始，說白了就是氣的更迭運轉。從天地、人之情性、生物、器物皆具陰陽之氣。於《說文》可見的五行說有生剋之理和生

旺墓之說。陰陽氣和，萬物條暢，祥瑞自現；陰陽失序，紛亂招禍，災異頻仍。故天人感應肇乎氣類相感的符應。《說文》干支字例除了有卦氣思想，另外還以陰陽之氣消長說字義，引《大一經》以天干比況身體部位。而二十四向原理可以說明《說文》干支合德。「戊」的「六甲五龍相拘繳」則是五天五運、十干化運的常語密碼。見於讖緯的陰陽符應，多富神學內容，故本章亦闢專節論《說文》的讖緯神學，分感生神話、創制神話、太陽神話、四靈神話四方面說明。

第五章〈《說文解字》天文律曆思想〉：本章分六部分討論：（一）《說文》的天文說：就日月星辰天象、十二次、月相盈縮與月行疾遲、圓道觀作說明。（二）《說文》的曆法說：針對《說文》的太歲紀年、四分曆、太初曆、三統曆、置閏作討論。（三）《說文》時令物候說：時令包括季節風向、歲時祭祀；物候則從植物生長與禽鳥感知立說。還有歸為其他的時辰說。（四）《說文》律度量衡說：以審度、嘉量、權衡，分說《說文》的長度、容量、重量，一方面校證《說文》度量衡字例的說法，一方面舉證說明漢代的度量衡制度。另論及籌算、圭璧、規矩平準等字例。（五）《說文》之樂音說：討論《說文》音樂、樂器相關的字例。

第六章〈《說文解字》方技知識與思想〉：本章就《漢書‧藝文志》「方技略」醫經、經方、房中、神僊的分類，據之以論《說文》這方面的字例。其中，醫經又分五臟六腑、疾病分科、醫療技術來作說明；神僊則分神仙真人與服餌來討論。

第七章〈《說文解字》數術思想闡義〉：本研究在檢索《說文》字例的過程中發現，《說文》這些具數術特色的字例，都有一定的說解通則，而且還進一步體察到《說文》的說解通則也寓寄數術思想，或者也可以說，《說文》的數術思想藉由說解通則來展現，它們分別是：拆解字形法、互見法、聲訓法。這些通則不僅對《說文》字例的說解內容有補充作用，而且也對《說文》數術字例起了系聯的作用，是數術字例之間共通的闡釋條例。除此之外，本章將就《說文》數術思想的闡釋觀點，進一步從《說文》時空因素，來檢討《說文》釋義與字書定位的問題，最後才能體現《說文》數術思想的真正意義。

三、四、五、六這四章為本論文的核心主論，就是將《說文》文本的零碎訊息，作思想屬性的系統論述，形成《說文》內部的完整論域，並推動文本論域往後延展與審思檢討，形成文本軸心的後外論域——第七章。文本論域要尋根溯源，則是對外連結學術概況與歷史傳統，形成文本軸心的前外論

域——第二章。本研究在軸心主論對內整合、對外聯系的關照下，《說文》數術思想的面貌則眉目可見。

　　第八章〈結論〉則是歸整說明《說文》數術系統的體例問題，從中再體認《說文》的說解方式，應當從辯證和共時性去理解，可以發現《說文》的新世界，也可以開展詮釋《說文》的研究趨向。

（二）研究方法

　　本研究方法主要說明本論文的撰寫構思理路與運用的研究方法。構思理路是本研究撰作的思維模式；研究方法是方便論點推衍說明的實踐方法。

　　首先，從撰寫構思理路來說。本研究借鏡《說文》部首「始一終亥」的循環往復圓式哲理，作為撰述鋪敘的寫作模式。第一章〈緒論〉之於本論文猶如「惟初太極，道立於一」的「一」，象徵著研究動機之始與論文撰述之端；之後「造分天地」，開啓第二章孕育《說文》的漢代數術天地，作為與《說文》數術聯繫的臍帶；而後再「化生萬物」，生成第三章至第七章《說文》紛繁的數術世界。最後歸結於第八章〈結論〉，是本論文的論述終點，但也是開啓下階段研究的新起始，猶如「畢終於亥」，復歸於一，終而復始，生生不息。

　　其次，本研究試圖發掘漢字自身之文化意義，是以，本研究參證爾來新興之漢字文化學的研究方法。從漢字體系而言，漢字文化學是漢字學的一個分支。「漢字文化學」是以「漢字文化」作為基礎，從「漢字」與「文化」之關係，探討漢字的文化內涵，既是本體，亦屬關係。漢字，具體形制，歷歷在目；文化，無所不在，上天下地，包覽精神與物質。饒宗頤說：「造成中華文化核心的是漢字，而且成為中國精神文明的旗幟。」〔註8〕本研究視《說文》數術思想為漢字文化學的新開發論域，擬以下列研究方法執行實踐。

　　1. 歸納法、分類法：擬定適合《說文》的數術分類章目，歸納《說文》相關的字例，數術類目是《說文》字例得以依歸統納的座標，故本歸納法須與分類法相互依存。本研究第二章〈《說文解字》與漢代數術之關係〉就是藉由概論漢代的數術內容，漸漸找到《說文》的數術核心類別，凝聚出與漢代共同的數術意識。第三章到第六章則是根據《說文》的數術類目所開闢的專章專論，歸納適當的字例，使得原本散落於《說文》各篇的字例，得以群聚一起，成為所屬數術章目的生力軍，為《說文》的數術思想發聲代言而作準

〔註 8〕饒宗頤，《符號・初文與字母——漢字樹》（上海：上海書店出版社，2000.3），頁 174。

備。在《說文》數術字例專章之後，緊接著的第七章〈《說文解字》數術思想闡義〉，將闢有專節來歸納討論《說文》的說解通則，藉此瞭解《說文》會運用哪些體例或方法來闡述數術思想。

2. 詮釋分析法：對《說文》數術字例作縱向深入分析，方能發現事實之真相與問題之所在，字例經此這般的分析路徑，是從字形、聲韻的解析，進入到字義的理解，最後止於義理的推闡，第一道偏向文字學的「形」學與聲韻學的「音」學，第二道偏向訓詁學的「義」學，第三道則是義理思想的發揮「意涵」。站在詮釋學的角度，這是詮釋辯證的道次第。不同的詮釋層次可以解決、因應《說文》不同層次的疑難，每個《說文》字例有了不同的詮釋層次，反而更能賦予字例完整的意義。如此一來，《說文》字例的說解行文，在詮釋層次的開展下，呈現其立體的原理空間，《說文》的價值就不僅是字書類的檔案資料，它還可以是時代思想的發聲者。所以，詮釋分析法是解讀《說文》道次第的研究法門。

3. 演繹法：論文要求立說面面俱到，透過演繹之法，可使論域作橫向開展延伸。詮釋分析法深化《說文》縱向的理論層次，而演繹法則為縱向的深度，開展寬廣的論域；縱橫交織，深廣兼備，成就《說文》數術思想的圓滿因緣。本研究第三章到第六章有關《說文》數術類目的專章中，除了讓《說文》文本自己發聲之外，漢代數術思想與《說文》學者相關研究觀點的補強，是深化《說文》詮釋層次，演繹《說文》論理廣度的重要資糧。易言之，漢代的數術知識與相關研究論點，提供本研究在詮釋論點、演繹論域上莫大的資源。當詮釋分析法與演繹法雙管齊下，《說文》數術思想也就能整合靡遺，真見彌新。

4. 共時法：這是串連說解《說文》數術思想證據的方法。從《說文》簡單的行文體例要坐實其數術思想，必須引證諸多相關的資料，來幫助《說文》說話，這其中有來自上古先秦的，有來自漢代本身的，有來自漢代以後的，有來自近代的，有來自現代的，全匯聚在《說文》的數術主題中。因此，它不是一種前後因果的定式、定律，也不是時空因素可限制的場景，卻又容許在《說文》這同一個情境中，一起呈現出來。

5. 回向思考法：當《說文》數術各專章論述完畢之後，可以這番論述觀點的操作心得，回向給我們過往對《說文》已成的定論與定見，尋繹其思想縫隙與盲點，再作彌補修復與障礙清除。第七章〈《說文解字》數術思想闡義〉就是對過往諸多說法，重新審查省思，尋求改進因應之道。第八章結論則是本研究

觀點的總體敘述，播下良善的因緣，開啓未來可能的研究新契機。

6. 圖表法：爲了要詮釋、演繹《說文》的數術觀點，光靠文字敘述來獨撐研究大局，不免形單影隻。因此，本研究會在行文的適當段落，援引相關的圖形作比對，或製作表格來收割統理行文脈絡與字例成員，圖文並茂，展現《說文》繽紛美好的數術世界。

本論文探討《說文》與漢代數術思想的關係，表面看來像是溝通文字與思想兩種學門，然而實際深究起來，則需要跨學科知識的對照應證，才能將許慎本人與其著作、天地自然、時代環境、歷史傳統串聯起來，營造《說文》立體的創作背景，此一空間不但是孕育《說文》誕生的園地，同時也是解開《說文》謎樣誤區的探證現場，唯有藉助這背景空間的探證，才可找到《說文》眞正的解藥，迎解長久積累的問題。所以，本研究是以文字、聲韻、訓詁三學科爲基礎，援引經學、思想、文化、校勘、出土文獻等學域的綜合研究。

三、研究概況與預期成果

研究《說文》數術思想的前置作業，必須對《說文》思想的研究概況做一介紹，以便從學者的研究觀點，認識《說文》的思想層面，進而做爲本研究的重要參考。茲從傳統（清代以前）和現代兩部分，評述研究概況如下。在借鑑研究概況之後，則附帶說明預期成果。

（一）研究概況

1. 傳統部分

最早對《說文》有敏銳、獨到的義理見解，從而論述成書的，應屬南唐徐鍇的《說文解字繫傳》。錢曾《讀書敏求記》稱：其書「名之『繫傳』者，蓋尊叔重之書爲經而自比於邱明之爲《春秋》作傳也。」〔註9〕其說固有其理，然徐鍇自許其書爲《繫傳》，尊《說文》爲字書界的《易經》之意味，更爲濃厚。

《說文》具有數術解說性質的字例，在《說文繫傳》的〈通釋〉〔註10〕都有詳盡的闡述。即使在專斥李陽冰曲解《說文》的〈祛妄〉，也有數術之說

〔註 9〕 （清）錢曾撰、章鈺校證《讀書敏求記校證》（上）卷下之一，頁八，（喬衍琯編，書目叢編，臺北：廣文書局有限公司，民國 76.3（1987.3））。

〔註10〕 《說文解字繫傳》全書分八篇，凡四十卷，首爲〈通釋〉，是全書主體，以許慎《說文》十五卷析爲二，共三十卷，凡鍇所發明及徵引經傳者，悉加「臣鍇曰」及「臣鍇案」字以別之。

可採。如《說文》土下云：「二，象地之下、地之中。｜，物出也。」陽冰云：「土數五，成數十，取成數，下一，地也。」土的生數爲五，成數爲十，陽冰認爲「土」的構形當从十一，是取土的成數十，加上一爲地。但徐鍇以爲：「士字從十從一，陽冰無異義。今云：土從十一，則士字復何處之，其妄甚矣。」〔註11〕「土」若如陽冰所說「从十一」，就與「士」的構形重複，徐鍇言下之意，還是主《說文》原說爲妥。

徐鍇在〈錯綜〉對《說文・敘》引述《易・繫辭》，作了更多的演繹，其曰：「昔聖人之作書也，觀象於天而生文，觀變於陰陽而爲字，幽贊於神明，而河出圖，洛出書，極數於萬物而秬秠降，測實於幽冥而鬼哭，察於無聲，著於無形，曲而因之，隨而模之，一而繩之，所以窮高遠而徹幽隱者也。」「天無私覆，地無私載，日月無私照，人君法之，故背私爲公，蓋著於公。……爲上者正身以出令，蓋著於君。」〔註12〕徐鍇推聖人之作書，惟德繫物，通諸人事，以盡其義，強調文字的創制背後皆有神聖、正當的意義，其實也是許愼《說文・敘》云：「文字者，經藝之本，王政之始」，「本立而道生」的思想發揮。

其他如〈部敘〉二卷，模擬《易・序卦傳》以說明《說文》五百四十部之先後次序。〈通論〉三卷，舉「天」、「地」、「人」、「文」等一百一十五字作義理發揮。〈類聚〉舉字之相比爲義，如數目一至十到百千、五行加米爲六府、十天干、十二地支等，都是對《說文》作深入的思想闡釋，與本研究的數術質性非常類似。

也許有人會質疑徐鍇這般的義理發揮純屬個人之見，不能代表許愼本人的思想。不過，徐鍇有此領悟，相對地也證明《說文》能提供這方面義理的思考與研究，張政烺曾指出：「許愼作《說文解字》，亦倣乎《易》，無論其欲理群類，達神旨，演贊其志，知化窮冥，即以形式論之，牽強附合，以足五百四十部，乃取六與九之成數。其部首排次亦有深意，徐鍇仿《易序卦》作爲〈部敘〉，最爲得之。……後世治《說文》者，徐鍇猶能識許君之旨，故其書名《繫傳》，分〈通釋〉、〈部敘〉、〈通論〉、〈祛妄〉、〈類聚〉、〈疑義〉諸篇，規模《易傳》。」〔註13〕徐鍇的《說文繫傳》從《易》學闡釋《說文》，深具指標性的參考價值。

〔註11〕《說文繫傳・祛妄》卷第三十六（北京：中華書局，1998.12），頁321。

〔註12〕《說文繫傳・錯綜》卷第三十八，同註11，頁328，329。

〔註13〕張政烺，〈六書古義〉《國立中央研究院歷史語言所集刊》第十本（民國37年（1948）），頁21。

其次，《說文解字詁林》集結南唐至清代《說文》學者的考釋論述，是研究《說文》不可或缺的重要傳統資料。該書收羅《說文》全部字例的諸家考釋，方便本研究從中勾稽字例的數術線索，作爲參考引述的重要依據。另外，從其收羅的論述篇章中，有幾篇與本研究主題相關的清人文章，一是王鳴盛〈六書原本八卦出非一時〉，〔註 14〕二是龍學泰〈六書三耦說〉，〔註 15〕三是蔣慶元〈《說文》始一終亥說〉，〔註 16〕四是陶方琦〈許君《說文》多采用《淮南》說〉。〔註 17〕茲分述如下。

王鳴盛〈六書原本八卦出非一時〉：王氏這篇文章主要表達的觀念是「未有書契，先有八卦，八卦爲六書原本，而出非一時。」該文有汪鶴壽的按語，二人皆認爲：《僞古文尚書序》以書契與八卦同時而造，俱出伏羲，非也。伏羲的卦爻象已形之點畫，故倉頡可推而廣之造書契，八卦與書契非並出一時。王氏之說可用來重新審視《說文・敘》引述伏羲觀象畫卦的用意，本論文將於第三章作相關討論。

龍學泰〈六書三耦說〉：六書三耦是以「文」、「字」區分六書爲性質相近的三對，故名三耦，象形指事爲一耦，會意諧聲爲一耦，轉注假借爲一耦。此一說法早在徐鍇《說文繫傳》就已提出，龍氏之說是在徐氏的基礎上，以子母相生、《易》理說之。本論文將於第三章相關討論。

蔣慶元〈《說文》始一終亥說〉：蔣氏認爲，《說文》的始一終亥和十二支皆從孟喜的十月卦氣推出，許書之始一終亥具見循環無已之妙義。其論說雖簡要，不過卻深得《說文》之旨。本論文於第三章《說文・敘》與干支的思想蠡探，將詳細論述之。

陶方琦〈許君《說文》多采用《淮南》說〉：許慎曾手注《淮南子》，《說文》大抵成於注《淮南子》之後，故採引必多。陶氏考證《說文》徵引《淮南子》的形式有：（一）採《淮南》而明著其書者；（二）採《淮南》而不著其書者；（三）許君自採《淮南》注中之說；（四）《說文》連文採自《淮南》；（五）《說文》二篆、四篆相連採自《淮南》。許慎手注《淮南子》現存輯佚本，透過陶氏之考釋，多少有助《淮南子注》的輯佚更臻完善，同時也知許

〔註 14〕楊家駱主編，《說文解字詁林正補合編》第一冊（臺北：鼎文書局，民國 72.4（1983.4）），頁 1-555。
〔註 15〕同註 14，頁 1-561。
〔註 16〕同註 14，頁 1-972。
〔註 17〕同註 14，頁 1-1199。

愼的學術喜好，絕不限於經學，陶氏說：「《淮南》既爲許君手注之書，且又漢初淮南賓客最宜博，許君采之《說文解字》內纍纍若貫也。」〔註18〕

以數術主題作爲研究《說文》的最初發想，一者來自《說文》尚未被充分理解的行文內容，一者來自這些傳統研究的啓迪。雖然這些傳統研究資料爲《說文》後出之說，非許愼之見，但既爲《說文》注解，都是前代學者早已意識到《說文》思想義蘊的探求，努力嘗試復原漢代的一種詮釋，故大小徐亦多可採，《說文》四大家徵引可據，《說文解字詁林》其他家數之言可參，不因時代先後所侷限。這些後起的證述，醍醐灌頂，啓人蒙昧，有助於《說文》思想秘辛的揭示，是本研究倚重引述詮釋的大宗。易言之，本研究字例的詮釋和演繹多借鑑於前代《說文》學者的看法，希冀在學者大師的卓知見地指引下，積極重現《說文》數術思想原貌，並讓這些過往的見識智慧藉此因緣，再度問世。

2. 現代部分

現代研究概況包括研究專著（含學位論文）、期刊論文、論文集的單篇論文。它們討論《說文》的思想主題或範疇，包括儒學、《易》學、道家、陰陽五行、緯書、古代科技等方面的議題，提供本研究借鏡參考與進一步深入作系統論述。

《說文》與《易》理：張政烺〈六書古義〉一文，〔註 19〕分別從古代學制、甲骨與流沙墜簡，論證「六書」原爲六甲、六法，即六十干支是古代學童習字的入門材料，也就是《周官》保氏教國子的六書九數，〔註 20〕它有曆法時數的觀念在裡頭。漢代的六書三家說，並非最早的六書定義。另外，張氏也主張許愼的六書說就與《易》學大有關係，其看法當承自徐鍇《說文繫傳》的啓發。張氏此例漸開現代以《易》學理路來研究《說文》的風氣。

許國璋、〔註21〕宋均芬〔註22〕二文則針對《說文·敘》的《易》說討論。

〔註18〕同註 14，頁 1-1203。
〔註19〕張政烺，〈六書古義〉《國立中央研究院歷史語言所集刊》第十本（民國 37 年（1948）），頁 1-22。
〔註20〕《周禮·地官·保氏》：「保氏掌諫王惡，而養國子以道，乃教之以六藝：一曰五禮、二曰六樂，三曰五射，四曰五馭，五曰六書，六曰九數。」
〔註21〕許國璋，〈從《說文解字》的前序看許愼的語言哲學〉《許國璋論語言》（北京：外語教學與研究出版社，1991.8），頁 65-75。
〔註22〕宋均芬，〈從《說文敘》看許愼的語言文字觀〉《漢字文化》1997 年第 2 期，頁 20-24。

許文擇錄《說文・敘》15 個重點作簡要解說，其中包括：伏羲畫卦、神農結繩、倉頡造書契、文、字、書等文字的起源與演變。宋文從文字的起源發展觀、語言文字的社會實踐、系統分析文字內部規律等三方面的論述，肯定《說文・敘》提到結繩、畫卦、書契爲文字的起源發展，源自於《易》說。

李達良〈《說文》部首次序及其始一終亥思想來源的探究〉則專就《說文》部首而論。〔註 23〕李文認爲《說文》部首「始一終亥」是《易》學語詞，屢見於《易緯》與《太平經》，故以爲許愼的《易》學思想爲象數《易》。

陳五雲〈漢代「六書」三家說申論〉一文從漢代「六書」三家的學術特質去推三家的六書特色，並佐以《易》理說明，重新啓發我們對三家說的認知。賴貴三〈符號與思維——由《周易》卦象反思文字意義的詮釋深度〉一文，〔註 24〕從符號學與詮釋學角度，以《易》卦象的「象」（符號）與「意」（思維）如何體現語法邏輯的符號重組，再來反思漢字形象思維之詮釋理路，提升爲文化認識的眞諦境界。所以，《說文・敘》一開始就要談畫卦，「六書」名稱有以「象」爲名，等於間接提示文字之「象」必須以《易》理看待，而賴文正提供這樣的研究思考。

其他研究《說文》的《易》學綜論文章，尚有姚淦銘的〈漢字的哲學視界〉、〔註 25〕〈《說文》編纂的《易》哲學視界〉〔註 26〕二文。姚文認爲，許愼許多分類化和整體化的思辨，是深富《易》理，如《說文・敘》引用《易・繫辭》伏羲畫卦之事；「六書」重「象」；文字孳乳如母生子、八卦重卦；部首「始一終亥」象徵文字的圜式生命運動。陳五雲〈《說文解字》和許愼語言哲學初探〉〔註 27〕一文的研究角度和姚文一樣，從《說文》的六書、部首、數字、干支、五行、三才思想、崇經、博采作探討，論理清晰，內容充實，同姚文在伯仲之

〔註 23〕李達良，〈《說文》部首次序及其始一終亥思想來源的探究〉《古文字學論集》初編，（國際中國古文字學研討會論文集編輯委員會編，香港：香港中文大學印行，1983 年），頁 537-547。

〔註 24〕賴貴三，〈符號與思維——由《周易》卦象反思文字意義的詮釋深度〉《第九屆中國文字學全國學術研討會》臺北：國立臺灣師範大學國文系主辦（民國87.3.21（1998.3）），頁 169-180。

〔註 25〕姚淦銘，〈漢字的哲學視界〉《蘇州鐵道師範學院學報》（社會科學版）第 17 卷第 1 期（2000.3），頁 43-48。

〔註 26〕姚淦銘，〈《說文》編纂的《易》哲學視界〉《辭書研究》2001：5，頁 71-81。

〔註 27〕陳五雲，〈《說文解字》和許愼語言哲學初探〉《上海師範大學學報》（社會科學版）第 29 卷 4 期（2000.11），頁 81-89。

間。賴貴三〈許慎《説文解字》引《易》補釋與《易》理蠡探〉一文，〔註28〕作者補釋《説文》引用《易》未明或缺漏之處，並從《説文》的部首、篇數、卷數、釋義作《易》理考察與算式。推理靈活，論證詳實，足資參考。

　　《説文》與陰陽五行：研究《説文》的干支字例，諸如陳美華《《説文》干支字研究》、〔註29〕雙木〈釋《説文解字》中的干支字〉〔註30〕二文。陳文是學位論文，其研究《説文》干支字的方法有二：（一）援引甲金文字形，以推知所象之義。（二）推求從《説文》干支字為會意或諧聲諸字的最大公約義。陳氏認為古文字為文字本源，其初形本義比《説文》可靠，故其論文採古文字考釋，重新考訂二十二個干支字的初形本義，《説文》干支涵義仍未得真解。雙文引證經籍相關說法佐證《説文》干支字，論理簡要，可作基本參考。陳永豐〈《説文解字》中的五行思想〉一文，〔註31〕試圖以五六組合的定律與玄宮的中宮之理，為《説文》戊、己二字的「中宮」、「六甲五龍相拘繳」、「萬物辟藏詘形」等釋義，尋得合理的解釋，有助於我們對《説文》這些奧秘的詞語進一步了解。

　　其他綜論《説文》陰陽五行字例的論文，諸如龐子朝〈《説文解字》與陰陽五行說〉，〔註32〕龐文先論述漢代的思想背景，再舉《説文》五行、陰陽、五色、五味（只有「鹹」一字）、數字、干支、玉、龜等字，並輔以古文字說明，有時也會受限於古文字的初形本義，視《説文》為附會之說。鄒曉麗〈論許慎的哲學思想及其在《説文》中的表現〉〔註33〕簡述了漢代陰陽五行、讖緯的思想背景，並說：「掌握了許慎的哲學思想，無異於取得了一把打開《説文解字》難點的鑰匙，對我們研究《説文解字》至少有以下兩個好處：第一，《説文解字》中許多難講字的說解可以迎刃而解了。……第二，了解了許慎的哲學思想，對《説

〔註28〕賴貴三，〈許慎《説文解字》引《易》補釋與《易》理蠡探〉《春風煦學集——黃慶萱教授七秩華誕受業論集》（臺北：里仁出版社，民國 90.4（2001.4）），頁 87-130。
〔註29〕陳美華，《《説文》干支字研究》臺北：文化大學中國文學研究所碩士論文，民國 73（1984）。
〔註30〕雙木，〈釋《説文解字》中的干支字〉《新疆師範大學學報》（哲學社會科學版）1995 年第 4 期，頁 70-74。
〔註31〕陳永豐，〈《説文解字》中的五行思想〉《樹仁學報》（香港）創刊號（2000.5），頁 63-71。
〔註32〕龐子朝，〈《説文解字》與陰陽五行說〉《華中師範大學學報》（哲社版）1988 年第 5 期，頁 114-121。
〔註33〕鄒曉麗，〈論許慎的哲學思想及其在《説文》中的表現〉《北京師範大學學報》1989 年第 4 期，頁 27-35。

文解字》體例的許多問題也就可以找到答案了。」〔註34〕鄒文又認爲，《說文》數字一至十、干支共 32 個部首集中編排，在思想上爲不可分割的整體，有陰陽五行的精髓，其中 16 個部首（三、四、五、六、七、甲、丙、丁、庚、壬、癸、寅、卯、未、戌、亥）爲 36 個「無字部首」的成員。

此外，尚有周藝〈《說文解字》中的陰陽五行說〉、〔註35〕黎千駒〈論《說文解字》中的陰陽五行學說〉、〔註36〕高婉瑜〈試論《說文》中的陰陽五行〉、〔註37〕顧海芳〈漢語顏色詞的文化分析——關於《說文解字》對青、白、赤、黑的說解〉〔註38〕等文。周文以《說文》五行、顏色、干支爲例，時輔以古文字說明，不過偶爾還是會受古文字影響，或把古文字說法與《說文》作勉強的引申牽合。黎文共分三部分論述：（一）《說文》與陰陽學說：徵引《說文》一至十數字與陰陽二字，說明許慎在《說文》宣揚陰陽學說未必是絕對的錯誤。（二）《說文》與五行學說：徵引《說文》水、火、木、金、土五行字例、十天干字、青、赤、白、黃、黑五色字例，與《尚書·洪範》、《管子·水地》作對照，說明五行相勝相生之理。（三）餘論：作者站在漢代的時空背景，看待《說文》存在陰陽五行學說的必然性與合理性。高文羅列字例不甚齊全，例如干支字只列甲、乙、子、丑，數字只列一、四、五、六。再者，作者只列《說文》釋義，未再作分析，論理稍有不足。顧文結合諸如《尚書》、《楚辭》、《春秋繁露》、《漢書》〈五行志〉、〈律曆志〉等相關典籍的說法，專論《說文》顏色字——青、白、赤、黑的陰陽五行思想，使我們更了解這些字的文化信息。

至於學位論文部分，有林明正的《《說文》陰陽五行觀探析及對後世字書之影響》、〔註39〕陳明宏《《說文》中巫術之研究》〔註40〕二文。林文收羅的

〔註34〕同註 33，頁 32-34。

〔註35〕周藝，〈《說文解字》中的陰陽五行說〉《中南民族學院學報》（哲學社會科學版）1989 年第 2 期（總第三十五期），頁 101-107。

〔註36〕黎千駒，〈論《說文解字》中的陰陽五行學說〉《懷化師專學報》第 16 卷第 4 期（1997.12），頁 411-415。

〔註37〕高婉瑜，〈試論《說文》中的陰陽五行〉《大陸雜誌》第 101 卷第 6 期（民國 89.12（2000.12）），頁 267-276。

〔註38〕顧海芳，〈漢語顏色詞的文化分析——關於《說文解字》對青、白、赤、黑的說解〉《沙洋師範高等專科學校學報》2002 年第 4 期，頁 55-57。

〔註39〕林明正，《《說文》陰陽五行觀探析及對後世字書之影響》（臺北：文化大學中國文學研究所碩士論文），民國 89.12（2000.12）。

〔註40〕陳明宏，《《說文》中巫術之研究》（嘉義：國立中正大學中國文學研究所碩士

字例不夠完整，探源陰陽五行學說的篇幅勝過他論文的主軸，談影響又稀釋了論文主軸的張力，有頭重腳重，中幅虛弱的論域缺憾。陳文以「巫術」涵蓋漢代的陰陽五行數術，論題以小包大，尚可斟酌，章節安排妥善是其優點。林、陳二文皆援引古文字考釋為說，雖可補充《說文》古文字材料上之不足，但對於《說文》特殊難識之處，依然不得其因所在。易言之，徵引的材料能有效解開《說文》的謎底，比做為補充來得重要。既然兩篇論文的研究主題偏重在《說文》的「陰陽五行」和「巫術」，文字的流變考釋固然是基本的研究操作，然在操作中擇取有利於研究主題的材料來立論，反而更見其功，否則，就形同平行線式的研究，找不到徵引材料和《說文》的共同交集。

《說文》與儒家：許慎有「五經無雙」之美譽，《說文》作為經學之本，其實深具儒學之意義。陳志信〈論許慎作《說文解字》的意圖—— 一個思想史的解釋〉一文，〔註 41〕即從漢代經學史的角度討論《說文》的著作意圖，可見作者欲跳脫文字學研究方法的企圖，陳文關涉《說文》與經學的關係是有見地的。李學勤〈《說文》前敘稱經說〉討論《說文》前敘末尾有關許慎引用經學家數的問題，分別檢討徐鍇、段玉裁、王國維、廖平的說法，最後採用高明的見解：「《說文·敘》所云『皆古文也』，乃為《論語》、《孝經》而發也。」因是論許慎學術淵源兼有今、古經學，博通明達。〔註 42〕許慎的經學素養，《說文》的經學價值，於焉可論。又如李弘毅〈許慎與儒學斷想——從《說文》訓釋「人」「仁」談起〉、〔註 43〕饒宗頤〈釋儒——從文字訓詁學上論儒的意義〉〔註 44〕二文是從文字釋義談儒學。李文從《說文》「人」「仁」二字的訓解，對照儒家經典，以見許慎的思想傾向。饒文以《說文》儒的釋

論文），民國 92.7（2003.7）。

〔註41〕陳志信，〈論許慎作《說文解字》的意圖—— 一個思想史的解釋〉《大陸雜誌》第九十三卷第四期（民國 85.10（1996.10）），頁 181-192。

〔註42〕李學勤，〈《說文》前敘稱經說〉《漯河職業技術學院學報》（綜合版）第 2 卷第 2 期（2003.6），頁 76-78。李學勤得高明之說，乃由徐芹庭轉述而來，今查黃永武《說文》引《易》學宗孟氏考〉（《東吳學報》第 1 卷第 1 期，民國 60.9（1971.9），頁 198）之引述，得知高明之說出於自編的《說文研究講稿》第三講。

〔註43〕李弘毅，〈許慎與儒學斷想——從《說文》訓釋「人」「仁」談起〉《西南師範大學學報》（哲學社會科學版）1994 年第 2 期，頁 82-85。

〔註44〕饒宗頤，〈釋儒——從文字訓詁學上論儒的意義〉《饒宗頤二十世紀學術文集》卷四「經術、禮樂」（臺北：新文豐出版股份有限公司，民國 92.10（2003.10）），頁 307-325。

義爲基點，再去驗證其他經籍的相關訓詁，來延展「儒」的思想意義。以「儒」
爲向安和、通道藝之人作結。

　　整體闡釋《說文》的儒學思想，諸如黃德寬、常森〈《說文解字》與儒家
傳統——文化背景與漢字闡釋論例〉、〔註45〕臧克和《中國文字與儒學思想》
〔註46〕二文。黃、常之文就儒家天命意識、人文意識、價值取向、倫理觀念
四方面，去檢驗《說文》相關的字例，由字例釋義去印證這四個儒家主題。
臧氏的研究專著是以字證史與思想整合，從中國文字切入儒家思想的研究，
讓漢字也可以發揮不一樣的研究功能，是漢字文化學的研究方法。

　　文字爲文化的載體，以文化學角度研究《說文》的篇章，如龐子朝〈論
《說文解字》的文化意義〉一文。〔註47〕龐文認爲《說文》徵引博大深廣的
傳統文化背景，進行說解闡釋，缺憾在所難免，不能苛求許愼。他依據《說
文》，參照甲金古文，從人類社會發展史、文化學、民族學等角度，只列原始
人類、姓氏、傳說三個主題來印證，無法眞正反映《說文》文化意義的精采
度。又如黃德寬、常森《漢字闡釋與文化傳統》這本研究專著共分十三章外
加兩個附錄，是從《說文》與其歷史文化背景，來論說漢字、漢字闡釋與文
化傳統的密切關係。漢字的構形或讀音反映文化信息，而文化傳統也不斷地
賦予漢字新的東西，漢字作爲語言符號處於不斷地增殖中。闡釋者賦予漢字
構形的某種解釋時或不能與漢字原初意義契合，但在一定程度上卻符合某時
代的文化思想。該書雖也援引古文字考釋，但不強人所難，尊重《說文》的
時代特色，甚具研究參考價值。〔註48〕

　　《說文》與緯書：漢代是經學昌盛的時代，然而在陰陽五行思想的助長下，
形成經學讖緯化與緯書的大量出現。許愼一向被歸爲古文經學者，但是他的《說
文》也兼有讖緯說。錢劍夫〈試論《說文》和《緯書》的關係〉〔註49〕就認爲
《說文》對緯書有批判也有吸收，但吸收多於批判。由此可證，《說文》不排斥

〔註45〕黃德寬、常森，〈《說文解字》與儒家傳統——文化背景與漢字闡釋論例〉《江
　　　　淮論壇》1994 年第 6 期，頁 77-82。
〔註46〕臧克和，《中國文字與儒學思想》（南寧：廣西教育出版社，1996.9）。
〔註47〕龐子朝，〈論《說文解字》的文化意義〉《華中師範大學學報》（哲社版）1995
　　　　年第 5 期，頁 105-111。
〔註48〕黃德寬、常森，《漢字闡釋與文化傳統》（合肥：中國科學技術大學出版社，
　　　　1995.10）。
〔註49〕錢劍夫，〈試論《說文》和《緯書》的關係〉《漢語研究》1989 年第 2 期（總
　　　　第 3 期），頁 7-10。

徵引緯書合理的說法。這些緯書合理說法的思想內核為陰陽五行,是《說文》
數術思想的最佳註腳。

另外,《文字改革》第 46 期〈批判《說文解字》中的尊儒反法思想〉一
文曾非議《說文》的天人神學思想,王顯〈談談許慎及其《說文》跟讖緯的
問題〉分別舉證「讖」、「示」、「一」、「地」、「天」、「鳳」、「鸞」、「龍」、「蜦」、
「𧌒」、「易」等字以反駁之,說明《說文》沒有刻意宣揚讖緯神說,或天人
感應思想。而且還以《說文》無「劉」字,證明許慎刻意避掉「卯」「金」「刀」
劉的君權神授之說,極力為許慎洗清宣揚讖緯神學的罪名。〔註 50〕即使《說
文》沒刻意徵引讖緯內容,然王文所舉的例子,還是具有陰陽數術思想,這
是不可否認的。當時的儒學已與陰陽五行思想融合,身為五經儒者的許慎則
日用成習,出之自然。

《說文》與道家(教):陰陽五行雖是數術最基本的思想內核,但是陰陽
五行這個大雜燴也有黃老思想的成分。黃老思想源於先秦的道家,並開啟東
漢以後的道教。在《說文》中也可找到黃老道家的說法,例如馮寬平〈《說文
解字》釋義與《老子》用字辯證法擷闡〉認為,《說文》部分以陰陽五行釋義
的字例,融合了老子哲學思想。漢代陰陽五行思想本來就是融會諸子百家的
大系統,其中含有《老子》思想,並不令人感到意外。不過,馮文以《說文》
某些字例說法,勉強與《老子》思想牽合,論證稍嫌薄弱,不夠貼切。〔註51〕
再者如饒宗頤《太平經》與《說文解字》一文,〔註52〕找出《說文》與《太
平經》相同之處,以證明二書都有受到緯書的影響。由此再證,《太平經》的
道教思想與緯書的黃老思想有關;《說文》確實有參考緯書的說法,只是未清
楚標示出處。饒氏之言,提供了我們對《說文》新的認識。

《說文》與古代科技:數術是古代科技的孕生溫床,王平《說文》與中
國古代科技》一書討論內容包括天文、農學、醫學、數學、物理、化學、地
理學等知識與應用,兼跨數術與方技,但又比較偏向方技類。該書就其分類

〔註50〕王顯,〈談談許慎及其《說文》跟讖緯的問題〉《古漢語論集》第一輯(長沙:
湖南教育出版社,1985.3),頁 16-56。

〔註51〕馮寬平,〈《說文解字》釋義與《老子》用字辯證法擷闡〉《青海師專學報》(社
會科學) 2001 年第 3 期,頁 36-38。

〔註52〕饒宗頤,〈《太平經》與《說文解字》〉《大陸雜誌》45 卷 6 期(民國 61.12
(1973.12)),頁 39-41,亦收錄於《饒宗頤二十世紀學術文集》卷五「宗教
學」(臺北:新文豐出版股份有限公司,民國 92.10(2003.10)),頁 219-226。

詳細羅列相關的《說文》字例，論述內容與圖表援引也很充實，樹立《說文》與眾不同的研究價值。〔註53〕周鳳玲《《說文解字》與古代天文學》是學位論文，〔註54〕專門探討《說文》的天文學知識，其說法多襲用王平之說。周文論證的方式，喜採古文字形檢證《說文》，例如干支字例部分，凡《說文》與古文字說法不同者，皆認爲古文字說法爲本義，《說文》爲假借義。這樣的作法固然能將本義、假借義區分之。但是，作者既然要探討《說文》的天文學，應該在作者所認定的假借義這個區塊，也就是《說文》的干支釋義方面多下功夫。另外，有關天文學的相關字固然可以在《說文》找到，但《說文》的解說並非皆與天文有關，例如二十八星宿在《說文》皆可找到所屬字，其中只有昴、參、星的釋義直接關於星象，其他屬字則有其本義，但作者還是一古腦兒的羅列出來，雖然他也徵引文獻作說明。不過，如此作法變成是用天文知識去強套《說文》的字例，而非由《說文》的釋義自己發聲，顯示天文知識。這是周氏論證過與不及之處。

（二）預期成果

由以上研究概況可知，一旦涉及《說文》疑難的思想研究，單純以文字學觀點依舊無法解決《說文》的意義困境時，最終還是要回歸到漢代當時的思想情境才能紓困。易言之，要烘托《說文》的行文思路，必須參驗經籍的相關說法，與後代《說文》學者的各種詮釋研究；經籍說法提供漢代的思想情境，後代學者詮釋有助於解開《說文》的話語眞相。所以，本研究的預期成果擬之如下：

1. 思以改善過往研究概況的困境，取眾家之長，去眾家之短，補眾家之不足，以呈現《說文》完整的數術思想，體現《說文》思想論域的研究價值，進而重新認識《說文》一書的歷史定位。

2. 以《說文》作爲數術研究主軸的印證主體，不僅建立《說文》的新思想價值，同時也是對漢代數術觀念的釐清，與學術環境的總體認識。易言之，《說文》的數術思想是主體的研究意義，漢代的數術概況是輔助的理由、附加的研究價值。

3. 樹立研究《說文》新的參考座標。《說文》的字書形式其實是一種資料

〔註53〕王平，《《說文》與中國古代科技》（南寧：廣西教育出版社，2001.1）。
〔註54〕周鳳玲，《《說文解字》與古代天文學》（內蒙古：內蒙古師範大學碩士論文），2003.5.30。

檔案，其部首分類與排次則是所有屬字的歸檔準則，它雖然能有效收攏文字於一定的秩序，成為文字資料歸屬的座標。不過，這樣的座標卻不利於數術思想的陳述。所以，部首座標只能作為《說文》字形上歸屬的運用，若要為《說文》的數術思想找到分類座標，則要藉助《漢書・藝文志》「數術略」名稱的啟蒙，並經過交叉對比《後漢書・方術列傳》與《漢書・藝文志》的類別，才能確認數術的意義範疇，進而確立有利於陳述《說文》數術思想的類項。所以，《漢書・藝文志》、《後漢書・方術列傳》是《說文》數術思想的定向、定量參考座標。

4. 本研究第三至第六章是陳述《說文》數術思想的專章部分，其中論點的鋪陳都是從《說文》文本敘述鉤稽其線索，或由字例釋義透露的訊息，再連結漢代相關的思想系統與後代學者的詮釋，以建構《說文》的數術思想網絡。因此，本研究化《說文》資料檔案的功能，為思想張力的線索，展現《說文》從字形到義理不同的詮釋層次。

5. 由《說文》的數術思想探討，進一步理解許慎解析字形的道理，是取自於緯字合理的拆字法，與古文字考釋略有出入。《說文》這套別具的構形方法，涵攝陰陽五行思想在其中。

6. 研究《說文》數術思想的雙向交流互證：（1）以小見大，從《說文》的片語隻字具體而微掌握當代數術之學的特質；（2）由博返約，究竟漢代思想對許慎《說文》所起的作用。這也可視作對《說文》思想檔案解壓縮後所對應的漢代思想。

由於長久的定見使然，可能一時還不太適應將《說文》作思想上的剖析，或者將文字學作過多思想上的探討。就如同部分學者已注意到《說文》的《易》理研究，它或者可視為學者對《說文》另闢蹊徑的研究視角，也可視為《說文》原來已經具足的思想成分，只是過去較少注意或碰觸這個區塊，誤以為它不會與《說文》產生關聯。事實上，由陰陽數術思想議題牽動對《說文》認知與研究的複雜性，是偏向學術史的研究方式，然亦是文字學史不容迴避的重要課題。我們欣見學者已立開疆闢土之功，鼓舞後生晚輩見賢思齊。本研究思其善所緣，因是不揣疏漏，拋磚引玉，以手中可能的心得火炬，照亮未來的蜿蜒小徑，重新引燃希望之光，則學有所續，而志有可進者矣。

第二章　《說文解字》與漢代數術之關係

　　許慎向來被定位爲古文經學家，其著作除了《說文》之外，尚有《五經異義》和《淮南子注》，後二者已亡佚，今有輯佚本。如果說著作是表現作者個人的思想特徵，與回應大時代的整體思想趨勢，那麼，《五經異義》、《淮南子注》〔註1〕分別代表許慎經學與思想知識的趨向。作爲經藝之本的《說文》同《五經異義》一樣，也是回應漢代經學環境下的產物。《淮南子》本爲雜家之學，標示著漢代思想的融合特性，許慎爲《淮南子》作注，顯露許慎對融合性著作的重視，這與他著《五經異義》、《說文》兼採今古文經的學術態度是一致的。因爲融合性著作最重要的學術導向，即是以陰陽五行爲核心思想所構成的天人之學。漢代得天獨厚享有先秦諸子百家累積的豐富資糧，綜合兼容幾乎成了漢代學術領域的必然趨勢，就連字書《說文》，在編纂體例上的經營、字義的解釋、觀點的論述等方面，也是如此學術風潮激盪下的產物。陰陽五行既然是漢代兼容性著作最突顯的思想主體，《說文》作爲一部「博采通人」的兼容性字書，其實與漢代陰陽數術有著不可切割的關連。

　　秦漢大一統以後的思想世界，不是對過去思想「彼可取而代之」的否定，而是「百川匯流」的兼容，在這逐漸成形的龐大系統中，融會了宇宙、人文、社會知識，與兵法、數術、方技等實用技術在內的思想網絡，徐復觀說：「漢代學術基本性格之一，常將許多各有分域的事物，組成一個大雜拌的系統。」

〔註1〕許慎《淮南子注》二十一卷（著錄見《隋書‧經籍志》、《新唐書‧藝文志》，《舊唐書‧經籍志》著錄作《淮南商詁》，「商」爲「間」之誤）。今存清人孫馮翼輯《淮南子注》五卷；陶方琦輯《淮南子注》五卷，存疑四卷；蔣白豫輯《淮南子注》一卷；黃奭輯《淮南子注》一卷；民國葉德輝輯《淮南鴻烈間詁》二卷。

〔註2〕 先秦諸子學說索求天道的聯集，也是它們爭鳴告一段落的終結，並且預示著漢代龐大天人之學的時代來臨。漢代思想是先秦學術發展的必然結果，構成中國哲學思維進程中不可缺少的邏輯階段。因此，漢代的數術發展源自於先秦思想的融匯，在陰陽五行天人之說的氛圍下，標示著這個時代在思想與實用技術上的特色。有了這番認知，不僅可實際瞭解當時數術的影響層面，同時也是探討《說文》數術思想的暖身活動。易言之，《說文》的數術思想特色是建立在時代背景的充分條件，若無漢代數術環境的滋養，是無法造就《說文》這方面的因緣。以數術作爲《說文》的研究主軸，就是與漢代的數術環境作連結後，從而發現《說文》這方面的思想學說。這樣的研究論題雖彷若是《說文》的新觀點，其實它可能本來就具足於《說文》之中，只是向來爲人所忽視。《說文》的數術養分其來有自，當然就不能忽視對漢代數術概況的認識。

本章名爲「《說文解字》與漢代數術之關係」，是以漢代的數術概況，提供《說文》數術類別擬定的重要資源，並凝聚彼此的數術共識，推求兩者之間的關連。漢代數術概況成爲本論文的附加研究。沒有本章的漢代數術緣起，無法成就本論文之論理，因是以名，概述論之。本研究以「《說文解字》數術思想研究」爲題，乃試圖從思想研究觀點重新解譯《說文》。所以，必須先說明漢代的數術思想概說，以建立本研究合理的理論背景。進而於《說文》的字書語詞中，搜尋、篩選涉及數術思想的字例與論述，旁徵相關經典與學者的說法，以總體呈顯《說文》的數術思想。易言之，把《說文》與漢代數術思想作個結合，從《說文》的數術思想，勾勒出許慎與有漢一代的思想面貌。

第一節　漢代數術概說

漢代數術所具有的哲學思想與實用技術的總匯特質，不僅突顯這門知識群組在當時蓬勃發展的氣象，連帶地，其他領域的學門在無形中也受其浸染。因此，在探討《說文》數術思想之前，要先陳述漢代的數術概況，以作爲《說文》數術的研究背景，連結起彼此之間的關係，《說文》的數術立論才有印證的理論根據，或者藉著漢代的數術背景提供資源，更豐富《說文》的數術觀點。

　　數術在漢代不是獨自幽香的學門，由於它是集眾家知識與技術的群組思想，自然會與其他領域發生牽連；再者，數術在漢代普遍廣傳流行的程度，其他學門或多或少也會受其影響。藉由第一章緒論的研究概況回顧，我們知道《說文》的哲學思想與實用科技兩大部分，就是《說文》數術的內核。哲學思想部分有《易》理、陰陽五行、緯學、儒家、道家；實用科技則有天文、曆算、數理、方技。這些總總訊息其實遍諸漢代的經學、史學、子學、文學等領域，從這些學門領域去尋繹數術的蛛絲馬跡，更能呈顯漢代的整體數術概況。至於，近來出土的漢代文物，也是數術的最佳補充材料。漢代的數術背景在這些因緣具足的條件下一齊發聲。

　　「數術」是本研究的核心議題，釐定「數術」的意義，一方面有助於了解數術所涵蓋的知識範疇類別與思想旨趣；一方面就可藉此認識基礎，從《說文》的總敘和條列式的字例行文中，去發掘、搜尋、掌握《說文》可能相關的數術訊息，將原本分布於《說文》各篇卷的零星線索結集整合起來，探知其中的學理路數。如此一來，不僅可確定本研究的範圍，並且進一步深入爬梳許慎撰著《說文》的思想理路。因此，釐清「數術」的意義與觀念，是本研究首要的前提。本小節先作數術釋名，比較「數術」、「方伎」與「方術」之異同。接著，從《漢書・藝文志》、《後漢書・方術列傳》討論漢代數術之分類，以釐定數術的範疇。

一、數術釋名

　　數術，有時亦作術數，數指曆數、氣數、運數、數理，具有自然法則的涵義。古人說「萬物莫逃乎數也」，〔註3〕意謂世界上的一切事物都逃不出數的限定，這種自然法則之數的深層表述是一種神秘化的定數觀念。術是指探索自然和把握事務發展規律的方法、技術，如巫術、權術、兵術、醫術等等，都屬於術的範圍，《後漢書・伏湛傳》注曰：「術謂醫、方、卜、筮。」其最大的特徵是帶有象數、五行、干支、八卦等可操作符號的占卜和方術。《漢書・藝文志》的「數術略」〔註4〕包括天文、曆譜、五行、蓍龜、雜占、形法等六

〔註3〕　（宋）邵雍《梅花易數》（清）黃宗羲序：「先生曰：『物之成毀有數，豈足介意，且公神仙也，幸坐以示教。』……乃知數之妙，雖鬼神莫逃，而況于人乎？況于物乎？」

〔註4〕　《漢書・藝文志》云：「數術者，明堂羲和史卜之職也。史官之廢久矣，其書

類，像天文中的三光、四象、五星、十二次、二十八宿；曆譜中的十干、十二支、二十四氣、七十二候；五行中的五材、五色、五數、五方等，都與數字脫不了關係。陳維輝在自編的《中國數術學》講義中說：

> 數術是天文（天文、曆譜）、人事（五行、蓍龜、雜占）、地理（形法）的三個方面，也就是三才，再加上五行，就是三五之道了。〔註5〕

> 數術學是從宇宙最基本的真理規律為基礎，以太極模型、陰陽、八卦、河洛、干支、三五之道的三才五行為運籌和諧的原理，把音律、曆法、星象、氣候、地理、醫術等眾多學科統一成為系統的整體觀學問。〔註6〕

秦新星進一步闡釋上述的觀點，他說：

> 簡言之，數就是數學規律，術就是對天文、地理、人事的一切技術處理。數中有術，術中有數，可以究窮洞察宇宙間的一切數量關係和時空變幻形式，所以數術學是中國獨特的哲學。數術學中的太極、陰陽、三才、五行、八卦、河圖、洛書、干支，都是對客觀事物的高度概括。太極是整體觀的模式；陰陽是一個二級模型；五行是元素模型，也是系統論的模式；八卦反映了多維空間的變化；河洛、干支體現了時空的統一及生命自然訊息。概括地說，數術學就是以數字與符號的奇偶和不同排列組合說明宇宙的本源，描繪自然界的圖式，闡明事務的屬性及其規律的學問。〔註7〕

在「數」的計量、通神、理念三大功能中，計量性逐漸減弱，通神性、理念性逐漸增強，「數」就披上了神祕的面紗。「數」的通神性使「數」成為古代古代占卜術的重要結果；「數」的理念性成為早期象徵哲學的另一體現。易言之，「數」的神通性與理念性，使數字已經與奧秘的活動或操作方式發生了互滲，超出了符號或計量的意義，成為一種法則的標志。因此，數術即是以陰

　　既不能具，雖有其書而無其人，《易》曰：苟非其人，道不虛行。春秋時，魯有梓慎、鄭有裨竈、近有卜偃、宋有子韋。六國時，楚有甘公、魏有石申夫。漢有唐都，庶得麤觕，蓋有因而成易，無因而成難，故因舊書以序數術為六種。」

〔註 5〕陳維輝，《中國數術學》（鉛印稿）（鄭州市氣功學會印，1988.10.20）。此轉引自宋會群，《中國術數文化史》（開封：河南大學出版社，1999.8），頁 12。

〔註 6〕陳維輝對數術的定義見於秦新星〈中國數術學漫談〉一文，《中國數術學論文精選》（北京：中國社會科學文獻，1995），頁 8。此轉引自同註 5。

〔註 7〕秦新星，〈中國數術學漫談〉，收錄於《中國數術學論文精選》（北京：中國社會科學文獻，1995），頁 2。此轉引自同註 5。

陽五行生克制化、天人感應爲基礎理論，以占卜術、方術推理天人關係的知識系統，可用來比附人事社會，尋其機巧，達到經邦治國、占斷吉凶、觀象制器的目的。它有合理的經驗推理，也有非理性的神祕預測，既是科技之源，亦是迷信之藪。

《後漢書・張衡傳》：「衡善機巧，尤致思於天文、陰陽、曆算……安帝雅聞衡善術學，公車特徵，拜郎中，再遷爲太史令。遂乃研核陰陽，妙盡旋機之正，作渾天儀，著《靈憲》、《算罔論》，言甚詳明。」崔瑗撰其碑文曰：「數術窮天地，制作侔造化。」這裡的數術涵蓋了天文曆數占術與科學儀器、文物制作的發明技術，顯然比《漢書・藝文志》的「數術」定義多了儀器文物制作的技術層面。即便如「方伎略」〔註8〕談的則是醫經、經方、房中、神仙四種「生生之具」，也不涉及製造技術。《漢書・藝文志》的「方技」在其他典籍亦作「方術」、「方數」、「數」、「術數」，例如《史記・扁鵲倉公列傳》記載曰：

> 太倉公者，姓淳于氏，名意，少而喜醫方術。

> 臣意家貧，欲爲人治病，……不脩家生，出行游國中，問善爲方數者，事之久矣。見事數師，悉受其要事，盡其方書意。

> （公孫）光又屬意於殷，曰，意好數，公必謹遇之。（索隱曰：「謂好術數也。」）

淳于意擅長醫術，上文的「方術」、「方數」、「數」、「術數」爲互辭，都是指醫技方術。又曰：

> 至高后八年，得見臨菑元里公乘陽慶，……謂意曰，盡去而方書，非是也。慶有古先道遺傳黃帝，扁鵲之脈書。……我加給富，心愛公，欲盡以我禁方書悉教公。……臣意即避席再拜，謁受其脈書上下經，五色診，奇咳術，揆度陰陽，外變，藥論，石神，接陰陽禁書。受讀解驗之。

「接陰陽」蓋即房中術，淳于意所受的方書爲醫藥房中之書，不過這些禁祕方書不輕易示人，故曰「禁方」。若按照《漢書・藝文志》的分類標準，淳于意專精的醫術與所受的方書，則應該屬於「方伎略」部分，但是，《史記》在此將「方術」、「方數」、「數」、「術數」互辭使用，並未嚴加區分。再如《論

〔註8〕《漢書・藝文志》云：「方技者，皆生生之具，王官之一守也。太古有岐伯、俞拊，中世有扁鵲、秦和，蓋論病以及國，原診以知政。漢興，有倉公。今其技術晻昧，故論其書，以序方技爲四種。」

衡‧道虛》曰：

> 世見黃帝好方術。方術，仙者之業，則謂帝仙矣。夫禹至會稽治水，
> 不巡狩，猶黃帝好方技，不升天也。

「方術」與「方技」互文，指的是神仙之術，與《漢志》的「方技略」類別之一「神仙」相合。《後漢書‧濟南王康傳》曰：「（章）帝特留蒼，賜目祕書《列仙圖》，道術祕方。」祕書《列仙圖》應是神仙之術的方書，可歸爲《漢書‧藝文志》的「方技」，稱其書爲「道術祕方」，說的就是「方術」。《後漢書‧方術列傳》曰：

> 夫物之所偏，未能無蔽，雖云大道，其硋或同。若乃詩之失愚，書之失誣；然則數術之失，至於詭俗乎？極數知變而不詭俗，斯深於數術者也。故曰，苟非其人，道不虛行。

《後漢書‧方術列傳》直以「數術」代表「方術」，無異乎謂「數術」即「方術」，「方術」即「數術」。《漢書‧藝文志》「數術略」與「方技略」的區別，李零認爲，古代研究「天道」的學問是「數術之學」，研究「生命」的學問是「方技之學」。〔註9〕前者是針對宇宙天地之道，與國家社群、歷史政治，內容涉及天文、曆法、算術、地理學、氣象學等學科，是究天人、通古今的預測學，重推理與演算，數術研究天道，也歸結到人事吉凶，自先秦以來一直是「人治之術」。後者是針對個人小宇宙的養生之道，內容涉及醫學、藥劑學、性學、營養學、植物學、動物學、礦物學和化學等學科，並雜糅針藥與巫詛禁咒，重感悟與修煉的修身方式，方技對生物、自然的研究，其實也有旁及天道。所以，數術與方技在區別之中也有聯繫，「從方法和目的論上講，術數從天地大象以切入人事，進而達到預測和說明人事吉凶的目的，其所研究的直接對象是天地自然；而方技則是從人到入手，旁及天地自然，以達到卻老延年、福壽天地的目的，其所研究的直接對象是人本身，可謂『人生之術』。」但兩者「都以陰陽、八卦爲理論基礎，都以天地人『三才』爲研究對象，落腳點都是『人道』。」〔註10〕所以，《漢書‧藝文志》並非數術、方技壁壘分明的兩類，而是有共通的原理存在。

　　若論「數術」、「方技」、「方術」三者之間的異同，《後漢書‧方術列傳》的「方術」可包含《漢書‧藝文志》的「數術」、「方技」兩類，「方術」大於

〔註9〕李零，《中國方術考》（修訂本）（北京：東方出版社，2001.8），頁19。
〔註10〕宋會群，《中國術數文化史》（開封：河南大學出版社，1999.8），頁8。

兩類的總和。同時,《後漢書》以「數術」與「方術」互文,其「數術」是廣義的,《漢書‧藝文志》的「數術」是狹義的。茲圖示「數術」、「方技」與「方術」三者之間的關係如下:

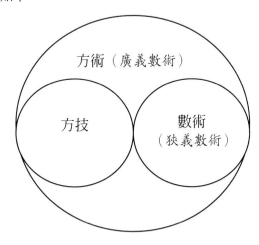

　　數術倒作術數,或數術被廣義化作方術,其實,都沒有違背這類知識系統的精神。上圖「數術」與「方技」的交集點乃其共通的原理。本研究雖採《漢書‧藝文志》的「數術」爲名,然研究範疇卻相當方術——廣義數術。易言之,本論文以「數術」爲名,實欲凸顯《易》學、陰陽、五行、天文、曆律之特色;採廣義的數術研究,乃因包有方技、緯候。不以「方術」爲名,蓋方術成爲目錄類別在三國以後,不在漢時。所以,本論文「數術」題名的意義與研究範疇,以圖表示之如下:

數術（廣義）	
方術	數術（狹義）
	方技

二、漢代數術分類

　　《漢書‧藝文志》現存有漢代的數術著錄,而《後漢書‧方術列傳》所涵蓋的數術範疇,又比《漢書‧藝文志》來得廣。《說文》是東漢作品,《漢書‧藝文志》與《後漢書‧方術列傳》在時間點上是最適合的數術參考依據。揭示《漢書‧藝文志》與《後漢書‧方術列傳》的數術分類,更可解漢代數術的內涵。

本研究所指的數術爲廣義的數術，相當於《後漢書》所說的方術。茲試將《後漢書》的方術分類對應《漢書‧藝文志》的適合類別，以知兩者的廣狹數術分類差異所在。列表並依次分點說明如下：

《後漢書‧方術列傳》	《漢書‧藝文志》
1	龜卜、筮占、逢占、挺專	「數術略」蓍龜
2	陰陽推步	「數術略」天文、曆譜
3	河圖洛書	「六藝略」《易》、《書》，「數術略」天文
4	七政	「數術略」天文
5	箕子之術	「六藝略」《書》、「數術略」五行
6	師曠之書	「兵書略」兵陰陽、「數術略」五行
7	緯候之部	「六藝略」《書》
8	鈐決之符	「兵書略」兵陰陽
9	風角、遁甲、日者、須臾、孤虛	「數術略」五行
10	元氣	「諸子略」陰陽家
11	六日七分	「六藝略」《易》
12	望雲省氣	「數術略」天文、形法
13	推處祥妖	「數術略」雜占
14	方藥、針炙、行氣、導引、房中、服食和各種幻術	「方技略」醫經、經方、神仙、房中

1. 《後漢書》的龜卜、筮占相當於《漢書‧藝文志》「數術略」蓍龜，〔註11〕並無問題。至於逢占是一種在與問卜者的問答中隨機而占的一種占法。《漢書‧東方朔傳》：「逢占射覆，其事浮淺。」注引如淳曰：「逢占，逢人問而占之也。」顏師古曰：「此說非也。逢占，逆占事，猶云逆剌也。」《敦煌寶藏》有《逆剌占》（伯二八五六號）一卷，其法是「聽答語，便測也」，

〔註11〕《漢書‧藝文志》云：「蓍龜者，聖人之所用也。書曰：『女則有大疑，謀及卜筮。』易曰：『定天下之吉凶，成天下之亹亹者，莫善於蓍龜。』『是故君子將有爲也，將有行也，問焉而以言，其受命也如嚮，無有遠近幽深，遂知來物。非天下之至精，其孰能與於此！』及至衰世，解於齋戒，而婁煩卜筮，神明不應。故筮瀆不告，《易》以爲忌，龜厭不吉，《詩》以爲剌。」從其所列的書目（《龜書》、《夏龜》、《南龜書》、《巨龜》、《雜龜》、《蓍書》、《周易》、《周易明堂》、《周易隨曲射匿》、《大筮衍易》、《大次雜易》、《鼠序卜黃》、《於陵欽易吉凶》、《任良易旗》、《易卦八具》），可知蓍龜內容包括龜卜和筮占，卜用龜骨，依卜兆的形狀判斷吉凶；筮用蓍草，按揲蓍得數排列卦爻，從而決定休咎。

先知問卜人所來方向、氣象等情況，然後「逆刺」其事，以測吉凶。逆，逢迎；刺，刺探。故逢占同逆刺占。挺專又稱筳篿，《後漢書‧方術列傳》注：「筳，八段竹也。楚人名結草折竹爲專。」吳萊〈范氏筳篿卜法序〉：「卜時自其所向得草木枝，初不計多寡，左右手一縱一橫揲之，以三而數用其扐，然後一時之吉凶從違、休咎福禍立可見者。」〔註12〕所以，逢占與挺專也相當於《漢書‧藝文志》「數術略」的蓍龜。

2. 《後漢書》的陰陽推步是根據曆象日月星辰的運行，而推得曆數，相當於《漢書‧藝文志》「數術略」天文、曆譜二類。〔註13〕

3. 《後漢書》所說的「河洛之文，龜龍之圖」，亦即河圖洛書。《易‧繫辭上》：「河出圖、洛出書，聖人則之。」孔安國傳：「河圖則八卦也，洛書則九疇是也。」鄭玄《周易鄭氏注》：「《春秋緯》云：河以通乾出天苞，地以流坤吐地符。河龍圖發，洛龜書感，河圖有九篇，洛書有六篇。」《書‧洪範》九疇沒有提到洛書，然孔安國傳曰：「天與禹洛出書，神龜負文而出。」《書‧顧命》：「大玉、夷玉、天球、河圖在東序。」所以，河圖洛書可歸之「六藝略」的《易》、《書》。又《漢書‧藝文志》「數術略」天文類有《圖書秘記》

〔註12〕　（元）吳萊，《淵穎吳先生集》卷十一（民國‧胡宗楙輯《續金華叢書》15，臺北：藝文印書館），頁2。

〔註13〕　《漢書‧藝文志》云：「天文者，序二十八宿，步五星日月，以紀吉凶之象，聖王所以參政也。易曰。觀乎天文，以察時變。然星事凶悍，非湛密者弗能由也，夫觀景以譴形，非明王亦不能服聽也。以不能由之臣，諫不能聽之王，此所以兩有患也。」從其所列的書目（《泰壹雜子星》、《五殘雜變星》、《黃帝雜子氣》、《常從日月星氣》、《皇公雜子星》、《淮南雜子星》、《泰壹雜子雲雨》、《國章觀霓雲雨》、《泰階六符》、《金度玉衡漢五星客流出入》、《漢五星彗客行事占驗》、《漢日旁氣行事占驗》、《漢流星行事占驗》、《漢日食月暈雜變行事占驗》、《海中星占驗》、《海中五星經雜事》、《海中五星順逆》、《海中二十八宿國分》、《海中二十宿臣分》、《海中日月慧虹雜》、《圖書秘記》）可知天文這門學問包括對日月、星辰、雲氣、霓虹等自然天象的觀察，與吉凶占驗。又云：「曆譜者，序四時之位，正分至之節，會日月五星之辰，以考寒暑殺生之實。故聖王必正曆數，以定三統服色之制，又以探知五星日月之會，凶阨之患，吉隆之喜，其術皆出焉。此聖人知命之術也。非天下之至材孰與焉。道之亂也，患出於小人而強欲知天道者，壞大以爲小，削遠以爲近，是以道術破碎而難知也。」從其所列的書目（《黃帝五家曆》、《顓頊曆》、《顓頊五星曆》、《日月宿曆》、《夏殷周魯曆》、《天曆大曆》、《漢元殷周諜曆》、《耿昌月行帛圖》、《耿昌月行度》、《傳周五星行度》、《律曆數法》、《自古五星宿紀》、《太歲謀日晷》、《帝王諸侯世譜》、《古來帝王年譜》、《日晷書》、《許商算術》、《杜忠算術》）可知曆譜包括正規的曆譜、行度、日晷、世譜、年譜、算術等內容。

十七篇，當屬河洛之書，《漢書藝文志條理》云：

> 《隋書‧天文志》曰：「河洛圖緯，雖有星占星官之名，未能盡列。」
> 按《晉書‧天文志》〈雜星氣〉篇云：「圖緯舊說，及《荊州占》。其
> 雜星之體，有瑞星，有妖星，有客星，有流星，有瑞氣，有妖氣，
> 有日月榜氣。」又妖星中引《河圖》云云，其稱圖緯及《河圖》，疑
> 即是書。《續漢志》、《晉志》、《帝王世紀》、《通鑑外紀》皆有黃帝受
> 《河圖》作星官之文，意者天文家取《河圖》《洛書》所有如《稽曜
> 鈎》、《甄曜度》之類，錄爲是書。《續漢‧曆志》云：「中興以來，
> 圖讖漏世」，則當西京時猶鬱而不宣，故曰祕記歟。〔註14〕

《圖書祕記》當如《河圖》《洛書》之類的緯書，多有星占候氣之說，在西漢
之時尙「鬱而不宣」，故稱祕記。王先謙《漢書補注》亦云：

> 沈欽韓曰：「《後書》楊厚祖父春卿戒子統曰：吾綈褮中有先祖所傳
> 祕記，爲漢家用。又章帝賜東平王蒼以祕書列仙圖道術祕方。」葉
> 德輝曰：「《說文》易下引祕書說『日月爲易，象陰陽也』，《後書》
> 〈鄭玄傳〉戒子益恩云：『時覩祕書緯術之奧』。」〔註15〕

王先謙引述沈欽韓、葉德輝從《後漢書》、《說文》印證祕記爲緯書的說法。
據此，《圖書祕記》十七篇者即爲緯書也。漢代以河洛命名的緯書，諸如《河
圖稽命徵》、《河圖祕徵》、《洛書甄曜度》、《雒書靈准聽》等。

4. 《後漢書》七政即七曜，指日月五星之占，與《漢書‧藝文志》「數術
略」天文類相當。

5. 箕子之術，《漢書‧劉向傳》：「箕子爲武王陳五行陰陽休咎之應也。」
箕子所說的是《尙書‧洪範》五行陰陽之術也。相當於《漢書‧藝文志》「六
藝略」《書》類的《尙書大傳》與「數術略」的五行。〔註16〕

〔註14〕 （清）姚振宗《漢書藝文志條理》卷五（《續修四庫全書》九一四‧史部‧目
　　　　錄類，上海：上海古籍出版社，2002），頁 101。

〔註15〕 （清）王先謙《漢書補注》上（北京：中華書局，1993.11），頁 898。

〔註16〕 《漢書‧藝文志》云：「五行者，五常之形氣也。《書》云：『初一曰五行，次
　　　　二曰羞用五事』，言進用五事以順五行也。貌、言、視、聽、思，心失而五行
　　　　之序亂，五星之變作，皆出於律曆之數而分爲一者也。其法亦起五德終始，
　　　　推其極則無不至。而小數家因此以爲吉凶，而行於世，寖以相亂。」從其所
　　　　列之書目（《泰一陰陽》、《黃帝陰陽》、《黃帝諸子論陰陽》、《諸王子論陰陽》、
　　　　《太元陰陽》、《三典陰陽談論》、《神農大幽五行》、《四時五行經》、《猛子閭
　　　　昭》、《陰陽五行時令》、《堪輿今匱》、《務成子災異應》、《十二典災異應》、《鍾

6. 師曠之書，《後漢書·方術列傳》注曰：「占災異之書也。」《漢書·藝文志》「兵書略」兵陰陽有《師曠》八篇，又「數術略」五行類也有關災異。所以，師曠之書既屬兵陰陽，也是說五行災異的書，兼跨兩類。

7. 緯候之部，《後漢書·方術列傳》注曰：「緯，七經緯也。候，《尚書中候》也。」雖然《漢書·藝文志》無專屬緯書的類別，但「六藝略」《書》中的《尚書大傳》勉強與《尚書中候》有關聯。易言之，「六藝略」《書》類緯書只是緯候之部的一部分而已。

8. 鈐決之符，《後漢書·方術列傳》注曰：「兵法有《玉鈐篇》及《玄女六韜要決》曰：『太公對武王曰：主將有陰符，有大勝得敵之符，符長一尺；有破軍禽敵之符，符長九寸……』。」兵法符籙相當於《漢書·藝文志》「兵書略」的兵陰陽。

9. 風角，以五音占四方之風，而斷定吉凶的一種占術，《漢書·藝文志》「數術略」五行類中講五音之書的《五音奇胲用兵》、《五音奇胲刑德》、《五音定名》可能包含這類內容。翼奉的《風角雜占五音圖》、《風角鳥情》、《風角要候》，京房的《風角五音占》、《風角要占》都已亡佚，只存佚文。銀雀山漢簡《天地八風五行客主五音之居》則是較具代表性的出土文獻。

遁甲，太乙九宮式占的一種，或以爲起於《易緯乾鑿度》的太乙行九宮法。《漢書·藝文志》「數術略」五行類有《天一》、《泰一》之書，與太乙行九宮可能有關。

日者，《史記·日者列傳》司馬貞索隱：「卜筮占候時日，通名日者。」即擇日術。從考古發現，《日書》是戰國秦漢時期最爲流行的數術讀物，如九店楚簡《日書》、放馬灘秦簡《日書》甲、乙、睡虎地秦簡《日書》甲、乙，有「建除」、「叢辰」等擇日方法，還有「相宅」、「告武夷」、「詰咎」等非擇日材料。《漢書·藝文志》「數術略」五行類有《鍾律叢辰日苑》、《轉位十二神》（六壬十二神，一說「建除十二神」）與出土《日書》相當。

須臾，《後漢書·方術列傳》注：「陰陽吉凶立成之法。」其以納音所屬之日辰五行，配以每日之早晚時刻，易於快速查閱占測出行之吉凶，在傳世

律災異》、《鍾律叢辰日苑》、《鍾律消息》、《黃鍾》、《天一》、《泰一》、《刑德》、《風鼓六甲》、《風后孤虛》、《六合隨典》、《轉位十二神》、《羨門式法》、《羨門式》、《文解六甲》、《文解二十八宿》、《五因奇胲用兵》、《五音奇胲刑德》、《五音定名》）可知五行包括陰陽、五行、時令、災異、式占、五音等內容。

數術文獻中又稱「立成」，睡虎地秦簡、放馬灘秦簡的《日書》皆有之。故須與可歸之「數術略」的五行類。

孤虛，又稱孤辰、空亡。是一種日辰占法。天干爲日，地支爲辰，日辰不全爲孤、虛。如甲子旬中無戌、亥，戌亥即爲孤；戌亥相沖的地支辰、巳即爲虛。凡孤虛之日，主事不成。《漢書・藝文志》「數術略」五行類有《風后孤虛》與之相當。

10. 元氣，據《後漢書・方術列傳》注，是一種「開闢陰陽之書」。何休《公羊傳・隱公元年》注曰：「變一爲元，元者氣也，無形以起，有形以分，造分天地，天地之始也。」《春秋繁露・五行相生》：「天地之氣，合而爲一，分爲陰陽，判爲四時，列爲五行。」宇宙的化生，從相合爲一的元氣，分而爲陰陽二氣、四時、五行，而化生萬物，爲氣化宇宙觀。《史記・太史公自序》引〈論六家要指〉述評陰陽家的特色：

> 嘗竊觀陰陽之術，大祥而眾忌諱，使人拘而多所畏。然其序四時之大順，不可失也。……夫陰陽四時八位十二度二十四節，各有教令，順之者昌，逆之者不死則亡，未必然也，故曰使人拘而多畏。夫春生夏長秋收冬藏，此天道之大經也，弗順，則無以爲天下綱紀，故曰四時之大順，不可失也。

《漢書・藝文志》「諸子略」陰陽家：

> 陰陽家者流，蓋出於羲和之官。敬順昊天，歷象日月星辰，敬授民時，此其所長也。及拘者爲之，則牽於禁忌，泥於小數，舍人事而任鬼神。

陰陽家擅長天文星象，通曉陰陽二氣、四時、五行之理。故《後漢書・方術列傳》的元氣爲「開闢陰陽之書」，應與陰陽家有關。

11. 六日七分起於《易緯》、京房的卦氣說，以卦氣占驗吉凶。其法以六十四卦與一年 365.25 日相配，坎、離、震、兌四正卦主四時，四正卦的二十四爻主二十四節氣；餘六十卦分 365.25 日，每卦各值 6 日又 7／80 日，故曰六日七分。可歸之於《漢書・藝文志》「六藝略」《易》類。

12. 望雲省氣，即望氣術，望雲是觀雲氣以占，《漢書・藝文志》「數術略」天文類的《泰壹雜子雲雨》、《國章觀霓雲雨》，即是觀雲氣的占驗；省氣，《後漢書・方術列傳》注：「觀城郭、人畜之氣以占之也。」《漢書・藝文志》「數術略」形法也有這類的省氣占。〔註17〕

〔註17〕《漢書・藝文志》云：「形法者，大舉九州之勢以立城郭室舍形，人及六畜骨

13. 推處祥妖，當爲避邪祈禳的厭勝之術。《漢書‧藝文志》「數術略」雜占類有這方面的書目。〔註18〕

14. 《後漢書‧方術列傳》的方藥、針炙、行氣、導引、房中、服食和各種幻術，與《漢書‧藝文志》「方技略」醫經、經方、神仙、房中四類相當。

經由以上《後漢書‧方術列傳》與《漢書‧藝文志》的分類對照可證，《漢書‧藝文志》的數術與方技總合不及於《後漢書》的方術。它涵蓋了《漢書‧藝文志》「數術略」、「方技略」、「六藝略」、「諸子略」、「兵書略」等類別；甚者如緯候之部，在《漢書‧藝文志》雖未見專屬之類，卻是數術不能疏漏的部分。〔註19〕所以，談漢代數術，名稱可取自於《漢書‧藝文志》的「數術略」，但論及實際的範疇，就不能僅限於「數術略」，它必須串連到「方技略」、「六藝略」、「諸子略」、「兵書略」，外加讖緯之書，才會相當於《後漢書》的方術，漢代的數術內涵也因此得以周延。〔註20〕從這些串連現象其實也在揭示一個訊息：爬梳漢代數術與經學、史學、子學、文學的關連，才能通盤瞭解當時的數術概況。

法之度數、器物之形容以求其聲氣貴賤吉凶。猶律有長短，而各徵其聲，非有鬼神，數自然也。然形與氣相首尾，亦有有其形而無其氣，有其氣而無其形，此精微之獨異也。」從其所列的書目（《山海經》、《國朝》、《宮宅地形》、《相人》、《相寶劍刀》、《相六畜》），可知形法包括相地形、相宅墓、相人、相刀劍、相六畜等內容。

〔註18〕《漢書‧藝文志》云：「雜占者，紀百事之象，候善惡之徵。《易》曰：『占事知來。』眾占非一，而夢爲大，故周有其官。而《詩》載熊羆虺蛇眾魚旐旟之夢，著明大人之占，以考吉凶，蓋參卜筮。《春秋》之說訞也，曰：『人之所忌，其氣炎以取之，訞由人興也。人失常則訞興，人無釁焉，訞不自作。』故曰：『德勝不祥，義厭不惠。』桑穀共生，大戊以興；鴝雉登鼎，武丁爲宗。然惑者不稽諸躬，而忌訞之見，是以《詩》刺『召彼故老，訊之占夢』，傷其舍本而憂末，不能勝凶咎也。」從其所列的書目（《黃帝長柳占夢》、《甘德長柳占夢》、《武禁相衣器》、《嚏耳鳴雜占》、《禎祥變怪》、《人鬼精物六畜變怪》、《變怪誥咎》、《執不祥劾鬼物》、《請官除訞祥》、《禳祀天文》、《請禱致福》、《請雨止雨》、《泰壹雜子候歲》、《子贛雜子候歲》、《五法積貯寶藏》、《神農教田相土耕種》、《昭明子釣種生魚鱉》、《種樹臧果相蠶》），可知雜占是星占、式占、龜卜、式占之外的其他占法，以夢占爲主，其次是與厭劾妖祥、鬼怪有關的禱祠祈禳，還有占嚏、占耳鳴，與農業有關的候歲、相土等內容。

〔註19〕《隋書‧經籍志》經部分爲十類，正式列有「緯書」一類，其他九類與《漢書‧藝文志》「六藝略」相同。

〔註20〕《隋書‧經籍志》子部包含《漢書‧藝文志》「諸子略」、「兵書略」、「數術略」、「方技略」之醫經、經方。又其道經部分爲「經戒」、「餌服」、「符籙」、「房中」，相當於《漢書‧藝文志》「方技略」之神仙、房中。

三、數術之範疇

　　《後漢書・方術列傳》的方術範疇大於《漢書・藝文志》數術和方技的總和，而數術、方技所著重的數理和技術又有其思想根據。所以，「數術略」和「方技略」如果再聯集其他相關的略別，就能補足方術大於的那個部分。易言之，如果《漢書・藝文志》的數術要與《後漢書》的方術等量齊觀，除了必須包括方技之外，還要系聯到六藝、諸子、兵書等略別，才相當於「道」加「術」的方術（廣義數術）。可見《漢書・藝文志》的分類不代表著錄的絕對屬性，蓋屬性的歸類是依分類者對某書認知的焦點而定，不同的分類者有不同的認知焦點，歸類就會有所不同，這些不同的類別之間其實還是有系聯關係，因爲它們其實原本都代表著某書的一部分特質，系聯類別反而可以掌握全書的面貌。例如「兵陰陽」有《別成子望軍氣》六篇、圖三卷，說的是望氣，望氣本屬天文雜占之術，《後漢書・方術列傳》說到楊由云：「少習《易》，併七政、元氣、風雲占候。」《別成子望軍氣》與天文、雜占其實大有關係，蓋其施用於軍事，故列於「兵陰陽」。因此，系聯《漢書・藝文志》的類別所呈顯的思想網絡，正可傳導漢代兼容諸子百家後的思想體系。

　　《漢書・藝文志》的數術思想跨越在不同略別，但卻出自同一觀念系統，或使用同一表述系統；雖各有特質展現，但卻在同一體驗世界中，分居著互補的領域。領域之間並無顯見的鴻溝，而是交互成立，互通互融。就像居廟堂之高的儒生與處山林之遠的道士，都是調陰陽者，往往兼通六經和方術，唯前者置六經於方術之上，後者以方術爲六經之先。因此，《漢書・藝文志》從內核「道」到外在「術」的著錄排序，是大傳統和小傳統的融會。〔註21〕

〔註21〕人類學上曾有大傳統（great tradition）與小傳統（little tradition）的概念，這是羅伯特・雷德費爾德（Robert Redfield）在《農民社會與文化》中使用過的術語，他說，這兩個傳統還可以被稱爲上層文化和下層文化，民間文化和正統文化，通俗文化與學者文化，除此之外，還可以稱之爲「科層文化（hierarchic）」和「世俗文化（lay culture）」。Robert Redfield，*Peasant Society and Culture* III：*The Social Organization of Tradition,* p.70，The University of Chicago Press, 1956。但是這兩個概念挪用到中國古代思想史中，就要有所界定和修正，葛兆光說：「在分析中國思想時，『大傳統』並不專指儒道等經典文化，『小傳統』也並不專指鄉村社會的民間文化，前者也不一定只在學校與寺廟中傳授，而後者也並不一定只在鄉村生活中傳播與承襲。」葛兆光，《七世紀前中國的知識、思想與信仰世界——中國思想史》第一卷（上海：復旦大學出版社，1998.4），頁220。

「大傳統」是一個時代最高水準的思想與文化，其代表是一批知識精英，但它們未必是社會的「上層」，也未必能夠成為「正統」，除非他們的知識與權力進行過交融或交易，而形成制約一般思想的意識形態；而「小傳統」的人員構成也並不僅僅包括一般百姓，還包括那些身分等級很高的皇帝官員貴族，上層社會也有小傳統的觀念或行為。因此，《漢書・藝文志》於「諸子略」有陰陽家，後又專設「數術略」、「方技略」，足見陰陽數術從理論到行為、從大傳統到小傳統，均甚興盛。近來出土的簡帛佚書正可印證這樣的學術氛圍。

《後漢書・方術列傳》所記龜卜、筮占、陰陽推步、河圖洛書、箕子之術、師曠之書、緯候之部、鈐決之符等八類是方術的主流；風角、遁甲、七政、元氣、六日七分、逢占、日者、挺專、須臾、孤虛之術、望雲省氣、推處祥妖等十二種是支流。此外，傳中諸方術家往往擅長「星算」（即天文曆算），其術又涉及了方藥、針炙、行氣、導引、房中、服食和各種幻術。由此可見，《後漢書・方術列傳》所說的「方術」是緯候之部、鈐決之符加上《漢書・藝文志》的「數術」與「方技」。數術理論中的太極本體論、象數整體論、陰陽之道辨證論、五行元素論、八卦系統論，是融合《易》學、道家、諸子哲學而為自己所用，形成了一個以數字、符號、圖式，表達天人關係、自然關係的獨特哲學系統，來體現其宇宙觀、世界觀和方法論。古代的天文學、曆算學、化學、物理學、環境學、醫學、人體學、養生學都是運用數術的「運數」、「曆數」、「氣數」、「命數」而有的知識學門，並說明了人間的吉凶禍福。所以，數術以形上理論為基礎，研究大宇宙與小宇宙，是科學與迷信、理性與蒙昧交織一起的學門。

第二節　數術對漢代學術之影響

許沖〈上說文表〉云：「慎博問通人，考之於逵，作《說文解字》。」許慎受賈逵古學之後才作《說文》，古學的特點尚兼通，所以，《說文》在引用諸說時，並無今古門戶之見。例如「封」字下說，「爵諸侯之土也。從土，從寸，守其制度也。公侯百里，伯七十里，子男五十里。」是採〈王制〉之說，為今學。又如「王」字下曰：「天下所歸往也」是出自《春秋繁露・名號篇》，並引用董仲舒曰：「古之造文者，三畫而連其中，謂之王。」是知《說文》此說係出《公羊》學派的董氏之說，而又另引孔子曰：「一貫三為王。」桂馥以

爲「或緯書所載」。〔註 22〕又如士字曰:「事也,數始於一,終於十,從一,從十。」並引孔子曰:「推十合一爲士」,這是以象數學解釋字義,濫觴於緯書;所引孔子的話,亦來自緯書。

此外,《說文》徵引許多帶有數術色彩的群書:如釋「鳳」引天老,釋「刕」引《山海經》,釋「爝」引《呂氏春秋》,釋「嫦」引《甘氏星經》,釋「疛」引《五行傳》,釋「歲」引《律歷書》,釋「頪」引《太史卜書》,釋「芸、蜮、畜」引《淮南子》,釋「瞋、易」引祕書、釋「鬲、殊、簞、貨、襄、舳、鮚、威、妌、娉、織、繪、絩、縵」引《漢律令》等。〔註 23〕誠如許冲〈上說文表〉所言:「六藝群書之詁皆訓其意,而天地、鬼神、山川、艸木、鳥獸、蚰蟲、雜物、奇怪、王制、禮儀、世間人事,莫不畢載。」總地說來,《說文》一書遍及各項學問,不僅是漢字的訓詁系統,更是包攬天地萬事萬物的意義系統,最後指向最高的「本立而道生」價值。故《說文》承襲了群書廣泛包含的文化內涵,屬於「經典詮釋學的表現方式,是一種文化詮釋學。」〔註 24〕數術是《說文》博徵、博學的詮釋理路,猶如《漢書‧藝文志》的數術思想跨越不同略別,一者表示數術知識體系有容乃大,二者意味數術對漢代學術的深刻影響。茲以經、史、子、集四部作爲漢代學術的分類綱目,梳理數術與漢代學術的關連與影響。

一、數術與經學

司馬談〈論六家要指〉的諸子六家分別爲:陰陽、儒、墨、名、法、道。這樣的排序,不僅道出司馬談的學術觀,同時也顯示當時的思想趨勢。對司馬談史官的身分而言,陰陽乃是史官的看家本領,道家則是陰陽家的形上理論,故其序列始於陰陽而歸宗於道。依循劉歆《七略》的《漢書‧藝文志》則在六家後增加縱橫、雜、農、小說四家。然眞正講思想流派,仍不出六家,但是以儒、道、陰陽、法、名、墨次序排列六家,升儒於首,降墨於終,反映了漢武帝以後的學術變化。其中,道、陰陽二家比鄰爲序,不僅與司馬談

〔註 22〕桂馥,《說文解字義證》云:「未詳所出,然似非孔子之言,或緯書所載也。」見楊家駱主編,《說文解字詁林正補合編》第二冊(臺北:鼎文書局,民國 72.4(1983.4)),頁 2-210。

〔註 23〕詳文可參考馬宗霍,《說文解字引群書攷》(臺北:臺灣學生書局,民國 62.2(1973.2))。

〔註 24〕姜廣輝,《中國經學思想史》第二卷(北京:中國社會科學出版社,2003.9),頁 33。

的理念不謀而合，而且也可再次印證兩家思想層次相輔的接近度。再者，以儒為首，是將原先的尊崇黃老而以百家為輔的局面，扭轉成尊崇儒家而兼容百家的局面。其所兼容的百家就是以道、陰陽思想開展出來的龐大天人思想體系，為漢代真正的思潮骨幹。所以，這一兼容，不但促使經學讖緯化，儒學陰陽五行化，士人知識數術化。

　　雖然〈論六家要旨〉與《漢書・藝文志》的諸子排頭有陰陽家、儒家的不同，形上理論依據有道家、《易》的相異，但經學陰陽五行化，儒學因而開展新的兼容價值，卻是不變的底蘊。易言之，〈論六家要旨〉與《漢書・藝文志》排序理路的表面差異，其實並不影響儒家、道家、陰陽家交叉感染後所呈現的兼容基調──陰陽五行化。因此，漢代的「罷黜百家，獨尊儒術」，不僅不是百家爭鳴消失的原因，反倒是吸收先秦各派學說，建立綜合性思想體系的歷史反映與自覺。

　　秦漢儒生用陰陽五行學說詮釋儒家經典，表面上是將儒家經典陰陽五行化，實質上以陰陽五行同化儒家學。尤其，西漢初年傳經人多為齊人，按《史記・儒林傳》記載，治《尚書》的伏生，濟南人，以《尚書》教於齊魯之間。治《易》的田何，菑川人。傳《詩》的轅固生，齊人，「諸齊人以《詩》顯貴，皆固之子弟也。」傳《公羊春秋》的胡毋生，齊人「齊之言《春秋》者，多受胡毋生。」馬宗霍說：「大抵齊學尚恢奇，……齊學喜言天人之理，……蓋當戰國時，齊有鄒衍善談天，深觀陰陽消息，而作迂怪之變。其語宏大不經，先序今以上至黃帝，因載其機祥度制，稱引天地剖判以來，五德轉移，至各有宜；於是流風所被，至漢不替。」〔註25〕自先秦以來，出於齊地的稷下之學，陰陽五行向來就昌盛，漢初的齊學，只是反映經學陰陽五行化的必然趨勢。伏生傳五行，齊《詩》五際，《公羊春秋》多言災異，《易》有象數占驗，《禮》有明堂陰陽，經學陰陽五行化是說明漢代經學與數術最佳的著力點。

（一）《易》

　　《易》為六藝之首，《漢書・藝文志》「六藝略」總序說：《易》為其他「五學」（《書》、《詩》、《禮》、《樂》、《春秋》）之原，「與天地為終始」，承認《易》為中國文化的最高經典。《易》地位的提高，在《史記・太史公自序》就列《易》為六藝之首，其曰：「《易》著天地陰陽四時五行，故長於變。」《易》為天地

〔註25〕馬宗霍，《中國經學史》第六篇〈兩漢之經學〉（臺北：臺灣商務印書館，民國75.2（1986.2）），頁83-84。

自然運行變化的總則，理論層次最高，故列於六藝之首。再者，《漢書‧藝文志》《易》小序曰：「《易》道深矣，人更三聖，世歷三古。」就時序之早而言，《易》也有資格排在六藝之首。《漢書‧楚元王傳》說：「歆與向始皆治《易》」，「長子伋，以《易》教授」，可見劉氏全家皆有治《易》的經歷。劉歆的《七略》、《移讓太常博士書》都有論《易》，尤其，《鐘律書》、《三統歷譜》、《三統曆》〔註26〕最能夠完整地、系統地體現劉歆的《易》學思想，闡述了《易》與律曆的關係。因此，《易》居六藝之首，與劉向父子精通《易》學，對《易》特別重視，亦不無關係。

　　「六藝略」《易》類的《古雜》、《雜災異》、《神輸》是陰陽災異符應之讖錄。其他如《古五子》十八篇，是以甲子、丙子、戊子、庚子、壬子說《易》陰陽。《初學記》文部引劉向《別錄》曰：「所校讐中《易》傳《古五子篇》，除復重，定著十八篇，分六十四卦，著之日辰。自甲子至於壬子，凡五子，故號曰《五子》。」《漢書‧律曆志》：「日有六甲，辰有五子。」孟康曰：「六甲之中，唯甲寅無子，故有五子。」《古五子》是利用干支說《易》，干支常作爲天文、曆譜、五行的說明符號。因此，六藝略的《易》不獨是儒家最高經典，它與「數術略」的天文、曆譜、五行、蓍龜亦可作關係系聯。

　　《易》在秦漢之時，已是「道陰陽」之書。田何《易》的三傳弟子孟喜「得《易》家候陰陽災變書」，創「卦氣說」。其後京房《易》學，援五行入《易》，也是占說災異之術，《漢書‧五行志》和京房本傳皆有載述。其他如互體卦變、八宮、世應、遊魂歸魂、飛伏、八卦六位，亦皆創自京房。孟喜、京房的《易》學都不是來自儒者田何的眞傳，反倒是從民間易學借鑑吸收思想精華。秦漢之際的民間易學以八卦和六十四卦爲基本架構，綜合了天文、曆法、時辰、方位、陰陽五行等觀念，運用陰陽象數變化，解釋宇宙間的事理，形成神秘的宇宙觀，馬王堆《周易》帛書就是最好的証明。即使東漢宗古文的馬融、鄭玄、荀爽諸家，也脫不了它的藩籬。所以，漢代象數《易》是《易》學與數術融合後的產物，代表著漢代《易》學特色。

　　（二）《書》
　　「六藝略」《書》類有伏生所傳的今文《尚書》二十九卷，伏生弟子輯錄的伏生《書》說，即《尚書大傳》，凡四十一篇，今存清人的輯佚本，以陳壽祺本

〔註26〕《漢書‧律曆志》即是由《鐘律書》、《三統歷譜》、《三統曆》三部分組成。

較精。其中的〈洪範五行傳〉推陰陽災異之變，是《尚書·洪範》五行說的進一步擴展。其他還有劉向《五行傳記》十一卷，許商《五行傳記》一篇。劉向之書是以《尚書·洪範》陳五行陰陽休咎之應爲基礎，集合上古到秦漢符瑞災異、禍福占驗之記事，以條目比類相從。許商之五行學則從夏侯勝受夏侯始昌之《尚書》及〈洪範〉五行災異而來。劉、許兩者皆不脫於《尚書·洪範》五行的影響，但是《尚書·洪範》只把五事與五徵作相配，和五行並列，未正式配合；而漢代的〈洪範五行傳〉系列是以五行一疇而貫其他五事諸疇，已非《尚書·洪範》九疇平列的原樣原義了。《漢書·藝文志》「數術略」五行序曰：

　　五行者，五常之形氣也。書云：『初一曰五行，次二曰羞用五事』，
　　言進用五事以順五行也。貌、言、視、聽、思，心失而五行之序亂，
　　五星之變作，皆出於律曆之數而分爲一者也。其法亦起五德終始，
　　推其極則無不至。而小數家因此以爲吉凶，而行於世，寖以相亂。

《尚書·洪範》五行除了指「水火木金土」之外，還兼指貌、言、視、聽、思五事之德——「謀乂肅聖哲」。鄒衍的五德終始的歷史循環符驗說，強調某一「德」當運的時候，自然界則出現與之相應的祥瑞，象徵新受命帝將要取代政權。〔註27〕這是對〈洪範〉水火木金土五行，作相生相克之理的發揮，並配合其天文曆法的數度推步知識來推衍天道人事，是典型的陰陽家特色。鄒衍的五德終始「要其歸，必止乎仁義節儉，君臣上下六親之施」（《史記·孟子荀卿列傳》）以尚德作最後依歸，就如同〈洪範〉用五事以順五行的作用，故以五德代五行爲其說。可見鄒衍學術淵源與《尚書·洪範》亦有相關。今

〔註27〕　《史記·孟子荀卿列傳》云：「鄒衍睹有國者，益淫侈不能尚德，若大雅整之於身，施及黎庶矣，乃深觀陰陽消息而作迂怪之變，終始大聖之篇，十萬餘言。……稱引天地剖判以來，五德轉移，至各有宜，而符應若茲。」《文選·魏都賦》注引《七略》曰：「鄒子有《終始五德》，從所不勝，土德後，木德繼之，金德次之，火德次之，水德次之。」《呂氏春秋·應同》：「凡帝王之將興也，天必先見祥乎下民。黃帝之時，天見大螾大螻。黃帝曰：『土氣勝』。土氣勝，故其色尚黃，其事則土。及禹之時，天先見草木秋冬不殺。禹曰：『木氣勝。』木氣勝，故其色尚青，其事則木。及湯之時，天先見金刃生於水。湯曰：『金氣勝。』金氣勝，故其色尚白，其事則金。及文王之時，天先見火，赤鳥銜丹書，集於周社。文王曰：『火氣勝。』火氣勝，故其色尚赤，其事則火。代火者必將水，天且先見水氣勝。水氣勝，故其色尚黑，其事則水。水氣至而不知，數備將徙於土。」馬國翰《玉函山房輯佚書》《鄒子》序：「《呂覽》所述，蓋鄒子佚文也。」（《玉函山房輯佚書》第四冊（子編·陰陽類）京都：中文出版社，1979.9，頁2964。）

馬王堆帛書《五行》所談的五行——仁義禮智聖，學者考證是思孟學派，思孟五行則是源於〈洪範〉的五事之德。〔註28〕易言之，〈洪範〉五行在鄒衍與思孟各有不同的發揮：鄒衍以五行生克作為五德轉移模式的符應為主，尚德為輔；思孟則是發揮五事順五行之德，而有仁義禮智聖的五行說。

　　漢代的「洪範五行」系列說其實就是以上先秦「五行說」的融合轉化。試觀所謂「金沴木」、「火沴金」、「水沴火」、「土沴水」、「木金水火沴土」，本諸五行相剋之說；以青屬木、白屬金、赤屬火、黑屬水、黃屬土；以貌屬木，取其仁；以言屬金，取其義；以視屬火，取其禮；以聽屬水，取其智；以思心屬土，取其信，足證漢代五行配五色五常已盛行。漢儒董仲舒、眭孟、劉向、劉歆言災異，班固志〈五行〉，鄭玄注《大傳》，幾乎不宗此說法。《禮記・中庸》「天命謂之性，率性謂之道。」鄭玄注曰：「木神則仁，金神則義，火神則禮，水神則知，土神則信。」則將具有生剋之理的五行與五德相結合，這是幾經演繹《尚書・洪範》五行後的五德說，為〈洪範〉約而不侈的原意增飾不少。

　　「六藝略」《書》類的《五行傳》，雖富陰陽五行災異思想，但因迻傳《尚書》，〔註29〕故列為儒書。鄒衍的五德終始說蛻變於《尚書》，自成一套一套歷史哲學理論，故列為「諸子略」陰陽家。至於有其書而無其人的著作，則歸入「數術略」五行類，該類著錄有《黃帝陰陽》二十五卷、《黃帝諸子論陰陽》二十五卷，是託始於黃帝的陰陽家書籍，蓋黃帝「順天地之紀、幽明之故」，「時播百穀草木，淳化鳥獸昆蟲，歷離日月星辰，極畋土石金玉，勞動心力耳目，節用水火材物。」（《大戴記・五帝德》）《史記・五帝本紀》亦曰：「黃帝立史官，迎日推測，順天地之紀，幽明之占。」黃帝被塑造成深諳天文曆象的陰陽家，陰陽家之書據此依託。東漢的古文《書》說，陰陽五行色

〔註28〕龐樸，〈馬王堆帛書解開了思孟五行說之謎——帛書老子甲本卷後古佚書之一的初步研究〉《文物》1977：10，頁 63-69，1977.10；〈竹帛《五行》篇與思孟「五行」說〉、〈思孟五行新考〉二篇收錄於所著《竹帛《五行》篇校注及研究》頁 97-104，頁 133-139（臺北：萬卷樓圖書有限公司，民國 89.6（2000.6））；〈《五行篇》評述〉，收錄於所著《稂莠集》（上海：上海人民出版社，1988.3），頁 427-449。李學勤，〈帛書五行與尚書洪範〉收錄於所著《簡帛佚籍與學術史》（南昌：江西教育出版社，2001.9），頁 278-286。

〔註29〕「五行」一辭，最早出現在《尚書》的〈甘誓〉與〈洪範〉中，在〈甘誓〉云：「有扈氏威侮五行，怠棄三正，天用剿絕其命。」〈洪範〉云：「鯀堙洪水，汨陳其五行；帝乃震怒，不畀洪範九疇……鯀則殛死，禹乃嗣興，天乃錫禹洪範九疇，彝倫攸敘……。五行：一曰水，二曰火，三曰木，四曰金，五曰土……。」

彩雖無今文家濃厚，但亦不乏深受影響。馬融、鄭玄注《尚書》亦言天人相應的符瑞災異、五行三正。由此可見，《尚書》的陰陽五行化是不分兩漢的今古文學家。

（三）《詩》

兩漢《詩》家共分四家，今欲瞭解陰陽五行之學對兩漢《詩》說的影響，自然要遍及四家，不必管它是否立於學官。《國風·谷風》：「習習谷風，以陰以雨。」《毛傳》曰：「東風謂之谷風。陰陽合，而谷風至。」谷風歸諸東方，是生長之風，爲五行說的產物。《小雅·十月之交》：「彼月而微，此日而微。」《毛傳》曰：「月，臣道。日，君道。」漢代學者慣用日月象徵君臣，並以日月行度的緩急象徵君臣相處之理，顯然是基於陰陽思想觀。〔註30〕又《周南·麟之趾》《毛傳》：「麟信而應禮，以足至者也。」麟在漢代有信獸、仁獸兩說，主前說者如《毛傳》、《左傳》服虔注、《說文》；主後說者如何休《公羊》注、《五經異義》。兩說皆有五行配屬，信配中央土，仁配東方木。《毛傳》所言爲古文經說法。

《魯詩》的傳播者除了申公，還有楚元王，根據《漢書·韋賢傳》記載，其先韋孟爲楚元王傅，自孟至賢五世，皆習《魯詩》。《漢書·楚元王傳》曰：「元王好《詩》，諸子皆讀《詩》」，元王一家所習當爲《魯詩》，故劉向當治《魯詩》。劉向頗好陰陽方術，不僅在幼年時就讀了《枕中鴻寶苑秘書》，成帝時領校五經秘書，還根據《尚書·洪範》撰《洪範五行傳論》。他說《詩》也有與陰陽災異結合之例，如《漢書·五行志》下之上：「《左氏傳》」文公十六年夏，有蛇自泉宮出，入於國，如先君之數。劉向以爲近蛇孽也。泉宮在囿中，公母姜氏嘗居之，蛇從之出，象宮將不居也。《詩》曰：『維虺維蛇，女子之祥。』又蛇入國，國將有女憂也。」引《小雅·斯干》來解蛇孽之事，自然是受陰陽災異觀影響所致。《漢書·劉向傳》記載劉向以「天變見於上，

〔註30〕《詩·柏舟》：「日居月諸。」鄭箋云：「日，君象也；月，臣象也。」《禮記·哀公問》：「如日月相從而不已也，是天道也。」鄭注云：「日月相從，君臣相朝會也。」《說文》：「朢月滿也，與日相望，臣朝君，从月从臣从壬，壬，朝廷也。𦣺古文朢省。」《尚書大傳·五行傳》曰：「晦而月見西方謂之朓，朓則侯王其荼。朔而月見東方謂之側匿，側匿則侯王其肅。」鄭玄注：「朓，條也；條達，行疾兒；荼，緩也。側匿猶縮縮行遲貌；肅，急也。日，君象也。月，臣象也。君政急則日行疾，月行徐，臣逡遁不進也。君政緩日行徐，月行疾，臣放恣也。」

地變動於下，水泉沸變，山谷易處。」的災異觀來解說《小雅‧十月之交》。《漢書‧五行志》載劉歆對〈十月之交〉的看法爲「明小人乘君子，陰侵陽之原也。」蓋亦以陽爲君，陰爲臣的陰陽災異說解《詩》。

《韓詩》《內傳》至南宋亡佚，僅存《外傳》，其內容也不乏以陰陽五行說《詩》者，如卷一：

> 古者天子左五鐘，將出，則撞黃鐘，而右五鐘皆應之。……入則撞蕤賓，以治容貌。……蕤賓有聲，鵙震馬鳴，及倮介之蟲，無不延頸以聽。……此言音樂相和，物類相感，同聲相應之義也。《詩》曰：「鐘鼓樂之。」此之謂也。〔註31〕

此說法與《尚書大傳》相合，是陰陽五行說的音律論。又卷二：

> 傳曰：國無道，則飄風屬疾，暴雨折木，陰陽錯氛，夏寒冬溫，春熱秋榮，日月無光，星辰錯行，民多疾病，國多不祥，群生不壽，而五穀不登。當成周之時，陰陽調，寒暑平，群生遂，萬物寧，故曰：其風治，其樂連，其驅馬舒，其民依依，其行遲遲，其意好好，《詩》曰：「匪風發兮，匪車偈兮。顧瞻周道，中心怛兮。」〔註32〕

這是以陰陽災異來解《國風‧匪風》，自不待言。其他如卷三「有殷之時」、「昔者周文王之時」、「武王伐紂」等章皆論陰陽災異，不一一詳舉。這些內容完全是天人感應的論調。引《詩》說災異讖緯的情形，於漢多見，如：昌邑王劉賀夢青蠅之矢西階東，龔遂引《詩‧小雅‧青蠅》：「營營青蠅，止於樊。豈弟君子，無信讒言。」爲王解夢，言王左側讒人眾多，青蠅是惡兆（《漢書‧昌邑哀王傳》）。又如哀帝時災異頻仍，李尋引《小雅‧十月之交》：「燁燁震電，不寧不令，百川沸騰。」指出其咎在於皇甫卿士，要哀帝抑制外親大臣。

在四家《詩》中，《齊詩》體現陰陽五行之說尤有獨到之見。在《漢書‧翼奉傳》中只提到「五性」、「六情」之說，不見「四始」之說。毛、魯、韓三家有「四始」之說，〔註33〕《詩緯》所稱的「四始」，可能是翼奉後學的發

〔註31〕屈守元箋疏，《韓詩外傳箋疏》（成都：巴蜀書社，1996.3），頁53。

〔註32〕同註31，頁215。

〔註33〕《魯詩》「四始」依據《史記‧孔子世家》記載：「〈關雎〉之亂以爲〈風〉始，〈鹿鳴〉爲〈小雅〉始，〈文王〉爲〈大雅〉始，〈清廟〉爲〈頌〉始。」《毛詩序》：「〈關雎〉后妃之德也，〈風〉之始也。……上以風化下，下以風刺上，主文而譎諫，言之者無罪，聞知者足以戒，故曰風。……雅者，正也，言王政之所由廢興也。政有大小，故有〈小雅〉焉，有〈大雅〉焉。頌者，美盛德之形容，以其成功告於神明也。是謂『四始』，《詩》之至也。」《毛詩》既

展，也可能是《詩緯》對「翼氏學」的發展。到東漢時期「四始」與「五際」已經結合在一起，清儒迮鶴壽《齊詩翼氏學》卷一曰：「五際之說，出于《齊詩》，則四始之說，亦出于《齊詩》，五際必兼四始言之，蓋四始爲之綱，五際爲之紀也。」〔註34〕要了解《齊詩》的「四始」非假《詩緯》則不得，《詩緯‧汎曆樞》云：「〈大明〉在亥，水始也；〈四牡〉在寅，木始也；〈嘉魚〉在巳，火始也；〈鴻雁〉在申，金始也。」陳喬樅《詩緯集證‧自敘》：「夫齊學湮而《詩緯》存，則《齊詩》雖亡而猶未盡泯也。《詩緯》亡而《齊詩》遂爲絕學矣。」〔註35〕《齊詩》與《詩緯》相通之處於此可見。

　　《齊詩》的「四始」、「五際」、〔註36〕「六情」〔註37〕之說，就是以陰陽、

然說〈關雎〉爲〈風〉之始，又說〈風〉等爲「四始」，鄭玄的注與孔穎達的正義乾脆直說〈風〉等爲「四始」。《毛詩序》顯然是襲用《魯詩》的說法，試圖加以改造而偷換概念。《韓詩》「四始」之證，今可見者僅存於《韓詩外傳》卷五：「子夏問曰：『〈關雎〉何以爲〈國風〉始也？』」一例，魏源《詩古微‧四始義例》認爲《韓詩》有「四始」，說法同《魯詩》。

〔註34〕 （清）迮鶴壽，《齊詩翼氏學》《續修四庫全書》第75冊（經部‧詩類）（上海：上海古籍出版社，2002.3），頁7。

〔註35〕 （清）陳喬樅《詩緯集證》《續修四庫全書》第77冊（經部‧詩類）（上海：上海古籍出版社，2002.3），頁761。

〔註36〕 《漢書‧翼奉傳》：「奉竊學《齊詩》，聞五際之要。」《齊詩》「五際」有二說，一爲「二亥、卯、酉、午」，《詩緯‧汎曆樞》云：「午亥之際爲革命，卯酉之際爲改正，辰在天門，出入候聽。卯，〈天保〉也，酉，〈祈父〉也；午，〈采芑〉也，亥，〈大明〉也。然則亥爲革命，一際也；亥又爲天門，出入候聽，二際也；卯爲陰陽交際，三際也；午爲陽謝陰興，四際也；酉爲陰盛陽微，五際也。」二爲「卯、酉、午、戌、亥」，《漢書‧翼奉傳》注引孟康曰：「《詩》內傳曰：五際，卯酉午戌亥也，陰陽終始際會之歲，於此則有變改之政也。」二說在「二亥」與「戌亥」的差別，但都對應西北天門（乾）方位，歲終復始，兩可並言也。詳細論述可參考林金泉，〈齊詩學之三基四始五際六情說探微〉《成功大學學報》第二十卷，民國74.7（1985.7），頁84-86。

〔註37〕 《漢書‧翼奉傳》：「知下之術，在於六情十二律而已。北方之情，好也：好行貪狼，申子主之。東方之情，怒也：怒行陰賊，亥卯主之。貪狼必帶陰賊而後動，陰賊必帶貪狼而後用，二陰並行，是以王者忌子卯也。《禮經》避之，《春秋》譏焉。南方之情，惡也：惡行廉貞，寅午主之。西方之情，喜也：喜行寬大，巳酉主之。二陽並行，是以王者吉午酉也，《詩》曰：『吉日庚午』。上方之情，樂也：樂行奸邪，辰未主之。下方之情，哀也：哀行公正，戌丑主之。辰未屬陰，戌丑屬陽，萬物各以其類應。」又曰：「故《詩》之爲學，情性而已。五性不相害，六情更興廢。觀性以曆，觀情以律。」注引張晏曰：「性謂五行也。曆謂日也。情謂六情，廉貞、寬大、公正、奸邪、陰賊、貪狼也。律，十二律也。」有關「六情」說，可參考林金泉〈齊詩學之三基四始五際六情說探微〉，同註36，頁97-110。

五行、干支、十二律和《詩經》篇名牽合比附。蓋其說繁複,本文不作詳細論述,茲舉「四始」之例作說明。十二支配十二月,寅卯辰三月屬春,五行為木;巳午未三月屬夏,五行為火;申酉戌三月屬秋,五行為金;亥子丑三月屬冬,五行為水。寅月為春之始,居木,故曰:「〈四牡〉在寅,木始也。」巳月為夏之首,居火,故曰:「〈嘉魚〉在巳,火始也。」申月為秋之首,居金,故曰:「〈鴻雁〉在申,金始也。」亥月為冬之首,居水,故曰:「〈大明〉在亥,水始也。」《齊詩》以立春、立夏、立秋、立冬四時首而言四始,其先〈大明〉後〈四牡〉,是知《齊詩》推數皆自亥始。

固然,《齊詩》是四家詩中用陰陽五行說最多者,《毛詩》為最少。不過,這裡並非要比較各家陰陽五行說的不同,而是要知道在各家詩成立之前,早有陰陽五行學說,隨後才影響到各家詩說。四家詩也有互為相通之處。

(四)《禮》

漢之《禮》家雖有今古文之分,但受到陰陽五行之影響卻無今古文之分。像東漢古文家鄭眾、賈逵的《周禮解詁》、馬融的《周官》傳和《禮記》注,皆可尋得如此的線索。尤其,鄭玄於《禮》,先習小戴,注三《禮》亦是古今混淆,故其三《禮》注,可據以窺知西漢今文《禮》說與東漢古文《禮》說陰陽五行化的概況。另外,據《史記》、《漢書》的記載,亦可見漢代禮說的梗概。《漢書·景帝紀》就有所謂的「五行之舞」,孟康曰:「五行舞,冠冕衣服法五行色。」王先謙補注:「五行即武舞,執干戚,而有五行之色也。」《史記·樂書》、《漢書·禮樂志》載有武帝的四時之歌,春歌青陽,「青陽開動,根荄以遂。」夏歌朱明,「朱明盛長,旉與萬物。」秋歌西顥,「西顥沆陽,秋氣肅殺。」冬歌玄冥,「玄冥陵陰,蟄蟲蓋藏。」就四時的功能,從時、方、色作配合。《禮記·王制》但說田禮十事,則為陰陽家四時禁忌的教令。〔註38〕其他還有如《漢書·郊祀志》不僅用陰陽說正南北郊祀,也用五行說定群神之祀。〔註39〕

〔註38〕《禮記·王制》:「獺祭魚,然後虞人入澤梁。豺祭獸,然後田獵。鳩化為鷹,然後設罻羅。草木零落,然後入山林。昆蟲未蟄,不以火田。不麛。不卵。不殺胎。不殀夭。不覆巢。」

〔註39〕《漢書·郊祀志下》:「祭天於南郊,就陽之義也;瘞地於北郊,即陰之象也。」「兆天墬之別神:中央帝、黃靈后土畤,及日廟,北辰、北斗、填星、中宿中宮,於長安城之未墬兆。東方帝太皞、青靈句芒畤,及靈公、風伯廟、歲星、東宿東宮,於東郊兆。南方炎帝、赤靈祝融畤,及熒惑星、南宿南宮,於南郊兆。西方帝少皞、白靈蓐收畤,及太白星、西宿西宮,於西郊兆。北

　　《漢書‧藝文志》「六藝略」著錄禮家《明堂陰陽》三十三篇（《漢書》自注：「古明堂之遺事」）、《明堂陰陽說》五篇，從現存的《小戴禮》的〈月令〉、〈明堂位〉，《大戴禮》的〈盛德〉、〈明堂〉〔註40〕可窺其一斑。劉台拱《漢學拾遺》云：「劉向校定古文記五種，《明堂陰陽》其一也，二戴據之已成《禮記》。今小戴〈月令〉、〈明堂位〉，於《別錄》屬《明堂陰陽》；而《大戴記》之〈盛德〉實託古明堂之遺事。此二篇其僅存者。」〔註41〕《淮南子‧本經》云：「古者明堂之制。」高誘注：「明堂，王者布政之堂，上圓下方，堂四出，各有左右房，謂之个，凡十二所。王者月居其房，告朔朝曆頒宣其令，謂之明堂。其中可以序昭穆，謂之太廟；其上可以望氛祥，書雲物，謂之靈台；其外圓似辟雍。」明堂的設立取法於天道，故君王居明堂施政，也要按照節氣時令，《淮南子‧泰族》云：

　　　　昔者五帝三王之蒞政施政，必用三五。何謂三五？仰取象於天，俯取度於地，中取法於人。乃立明堂之朝，行明堂之令，以調陰陽之氣，以和四時之節，以辟疾病之災，……乃澄列金木水火土之性，故立父子之親而成家；別清濁五音六律相生之數，以立君臣之義而成國；察四時季孟之序，以立長幼之禮而成官，此之謂三。制君臣之義，父子之親，夫婦之辨，長幼之序，朋友之際，此之謂五。

　　「明堂」之令即為月令。月令於星紀物候之記載下，列序天子之居處車旂服御飲食，以次及於當月應行之政事。所以，月令的內容可大別為自然現象與

方帝顓頊、黑零玄冥時，及月廟，雨帥廟，辰星、北宿北宮，於北郊兆。」
〔註40〕《大戴禮‧盛德》：「凡人民疾，六畜疫，五穀災者，生於天。天道不順，生於明堂不順。固有天災，則飾明堂也。」王聘珍《大戴禮記解詁》目錄說之曰：「此於古記，當屬明堂陰陽。名曰盛德者，鄭注〈甘誓〉云：『五行四時，盛德所行之政也。』《明堂月令》曰：『立春，盛德在木；立夏，盛德在火；立秋，盛德在金；立冬，盛德在水。』明堂順五行之德，故謂明堂為盛德。蓋三十三篇中之一也。」《大戴禮‧明堂》：「明堂者，古有之也。凡九室：一室而有四戶、八牖，三十六戶、七十二牖。以茅蓋屋，上圓下方。明堂者，所以明諸侯尊卑。外水曰辟雍，南蠻、東夷、北狄、西戎。明堂月令，赤綴戶也，白綴牖也。二九四七五三六一八。堂高三尺，東西九筵，南北七筵，上圓下方。九室十二堂，室四戶，戶二牖，其宮方三百步。在近郊，近郊三十里。」《白虎通‧辟雍》：「明堂，上圓下方，八窗四闥，布政之宮，在國之陽。上圓法天，下方法地，八窗象八風，四闥法四時，九室法九州，十二坐法法十二月，三十六戶法三十六雨，七十二牖法七十二風。」即《大戴禮》的明堂制。
〔註41〕（清）劉台拱撰《劉端臨先生遺書》卷七（嚴一萍選輯，叢書菁華‧獨撰類，臺北：藝文印書館，民國62.10（1973.10））。

行政綱領，前者屬「天」，後者屬「人」，「承天治人」，唯必人事契合天意，乃基本觀念。因此，自然現象實為具有人類意志的天文，行政綱領亦成為天意表現的行事。

鄒衍的「五德終始」是從天文星曆推步、氣象變化的觀測中，以陰陽五行的終始循環定為自然規律，並據以推演人事上的吉凶休咎。其終始循環之理包括相勝與相生：相勝是受命之帝朝代更迭的大終始；相生是王居明堂而行的時令，五行之一年一周的小終始。傳說鄒衍曾利用律管測定氣候，又用陰陽五行的原理來說明氣候的轉移，鄒衍的五德說很有可能用到五行與干支，五音與十二律。蓋十干支折半用之，適合五行、五音，十二支又可與十二律相配。〔註42〕根據今大體具在的三種月令文獻：《呂氏春秋》十二月紀、《禮記‧月令》、《淮南‧時則》的記載，剔除其八卦的配列外，其共同的綱領就是五德轉移與干支的配列，以及每月政令的安排。王夢鷗曾就三篇月令的結構分析為十八項，可歸為五部分：（1）定星曆，建立五行。（2）節候的應驗，亦即「驗小物」。（3）王居明堂之禮，亦即「五行相次轉用事，隨方面為服」。〔註43〕（4）按月的行政措施。（5）應變之事，亦即「機祥制度」或庶徵休咎的記述。其中（3）（4）（5）是按「月」改變，而（1）（2）多按「時」改變。按「月」改變是從按「時」改變的規定中擴充起來。易言之，這樣的「月令」實際是「時令」或「時訓」「時則」的擴充，而它的原形只是播五行於四時的一種「時政」綱領。〔註44〕所以，鄒衍以五行相生作為王居明堂的小終始，並非「月令」而是「時令」，王夢鷗說：

> 「月令」只是把時令的「政事」敍列得更繁瑣而搭配於十二月而已；
> 其餘關於五德的安排，五行相次轉隨方而為服的規定，就完全依舊。

〔註42〕

十天干	甲乙	丙丁	戊己	庚辛	壬癸
五行	木	火	土	金	水
五音	角	徵	宮	商	羽

十二支	子	丑	寅	卯	辰	巳	午	未	申	酉	戌	亥
十二律	黃鐘	大呂	太簇	夾鐘	姑洗	中呂	蕤賓	林鐘	夷則	南呂	無射	應鐘

〔註43〕 《史記‧封禪書》：「鄒衍以陰陽主運顯於諸侯」集解引如淳曰：「今其書有《主運》五行相次轉用事，隨方面為服。」

〔註44〕 王夢鷗，《鄒衍遺說考》（臺北：臺灣商務印書館，民國 55.1（1966.1）），頁 77-80。

　　　　質言之，月令是出於鄒子之徒的「踵事增華」，而時令則是它初胚或
　　　　用作政綱或用作農曆，亦有用爲兵書。〔註45〕

　　每種月令的增益非出於一時一地一人之手，內容的著重點仍各有不同，但它
們共同的綱領——五德的相關配列，或即是鄒衍所作時令的原形。《漢書·藝
文志》將鄒衍著述列之於陰陽家，然「數術略」五行類著錄中又有《陰陽五
行時令》十九卷、《四時五行經》二十六卷，其書今雖不復得見，然顧名思義，
謂〈月令〉抄自十二月紀，十二月紀衍自《陰陽五行時令》或《四時五行經》，
《陰陽五行時令》或《四時五行經》既起於五德終始，而五德終始本爲鄒衍
之說。故此一傳承系統可以如是表之：鄒衍「五德終始」→《陰陽五行時令》、
《四時五行經》→十二月紀→〈月令〉。故稱〈月令〉爲鄒子之徒的遺策，至
爲明白。《玉函山房輯佚書》所輯的蔡邕《月令章句》、《月令問答》各一卷，
也是月令的總匯資料。

　　《漢書·藝文志》「數術略」序曰：「數術者，明堂羲和卜史之職也。」古
代史官掌天文星曆、卜筮的專長爲數術之學，《漢志》在此又特別揭舉「明堂」，
著龜類《周易明堂》二十六卷，全祖望《讀易別錄》：「案漢儒有明堂陰陽之學，
《禮記》爲最多，《周易明堂》亦其類也。」〔註46〕陰陽家的陰陽五行學說在戰
國秦漢間爲新天道觀提供了占測之術，不同於以往的龜卜筮占之術，但是卜筮
的策數也可作爲天文曆象數度。因此，明堂月令雖祖本於陰陽家，但與卜筮亦
不無關係，故著龜類《周易明堂》與《禮》類的《明堂月令》可作系聯。

（五）《春秋》

　　「六藝略」《春秋》類有《鄒氏傳》十一卷，《春秋》小序曰：「〈《春秋》〉
及末世口說流行，故有《公羊》、《穀梁》、《鄒》、《夾》之《傳》。四家之中，
《公羊》、《穀梁》立於學官，鄒氏無師，夾氏未有書。」周壽昌《漢書注校
補》：「《王吉傳》云：『能爲《騶氏春秋》。』壽昌案：據此，當時應有師受，
或因未立學官，失其傳耳。」〔註47〕如果這裡的「鄒氏」與鄒衍學派有關，
則可系聯陰陽家與史家的關係。蓋《春秋》是史書，史官的看家本事是陰陽
數術，他們按曆法編排史事，照例會穿插天象災異和卜筮預言。因此，《春秋》

〔註45〕同註44，頁83。
〔註46〕全祖望，《讀易別錄》上，嚴靈峯編《無求備齋·易經集成》192（臺北：成
　　　　文出版有限公司，民國65（1976）），頁8。
〔註47〕周壽昌，《漢書注校補》二（上海：商務印書館，民國26.4（1937.4）），頁468。

也不乏陰陽災異之事錄。陰陽五行之學藉著《春秋》所表現的型態，在《呂氏春秋》實已明顯可見，呂不韋之所以名其著作為「春秋」，正所以揭示此主張，《呂氏春秋‧序意》云：「蓋聞古之清世，是法天地。凡十二紀者，所以紀治亂存亡，所以知壽夭吉凶也。上揆之以天，下驗之以地，中審之人；若此，則是非可不可，無所遁矣。」《呂氏春秋》十二月紀以「揆天法地」為精神骨幹。此一精義完全為漢儒所繼承，漢儒之治學莫不欲通於天人之間，以察天意，以驗古事，察天意則推求天地陰陽終始之道，驗古事則跡之以《春秋》之行事，《漢書‧五行志》有云：「周道敝，孔子述《春秋》，則乾坤之陰陽，效〈洪範〉之咎徵，天人之道燦然著矣。漢興，承秦滅學之後，景武之世，董仲舒《公羊春秋》，始推陰陽，為儒者宗。」錢穆《秦漢史》云：

> 自五帝後，朝廷既一反秦之卑近，遠規隆古。立言之士，遂不得不棄其譏秦嘲王之故調，而轉據經術。其大者則曰春秋與陰陽。蓋一本人事，一藉天意。藉天意則尊，本人事則切。故漢之大儒，通經達用，必致力於斯二者。〔註48〕

《春秋》與陰陽，一本之人事，一藉天意，而「六藝略」《春秋》類的《鄒氏傳》有可能是擅長陰陽之學的鄒衍學派，藉著《春秋》史書形式，傳達其察天意、驗人事之旨。

「數術略」雜占類有《請雨止雨》二十六卷，《漢書‧董仲舒傳》：「仲舒為江都相，以春秋災異之變，推陰陽所以錯行，故求雨閉諸陽，縱諸陰其止雨，反是行之，一國未嘗不得所欲。」考《春秋繁露》有〈求雨篇〉與〈止雨篇〉，其內容是四時求雨，為龍以舞，各按方色酒脯陳祝，皆依時數，透過雩祭尊天意，使時雨有節，以切人世之需。可以證知其出於陰陽五行之說。《漢書‧藝文志》雜占序：「雜占者，紀百事之象，候善惡之徵。」《請雨止雨》列為雜占之書，是以雨的庶徵相應於人事的休咎。漢代《春秋》學的陰陽五行化，首推《春秋公羊傳》，為董仲舒所重，《史記‧儒林列傳》：「故漢興至於五世之間，為董仲舒名為明於《春秋》，其傳公羊氏也。」《漢書‧五行志》亦言仲舒治公羊春秋，「始推陰陽，為儒者宗。」是知仲舒的《春秋》說，是推陰陽以言災異的。董仲舒的《春秋公羊》學融合吸收了黃老和法家的思想，以黃老法家思想對儒學進行補充，從而使之發生質變，所謂「貶天子，退諸侯，討大夫」，正是把《春

〔註48〕錢穆，《秦漢史》（臺北：東大圖書股份有限公司，民國 76.10（1987.10）），頁213。

秋》的基本精神確立爲嚴格等級制度的法治。董仲舒認爲，《春秋》不只是個人憂患的產物，而且是「加憂於天下之憂也，務除天下所患。」(《春秋繁露‧符瑞》)的產物。因此，董仲舒的《春秋公羊》學，不論是推陰陽、講災異，或「奉天法古」、「託古改制」，其目的都是憂天下之患，撥亂反正。

《春秋》雖記有災異，但漢人說《春秋》，無論是公羊、穀梁，或左氏，蓋因受了齊人天人之學的影響，可以將《春秋》原有的災異附會更多的陰陽五行色彩。今傳的《春秋公羊傳解詁》就是何休的《春秋》說，其中推陰陽、言災異的地方，不勝枚舉。茲試舉一二例爲說：如隱公三年傳「食正朔」云：「此象君行外彊內虛，是故日月之行無遲疾，食不失正朔也。」又桓公七年傳「冬十月雨雪何以書」云：「周之十月，夏之八月，未當雨雪，此陰氣太盛，兵象也。是後有郎師龍之戰，汗血尤深。」在《穀梁》學方面，《玉函山房輯佚書》輯有尹更始的《春秋穀梁傳章句》，其說「僖公十有六年春王正月戊申隕石于宋五」云：「隕石于宋五，象宋公德劣國小；陰類也，而欲行霸道，是陰而欲陽行也。其隕，將拘執之象也。」〔註49〕又說「哀公十有四年西狩獲麟」云：「吉凶不並，瑞災不兼，今麟爲周亡，天下之異，則不得爲瑞，以應孔子至玄之闇也。」〔註50〕《漢書‧儒林傳》稱劉向待詔受《穀梁》，《玉函山房輯佚書》以《晉書‧五行志》引劉向《春秋》說，是證劉向的《春秋穀梁傳》說也多言災異，與其所記的《洪範五行傳》相表裏。例如他說「僖公十有六年春王正月戊申隕石于宋五」云：「石，陰類也；五，陽數也，象陰而陽行，將致隊落。」又說「僖公十有六年是月六鶂退飛過宋都」云：「鶂，陽也；六，陰數，象陽而陰行必衰退。」至於，劉歆、鄭興、鄭眾、賈逵、馬融、服虔等人都是治《左氏傳》，內容也是不離陰陽災異之說，《玉函山房輯佚書》輯有佚文可參見，茲不再徵引贅述。

二、數術與緯學

漢代經學在揭舉「獨尊儒術」的大旗下，深獲官方權威地位，在兼容綜合的文化氛圍中，不同層次、領域的思想文化亦向儒學靠攏，緯學就是其中一股重要的思想勢力，取得配經之位。《説文》云：「緯，織衡絲也。」「經，

〔註49〕 （清）馬國翰，《玉函山房輯佚書》第二冊（經編‧春秋類）（京都：中文出版社，1979.9），頁 1240。

〔註50〕 同註 49，頁 1241。

織從絲也。」「緯」本是橫線，對縱線的「經」而言。《釋名‧釋典籍》：「緯，圍也。反覆圍繞以成經也。」《釋名疏證補》蘇輿說：「緯之爲書，比傅於經，展轉牽合，以成其誼，今所傳《易緯》、《詩緯》諸書，可得其大概，故云反覆圍繞以成經。」趙在翰《七緯‧總敘》：「經闡其理，緯繹其象。經陳其常，緯究其類。」《四庫全書總目提要》《易》類六附錄《易緯》案語云：「緯者，經之支流，衍及旁義。」緯書依傍經書，反覆申說，掇拾弘富，比傅牽合，互相輔助、互相發明。

　　緯學是對先秦以來「圖」、「候」、「符」、「書」、「錄」的總稱，〔註51〕也是對先秦陰陽數術、占候、卜筮、星宿、河圖、洛書、讖言〔註52〕等的綜合，使得古老、分散、雜糅的思想材料獲得了系統說明。它是從神設的角度闡明天人關係，藉著依附於儒家經典而得以推行，登上學術殿堂；又借助神權力量，使之得以光大，增加經學的權威，獲得普遍的信仰。所以，漢代緯書是「神學化」經書，這種神秘色彩很濃的儒學，是儒經與數術相翼而行的結果，其數量之可觀，構成漢代經學的另類集體化記憶。緯學融會了先秦的數術訊息群組而有所發揮，絕不是突然冒出來的，劉師培〈讖緯論〉云：「吾謂讖緯之言，起源太古。然以經淆緯，始於西京；以緯儷經，基於東漢。」〔註53〕

　　漢代緯學是先秦以來方技數術知識與宇宙理論的結集，這種匯整是當時百家思潮會通的一種反應產物。在漢代昌盛的經學環境中，緯書對經書的闡釋總的來說，就是要體究經書當中的上天意志，進而作爲人事的指導，漢人

〔註51〕陳槃說：「古人不拘，義各有取，仍其本名，則曰河圖洛書；由其爲驗書，則曰讖；從其附經，則曰緯。」「從河圖及諸書之有文有圖言之則曰圖，曰書，曰錄；從其占候之術言之則曰候，從其爲瑞應言之則曰符；同實異名，何拘之有？」見陳槃，〈讖緯命名及其相關之諸問題〉《古讖緯研討及其書錄解題》（臺北：國立編譯館，民國80.2（1991.2）），頁171、148。（本文原刊登在《中央研究院歷史語言研究所集刊》第21本第1分，民國37.12（1948.12）。）按：陳槃將發表於《中央研究院歷史語言研究所集刊》有關讖緯的諸篇論文，結集成《古讖緯研討及其書錄解題》一書，其他各篇論文的原出刊集數，請參考本論文的參考書目所示。本論文正文徵引採結集本。

〔註52〕《說文》云：「讖，驗也。有微驗之書，河洛所出書曰讖。」李善《文選》卷十三〈鵩鳥賦〉「讖言其度」注：「讖，驗也。有微驗之書，河洛所出書曰讖。」《四庫全書總目提要》《易》類六附錄《易緯》案語云：「讖者，詭爲隱語，預決吉凶。」「讖」與「書」作爲緯書的組成部分，其功能作用和「圖」、「候」等相同，都是預測吉凶的微驗隱語或圖式符號。

〔註53〕劉師培，《左盦外集》《劉申叔先生遺書》（三）（臺北：台灣大新書局，民國54.8（1965.8）），頁1610。

所謂推究天人之際即謂之此。簡言之，天人之學是緯書的根本指導思想，緯書產生發展的歷史與先秦以來社會思想變動的過程是同步的。因此，天人之學等於是先秦思想雜糅會通後的龐大體系，而緯書就是這龐大思想體系反應的文本產物。搭上漢代解經的順風車，緯書提供了經學不一樣的詮釋面向，因而獲得今文經學的青睞，確立了其經典解釋系統，而經書系統也因此汲取了緯書的知識成份。細細檢索《漢書·藝文志》登錄的書目，許多具有緯書的特質，如《易》類就有《雜災異》三十五篇、《災異孟氏京房》六十六篇，《書》類就有劉向的《五行傳記》十一篇、許商的《五行傳記》一篇，《禮》類則有《明堂陰陽》三十三篇、《明堂陰陽說》五篇等。到了《白虎議奏》與《白虎通》的時代，汲取與採納已不是問題，緯書之學也已不再是另類，取得了正統和主流的認同。緯學由附會經學，進而以緯學定五經異同，被奉爲「內學」和「秘經」，因此，探討兩漢經學不能遺漏緯學。

　　西漢今文經學之興，是經學與神學結合的開始，皮錫瑞《經學歷史》云：「漢有一種天人之學，而齊學尤盛。《伏傳》五行，《齊詩》五際，《公羊春秋》多言災異，皆齊學也。《易》有象數占驗，《禮》有明堂陰陽，不盡齊學，而其旨略同。」〔註54〕「齊學」是西漢初齊人傳經學說，爲漢代經學的先驅，他們解釋儒經混合陰陽、五行、數術，雜以災異，開漢代讖緯之先河。如《尚書·洪範》五行以氣象之驗爲庶徵，其中咎徵即爲災異，是謂人事附合天道，天人相感的符應。緯書這類庶徵符應，比比皆是，如《禮稽命徵》：「出號令合民心則祥風至。」《禮含文嘉》：「王者賜命諸侯皆如其惪，則陰陽和，風雨時。」《孝經鉤命決》：「春政不失，五穀孹。初夏政不失，甘雨時。季夏政不失，地無□。秋政不失，人民昌。」《孝經援神契》：「木氣生風，火氣生蝗，土氣生虫，金氣生霜，水氣生雹。失政于木，則風來應；失政于火，則蝗來應；失政于土，則虫來應；失政于金，則霜來應；失政于水，則雹來應。毀傷致風，侵蝕致蝗，貪殘致虫，刻毒致霜，暴虐致雹，此皆隨其事而致也。」這裡用五行說，大談天人感應。人失政無德，則天必災之。

　　另外，緯書也收入大量的天文曆象知識，如「天文宮序位列分度，若天日月五星變。」（《春秋運斗樞》），「政理太平，則時日五色」（《禮斗威儀》）疑其類也。「天如雞子，天大地小，表裏有水，地各承氣而立，載水以浮，天

〔註54〕皮錫瑞撰、周予同注，《經學歷史》（臺北：漢京文化事業有限公司，民國72.9（1983.9）），頁106

如車轂之過。」（《春秋元命包》）這是宇宙生成論中的「渾天說」；「地恒動而不止，人不知，譬如人在大舟中，閉牖而坐，舟行不覺也。」（《尚書考靈曜》）這是素樸的「地動說」；「月爲陰精，體自無光，藉日照之乃明。」（《春秋元命包》）月體不發光，其光實反射太陽光所致；還有二十八宿之說，「二十八宿，天元氣，萬物之精也。」東方角亢等七宿「其形如龍，曰左青龍」；南方井鬼等七宿「其形如鶉鳥，曰前朱雀」；西方奎婁等七宿，「其形如虎，曰右白虎」；北方斗牛等七宿，「其形如龜蛇，曰後玄武」；「二十八宿皆有龍虎鳥龜之形，隨天左旋。」（《尚書考靈曜》）緯書闡述自然界萬物，多以陰陽五行與象數爲據，如《春秋說題辭》說山、雨、雲，其曰：「陰含陽，故石凝爲山。」「陽制陰，故水爲雨。」「雲之爲言，運也，動陰路。觸石而起，謂之雲。含陽而起，以精運也。」山、雨、雲的形成，爲陰陽二氣變化所致。又如《春秋考異郵》說蠶：「陽物大惡水，故蠶食而不飲。陽立于三春，故蠶三變而後消，死于三七二十一日，故二十一日而繭。」說明蠶的習性和生長時間過程。緯書此一數術特性，反映先秦以來的世界觀，是依靠數字的推演與陰陽五行的定性比附，如此一來，世界秩序便可解釋，世界變動即可預測。

緯書固然有其荒誕矯僞之嫌，但不能因此一概否定，忽視其價值，陳槃說：「讖緯中若干思想古已有之，是也。……然自古雖亦有此思想，不可謂此即讖緯也。古籍散亡，遺文賸義賴讖緯而保存至今者，誠亦不少。然讖緯之產生，由於矯誕，或剽割盜襲，或怪迁能變，以其名爲讖緯而論，僞書也。以其抄襲幸而有功古學論，則所謂僞書中往往有眞材料。」〔註55〕緯書大部分多作於漢代，既保存漢以前的材料，又是研究漢代思想文化的重要典籍。緯之配經，在於緯書彌補儒家經書轉載不及的材料，特別是神學、運期、數術、天人感應等部分。劉師培〈讖緯論〉認爲緯書有六大參考價值，一爲「補史」：補充古史的闕失，如三王異教、五帝立師，可與先秦其他史籍參照。二爲「考地」：緯書記載古代的地理知識，如九州說、五岳方位說、四瀆名義、輿圖。三爲「測天」：緯書保留許多古代宇宙天文知識，如地動說、渾天說、天圓地方說，以及定時成歲、測度甄數等。四爲「考文」：緯書有大量關於文字的訓解，如推日合月爲「易」，十一相加爲「士」，兩人相合爲「仁」，其牽強附會之說，是漢代文字學的特殊所在。五爲「徵禮」：關於社會倫理、典章

〔註55〕陳槃，〈論早期讖緯及其與鄒衍書說之關係〉，同註51，頁102-103。（本文原刊登於《中央研究院歷史語言研究所集刊》第二十本（民國37），頁159-187）。

制度、昭穆祭祀等內容,與漢代儒家典籍相發明。六爲「博物」:緯書有許多博物知識,如古人紀數互乘之法,辨別百體殊名,六律五穀無所不窺,輔多聞之益。〔註56〕劉氏所言緯書的六大價值項目,就其內容多攸關數術,依傍經書的緯書因而可以成爲研究漢代數術的重要資材。

三、數術與史學

在古代目錄學中,史部的出現和獨立,一直要到晉荀勗《中經新簿》編四部書目錄,史書歸之於丙部。〔註57〕劉向父子、班固未爲《左傳》、《國語》、《戰國策》等史書著作別立史部,乃因漢代經學昌盛,史家以經書爲宗鏡,史書是經學的輔翼解釋,司馬遷以繼承孔子編《春秋》的事業而自任,而當別人把《史記》比之於《春秋》之時,他說:「余所謂述故事,整齊其世傳,非所謂作也,而君比之於《春秋》,謬矣。」(《史記・太史公自序》)司馬遷將《史記》看作述經之「傳」,輔翼解釋《春秋經》。所以,《漢書・藝文志》收錄的史籍分布在各略中,《國語》、《戰國策》、《史記》被歸入「六藝略」的春秋類;「數術略」所收的《帝王諸侯世譜》、《古來帝年譜》類似《史記》十表的性質,卻被收入「曆譜」類。班固作《漢書》亦標榜「旁貫五經,上下洽通」,史家著書依附於經學的學術旨歸,是當時共通的現象。本文附述此說,只是爲疏通《漢書・藝文志》史籍的歸類情形,但不影響漢代數術與史學關聯的事實。本題爲方便說明起見,仍採四部分法,將史學別出經學,獨立論之。

《史記》、《漢書》是漢代的兩大史書巨著,《漢書》十志源於《史記》八書,〔註58〕其中《史記》〈律書〉、〈曆書〉、〈天官書〉、〈封禪書〉、〈扁鵲倉公

〔註56〕劉師培,〈讖緯論〉,同註53,頁1610-1611。
〔註57〕《隋書・經籍志》卷一:「魏祕書郎鄭默始制《中經》,祕書監荀勗又因《中經》更著《新簿》,分爲四部,總括群書。一曰甲部,紀六藝及小學等書。二曰乙部,有古諸子家、近世子家、兵書、兵家、術數。三曰丙部,有史記、皇覽簿、雜事。四曰丁部,有詩賦、圖讚、汲冢書。」自四部分類法創立以來,經史子集的概念逐漸行用,《北齊書・顏之推傳》〈觀我生賦〉自注云:「王司徒表送祕閣舊書八萬卷,乃詔比校部分,爲正御、副御、重雜三本。周弘正、彭僧郎、王珪、戴陵校經部。王褒、宗懍、顏之推、劉仁校史部。殷不害、王孝純、鄧蓋、徐報校子部。庾信、王固、宗菩薩、周確校集部。」經史子集可代表甲乙丙丁四部。到了《隋書・經籍志》的四部分類法不用甲乙丙丁,正式用經史子集之名。
〔註58〕《史記》八書與《漢書》十志的對應表

列傳〉、《漢書》〈律曆志〉、〈郊祀志〉、〈天文志〉、〈五行志〉等諸篇是漢代天文曆律、陰陽五行（含五德終始世系）、醫學的重要智庫。

（一）天文律曆

《史記‧太史公自序》曰：「天下遺文古事靡不畢集太史公。」漢代史官的職責除掌管典籍之外，還繼承先秦史官的「天官」角色，劉知幾《史通‧史官建置》曰：「尋古太史之職，雖以著述為宗，而兼掌曆象日月陰陽度數。」司馬遷《史記》的〈律書〉、〈曆書〉、〈天官書〉是這方面論述的專門篇章。《史記‧天官書》為早期天文知識的總體匯整，它與〈曆書〉的區別在於，〈天官書〉的範疇類似《周禮‧春官》的「保章氏」，為天文星象的觀測，並雜有占星、占候的色彩；〈曆書〉的範疇類似「馮相氏」，為日月五行的推步曆算。

〈天官書〉文中介紹古代第一部星象著作《甘石星經》，然〈天官書〉的星名、星數超過《甘石星經》，除了有所增補、更名外，甚至還提到甘、石所沒有的南半球星象。其中以二十八星宿為基礎，依五行思想，將之分為五大區，中宮以北極星（天極星）為天象定位之準點，東宮為蒼龍七星（角、元、氐、房、心、尾、箕），南宮朱鳥七星（井、鬼、柳、星、張、翼、軫），西宮白虎七星（奎、婁、胃、昴、畢、觜、參），北宮玄武七宿（斗、牛、女、虛、危、室、壁。按：〈天官書〉獨缺壁宿）。另將南宮朱鳥旁的軒轅十五星稱為「黃龍體」。五宮星象的分布以漢家朝廷的組織來比擬，例如中宮的天極星，「其一明者，太一常居也。」像帝居皇宮，北斗七星運於中央，如帝車，斗動天象俱動；東宮「心為明堂」、「房為府」；西宮「胃為天倉」、「昴、畢間為天街」；北宮「羽林天軍」、「營室為清廟」。

金、木、水、火、土五大行星的名稱首見於〈天官書〉，也就是太白、歲

史記	禮書(1)	樂書(2)	律書(3)	曆書(4)	天官書(5)	封禪書(6)	河渠書(7)	平准書(8)
漢書	禮樂志(2)		律曆志(1)		天文志(6)	郊祀志(5)	溝洫志(9)	食貨志(4)
漢書增列：刑法志(3)、五行志(7)、地理志(8)、藝文志(10)								

＊括號中的數字為八書、十志的序次。

按：《史記‧律書》云：「王者制事立法，物度軌則，壹稟於六律，六律為萬事根本焉。其於兵械尤所重……兵者，聖人所以討強暴，平亂世，討強暴，夷險阻，救危殆。」〈太史公自序〉：「非兵不強，非德不昌……作〈律書〉第三。」索隱曰：「此〈律書〉之贊而云『非兵不強』者，則此〈律書〉即兵書也。」《漢書》將《史記‧律書》中的軍事內容抽出，加上刑法，單列〈刑法志〉。

星、辰星、熒惑、塡星「五星」，不但有其運動狀況的敘述，還有有五方五色的相配，配屬系統比《淮南子・天文》簡單許多。〔註59〕五宮是經星，五星是緯，又稱「五緯」。經星、五緯皆有占辭，亦有日食、月行、月食、雲氣、候歲等雜占，是天人感應的占候事例，天變作用於人世，人事政事反應於上天。《漢書・天文志》云：「凡天文在圖籍昭昭可知者，經星常宿中外官凡百一十八名，積數七百八十三星，皆有州國官宮物類之象……此皆陰陽之精，其本在地，而上發於天者也。政失於此，則變見於彼，猶景之象形，響之應聲，是以明君睹之而寤，飭身正事，思其咎謝，則禍除而福至，自然之符也。」說的也是同《史記・天官書》以天上星體分布比擬人間朝廷社會組織，天象變動，下示於世，下之諸行，天象感應，禍福災異，因是而生。其他還有諸如恆星的顏色和亮度、彗星、流星、極光等。總之，〈天官書〉是漢代與先秦天文知識的重要結集。

　　漢初立朝，襲秦正朔，採顓頊曆。至漢武帝元封七年另行曆法變革，史稱太初改曆。在諸家曆術的角逐之下，武帝最後定鐸採鄧平的八十一分曆。《史記・曆書》是司馬遷的太初改曆方案，採四分曆。其內容有曆議與曆表兩部分，曆議敘述曆學源流，遵循儒家與陰陽家的曆數觀點，讚美夏時之善，強調王者所重「造曆」，爲「受命於天」的帝王政權製造理論根據與輿論服務。文中摘錄漢武帝太初改元的詔書，以示尊重，藉此提高其政治地位。曆表部分就是「曆數甲子篇」四分曆，以十九年爲一章，七十六年爲一蔀，遂錄從焉逢、攝提格至祝犁、大荒落七十六年的日、月、閏的大小餘計算。司馬遷對於〈律書〉、〈曆書〉兩者關係有其觀點，在〈律書〉中說：「律曆，天所以通五行八正之氣，天所以成熟萬物也。」在〈太史公自序〉中說：「律居陰而治陽，曆居陽而治陰。律曆更相治，間不容翲忽。」律與曆雖有「居陰」、「居陽」的對立，但「相治」則有其內在聯系，兩者矛盾又統一。同時又與「五行」、「八正」（八節）、萬物的成熟有著因果關係。後來這些理論被

〔註59〕《淮南子・天文》：「何謂五星？東方，木也，其帝太皞，其佐句芒，執規而治春。其神爲歲星，其獸蒼龍，其音角，其日甲乙。南方，火也，其帝炎帝，其佐朱明，執衡而治夏。其神爲熒惑，其獸朱鳥，其音徵，其日丙丁。中央，土也，其帝黃帝，其佐后土，執繩而制四方。其神爲鎮星，其獸黃龍，其音宮，其日戊己。西方，金也，其帝少昊，其佐蓐收，執矩而治秋。其神爲太白，其獸白虎，其音商，其日庚辛。北方，水也，其帝顓頊，其佐玄冥，執權而治冬。其神爲辰星，其獸玄武，其音羽，其日壬癸。」

劉向、劉歆、班固等人接受，並加以擴大，《漢書・律曆志》保留了擴大後的理論精華。

《漢書》十志之首爲〈律曆志〉，分上下，〈律曆志上〉的前半部是《鐘律書》，〈律曆志〉所謂的「律」指黃鐘之律，爲一切律曆之本，「一曰備數，二曰和聲，三曰審度，四曰嘉量，五曰權衡。」皆起於黃鐘之律。「數，一、十、百、千、萬也。所以算數事物，順性命之理也。……本起於黃鐘之數。」「聲者，宮、商、角、徵、羽也。所以作樂者，諧八音，蕩人之邪意，全其正性，移風易俗也。……五聲之本生於黃鐘之律。」「度者，分寸尺丈引也，所以度長短也，本起於黃鐘之長，本起於黃鐘之龠。」「量者，龠合升斗斛也，所以量多少也。」「衡權者，衡，平也；權，重也。衡所以任權而均物平輕重也。……權者，銖兩斤鈞石也，所以稱物平施知輕重也，本起於黃鐘之重。」班固在《漢書敘傳》中介紹〈律曆志〉說：「元元本本，數始於一，產氣黃鐘，造計秒忽，八音七始，五聲六律，度量權衡，曆算乃出。」劉歆憑《鐘律書》建立了一套以「太極元氣」（「一」）爲世界本原的哲學、象數學體系，並成功運用「太極元氣」範疇和「參天兩地」原理統攝音律，又借音律統攝萬事，《周易》遂居於音律之上，成爲自然科學和禮樂制度的根本。

《漢書・律曆志下》的後半部有《三統曆》，有〈統母〉、〈紀母〉、〈五步〉、〈統術〉、〈紀術〉、〈歲術〉六章。劉歆認爲〈紀母〉中五星的基本數據來自《易》數。《三統曆》是八十一分曆，同太初曆，異於《史記》「曆數甲子篇」四分曆。漢代的曆法推度，因《史記》、《漢書》的保留記錄而知其梗概。

整體說來，《易》是《漢書・律曆志》的最高指導原則，形成《易》、律、曆三者相互融通的精緻、新穎學說。〈律曆志上〉曰：「《虞書》曰：『乃同律度量衡』，所以齊遠近立民信也。」可見律度形同法度，律度量衡確定，天下有序矣。曆法乃順天應時之舉，爲政農時不可不依存之。班固合寫律、曆二者爲〈律曆志〉，也是在祖述劉歆特重律曆，甚者《易》理對社會發展的功能。

（二）陰陽五行

《史記・封禪書》一開頭談「自古受命帝王」先獲得天命，改朝換代，成爲新朝新帝，要行封禪大典，祭祀天地山川鬼神。因爲既受天命，自當推承天意，禮敬神祇，但必須認清「民神異業，敬而不瀆」原則（《史記・曆書》），方能各司其序，不相亂也，「神降之嘉生，民以物享，災禍不生，所求不匱。」（同前）受命帝王修德齊政，自可除邪佞異。王者異姓受命，改正朔，易服

色，其實是在五德終始説的基礎上確定下來的。有關五德終始的記載〈封禪書〉曰：

> 秦始皇既并天下而帝，或曰，黃帝得土德，黃龍，地螾見。夏得木德，青龍止於郊，草木暢茂。殷得金德，銀自山溢。周得火德，有赤鳥之符。今秦變周，水德之時，昔秦文公出獵獲黑龍，此其水德之瑞。於是秦更命河曰德水，以冬十月爲年首，色上黑，度以六爲名，音上大呂，事統上法。

類似的記載，早見於《呂氏春秋‧應同》，[註60] 它是鄒衍五德相勝的符應原説，自黃帝開始，每朝的興起有其相應的五行之德、顏色、瑞物或異象，已有規整的五行配屬系統；每朝的輪替更迭是後朝勝前代的五行相剋模式。〈封禪書〉與五行配置相關的還有五岳和五時。依巡狩五岳的次第，可見時令與方位的配合，二月東岳泰山，五月南岳衡山，八月西岳華山，十一月北岳衡山，中岳嵩山，五載一巡狩。秦漢立時之時、地各異，所祭之帝亦不同，將這些時所並時地集合起來，恰巧符合五行觀念，茲列表如下：

秦襄公	秦文公	秦宣公	秦靈公		秦獻公	漢高祖
西時	鄜時	密時	上時	下時	畦時	北時
西垂	鄜衍	渭南	吳陽		櫟陽	關中
少皞之神（白帝）	白帝	青帝	黃帝	炎帝	白帝	黑帝

　　秦居西垂，自以爲主少皞之神，西時、鄜時祀白帝，是符合五行西方的配屬。畦時祀白帝，乃因櫟陽雨金，得金瑞，金爲白，亦符合五行配屬。至於密時祠青帝、上時祠黃帝、下時祠炎帝的情形，都是用後來的東方青帝、西方白帝、南方炎帝等的觀念去寫，其實這些白帝、青帝、黃帝、炎帝都只是當時秦公所祀的上帝，無所謂五行的配屬。至於漢高祖立北時，祠黑帝，可真的是根據秦立時的情況，依五德終始理論，認爲漢是繼周火德之後，成

―――――――――――

〔註60〕《呂氏春秋‧應同》：「凡帝王之將興也，天必先見祥乎下民。黃帝之時，天見大螾大螻。黃帝曰：『土氣勝。』土氣勝，故其色尚黃，其事則土。及禹之時，天先見草木秋冬不殺。禹曰：『木氣勝。』木氣勝，故其色尚青，其事則木。及湯之時，天先見金刃生於水。湯曰：『金氣勝。』金氣勝，故，其色尚白，其事則金。及文王之時，天先見火，赤鳥銜丹書，集於周社。文王曰：『火氣勝。』火氣勝，故其色尚赤，其事則火。代火者必將水，天且先見水氣勝。水氣勝，故其色尚黑，其事則水。水氣至而不知，數備將徙於土。」

爲水德的眞正受命天子。王夢鷗說：

> 雖則秦世不立水地之祠，我們還可以解釋爲秦人以爲自己一家當了
> 水德，故他們的祖廟就可以代表黑祠，而無須更立此祠。然而至少
> 可見那五行相勝以水德繼周的傳說，到了漢高祖與明習歷的人以及
> 張蒼的時候仍還流行，亦可說是一種自先秦流行至漢初之最有力的
> 五德終始論。〔註61〕

漢高祖自認自己才是眞正代秦繼周的受命帝王，周爲火德，依五行相勝理論，水剋火，故漢初主水德。水配黑，方位爲北，高祖立北時、祠黑帝是有道理的。

《漢書‧律曆志上》的後半部廣泛討論曆法與《春秋》關係，加上〈律曆志下〉的《世經》，就是一部完整的歷代帝王譜系與聖王歷史，合稱爲《三統歷譜》。這也是以《易》理爲基礎，說明古代歷史，基本上是以《易‧繫辭下》的伏羲氏、神農氏、皇帝等世系爲線索，運用五德相生理論，從太昊帝伏羲氏木德爲首，炎帝爲火德，黃帝爲土德，少昊爲金德，顓頊帝爲水德，唐堯又爲火德……，漢朝「伐秦繼周，木生火，故爲火德，天下號曰漢。」〔註62〕古史世系因而更完備。

除了秦雍四時和漢高祖北時之外，《史記‧封禪書》還有「八神將」雜祀，其曰：

> 八神：一曰天主，祠天齊。天齊淵水，居臨菑南郊山下者。二曰地主，
> 祠泰山梁父。蓋天好陰，祠之必于高山之下，小山之上，命曰「時」；
> 地貴陽，祭之必于澤中圓丘云。三曰兵主，祠蚩尤。蚩尤在東平陸監
> 鄉，齊之西境也。四曰陰主，祠三山。五曰陽主，祠之罘。六曰月主，
> 祠之萊山。皆在齊北，并渤海。七曰日主，祠成山。成山斗入海，最
> 居齊東北隅，以迎日出云。八曰四時主，祠琅邪。琅邪在齊東方，蓋
> 歲之所始。皆各用一牢具祠，而巫祝所損益，珪幣雜異焉。

八神將是齊國的信仰崇拜，司馬遷說：「八神將自古而有之，或曰太公以來作之，齊所以爲齊，以天齊也。其祀絕，莫知起時。」天主祠於天齊，意謂齊國天命的承受。地主祠於泰山梁父，有封禪的格局。天主爲陽，但所祠之地爲陰，在淵水郊山下；地主爲陰，但所祭之地在圓丘，象徵天圓之陽，兼具

〔註61〕同註44，頁113。

〔註62〕《漢書‧律曆志下》，王先謙《漢書補注》（上）（北京：中華書局，1993.11），頁447。

陰陽互補平衡的考量。陽主、陰主代表的可能是宇宙兩股生成運行力的人格化，可與日主、月主、四時主同屬自然氣候之神。天主、地主、兵主則帶有政權統治的現實意義。雖曰八神仍不脫陰陽五行的色彩。

　　與《史記‧封禪書》近似的《漢書‧郊祀志》所記載的祭天地之禮，也離不開陰陽五行說。《漢書》指出從成帝至平帝三十餘年間，天地之祠五徙焉。〔註63〕此遷徙之舉的含義，其一是秦祭上帝神，聖地在雍，漢朝建立後，政治中心遷到長安，祭祀活動的中心也隨之遷徙。其二，從武帝到平帝，有祭五帝天神、泰一至上神與天地二神的反覆變化，是一元至上神與二元天地崇拜的更迭。雖然平帝確立天地祠分立南北郊祀之後，無再變化。不過，天地之祀是否合祭或分祭的問題，也關乎陰陽五行，像王莽主張天地之祭有分有合，主張合祭是因「天地合祭，先祖配天，先妣配地，其誼一也，天地合精，夫婦判合。祭天南郊，則以地配，一體之誼也。」（《漢書‧郊祀志下》）天地父母夫婦豈有分離的道理，故合祭。主張分祭是因「天地有常位，不得常合。」（《漢書‧郊祀志下》）分距是由於「陰陽之別」。所以，天地合祭分祭是陰陽有離合，而合祭分祭的時間為「陰陽之別於日多夏至，其會也以孟春正月上辛若丁，天子親合祀天地於南郊，以高帝、高后配。」（《漢書‧郊祀志下》）多至日祭天南郊，夏至日祭地北郊，孟春正月在南郊合祭天地。王莽將天地合祭，其實有抬高地的效果，同時也是因為根據劉向父子五德相生之理，漢為火德，火生土，新莽為土德。抬高地繼與此德屬有關。

　　〈五行志〉篇幅之大，幾乎佔掉《漢書》十志之半。班固雜糅劉向父子、董仲舒、京房的學說，重新解說歷史。其中，他將《河圖》、《洛書》加以神學化，與《易》、《尚書‧洪範》緊密連成一體。〈五行志〉云：

> 《易》曰：「天垂象，見吉凶，聖人象之；河出圖，洛出書，聖人則之。」劉歆以為伏羲氏繼天而王，受《河圖》，則而畫之，八卦是也；禹治洪水，賜《洛書》，法而陳之，〈洪範〉是也。聖人其道而寶其

〔註63〕《史記‧孝武本紀》稱「為且用事泰山，先類祠泰一」，「封泰山下東方，如郊祠泰一之禮。」漢武帝在五帝之上，抬出泰一神，以泰一為主神，五帝地位下降。《漢書‧郊祀志下》所謂「三十餘年間，天地之祠五徙焉」，指從成帝建始元年（B.C 32 年）到平帝元始五年（A.D 5 年）間，天地之祠遷徙五次，計為：成帝初年改制，形成長安南北郊祀格局；成帝晚年恢復五帝及泰一祭祀；成帝死後又立長安南北郊祀；哀帝時復甘泉泰畤、汾陰后土祠；平帝時從王莽議定長安南北郊祀。

眞，降及於殷，箕子在父詩位而典之。周既克殷，以箕子歸，武王
親虛己而問焉。故經曰：「惟十有三祀，王訪於箕子，王乃言曰：『烏
呼！箕子！惟天陰騭下民，相協厥居，我不知其彝倫攸敘。』箕子
乃言曰：『我聞在昔，鯀陻洪水，汩陳其五行，帝乃震怒，弗畀〈洪
範〉九疇，彝倫攸斁，鯀則殛死，禹乃嗣興，天錫禹〈洪範〉九疇，
彝倫攸敘。』」此武王問《洛書》於箕子，箕子對禹得《洛書》之意
也。

劉歆編造箕子論《河圖》、《洛書》來源的故事，用意在說明《河圖》、《洛書》
是天授神物；八卦源於《河圖》，〈洪範〉出於《洛書》。並且具體指出〈洪範〉
中有六十五字是《洛書》本文。其曰：

> 「初一曰五行；次二曰羞用五事；次三曰農用八政；次四曰協用五
> 紀；次五曰建用皇極；次六曰乂用三德；次七曰明用稽疑；次八曰
> 念用庶徵；次九曰嚮用五福；畏用六極。」凡此六十五字皆《洛書》
> 本文，所謂天乃錫禹大法九章常事所次者也。以《河圖》、《雒書》
> 相爲經緯，八卦、九章相爲表裡。

以〈洪範〉治理政事，是天意的體現，故又云：「昔殷道弛，文王演《周易》；
周道敝，孔子述《春秋》，則《乾》、《坤》之陰陽，效〈洪範〉之咎徵，天人
之道粲然著矣。」從文王到孔子撰著，不僅是《易》理的完善化，也是〈洪
範〉咎徵神意的繼承，體現粲然完整的天人理論。

按照〈五行志〉的理論，人類的歷史發展是天意早已安排好的進程，所
以班固結合最能表現天意神旨的〈洪範〉五行、《易》理來說自然災異與人事
禍福的必然關係，他會援引劉向、劉歆、董仲舒、京房各自不同的觀點，來
呈顯各家旨趣，例如劉歆喜用《左傳》說災異，董仲舒則用《公羊傳》解《春
秋》災異，京房善用五行相剋、陰陽二氣與卦氣原理說災異。東漢初期，陰
陽五行、讖緯更大行於天下，這對當時的政治穩定，有極爲重要的現實意義。
一方面可藉陰陽災異勸戒統治者行仁義之政；一方面利用讖緯之說宣導時
人，安於現狀，順應天命。班固如此重視〈五行志〉，有如是時代的因素，同
時也是集漢代陰陽五行災異說的大成之作。

（三）醫學知識

《史記》〈秦始皇本紀〉、〈封禪書〉記載秦始皇時有傳鄒衍之術而不通的
齊燕方士們，鼓吹神仙長生不老方藥，已使陰陽五行同醫藥交通。時至秦漢，

舉凡天文律曆、雜占與形法，無不染有陰陽五行的色彩，當時醫藥之學亦受影響。除了《漢書・藝文志》「方技略」有許多古代的醫藥、生理、養生書之外，其他如《周禮・天官》食醫、疾醫、瘍醫、《淮南子・精神》、《韓詩外傳》、《鹽鐵論・輕重》、《白虎通・五行》等也有相關或零星的說法。《史記・扁鵲倉公列傳》、《後漢書・方術列傳》則是以史書體例記載秦漢時的醫學知識，當然也不乏陰陽五行思想。

其中，《史記・扁鵲倉公列傳》是第一篇醫學家的傳記，第一個醫史專題，有著當時醫學科學發展的豐富史料。文中記載春秋時代醫事官職有太醫令、太醫、侍醫，職務各有不同。還列出著名的醫學家，有神農氏、岐伯、俞跗、扁鵲、倉公等人。記載俞跗的醫術時，已有煎劑、酒劑、石針、按摩療法、藥熨、薰蒸、割皮、解肌、訣脈、結筋、推拿、洗滌、沖洗、修養精氣等治療方法。介紹扁鵲是從長桑君學得醫術，後來在陝西、山西、河北一帶行醫，精通內科、婦產科、小兒科、五官科。發明了脈法，決生死，故司馬遷曰：「今天下言脈者，有扁鵲也。」善於運用湯藥、針灸、砭石、蒸熨、按摩等醫療技術治病救人。倉公不僅傳黃帝、扁鵲脈書五色診病，並且首創記病歷的方法（即「診籍」），共二十五例。其中六例是婦科，二例是小兒科，其他多為消化系統病例，為後世醫生記敘醫案留下了範例。扁鵲、倉公二人不僅有高超的醫術，更有高尚的醫德，他們各有弟子，因材施教，從事醫學教育。另外，也記載當時的診斷方法為切脈、望色、聽聲、寫形四診。

《史記・扁鵲倉公列傳》中的具體醫案可以呈顯古代比較完整的醫學診療系統。司馬遷認為有正確的診斷，才談得上技術高超的治療，能四診合參的醫生，方稱為良醫。其中又特重望診與切診。《史記》所記的脈診雖非脈學的全部內容，然作為一部紀傳體的史籍，能如此深入脈學領域，記載脈診對解釋病情、判斷預後，是十分出色與肯定的。其次，司馬遷的預防醫學思想體現在兩方面，一是防患於未然，無病時積極防範。二是有病時要及早治療，以防止疾病惡化。在記述扁鵲對齊侯病症診視的過程中，其曰：「使聖人預知微，能使良醫得蚤從事，則疾可已，身可治也。」就是預防醫學思想的反映。由於「人知所病病疾多，而醫之所病病道少。」醫生最怕的是「道少」，而應當具有廣博的知識，掌握多種醫療方法，才能對治各種病症。

附帶一提《史記》的〈日者列傳〉、〈龜策列傳〉二傳，與「數術略」的「蓍龜」相當，重於占驗吉凶。日者是察日占候的星占家。也是占候卜筮之

人的統稱。漢武帝篤信鬼神，國家大政與帝王起居都要借助日者占卜。褚少孫補〈日者列傳〉記載，漢武帝聚會日者卜問娶婦日子，五行家、堪輿家、建除家、叢辰家、曆家、天人家、太一家所言吉凶不一。辯訟不決，最後武帝裁斷以五行家為主。由此可見當時日者占卜之盛。〈龜策列傳〉是〈日者列傳〉的姐妹篇，日者載占卜之人，龜策載卜筮之物，兩者互為表裡。歷史證明，即使是英明賢聖的決策者也會聽信採用卜筮的結果，像「周公卜三龜，而武王有瘳；晉文將定襄王之位，卜得黃帝之兆，卒受彤弓之命。」卜筮有其鼓舞人心、組織人力的作用。但是，如果君王有「背人道」荒謬行為，又不聽卜筮徵兆的勸誡，也就「鬼神不得其正」，不會有好結果，「紂為暴虐，元龜不占」、「獻公貪驪姬之色，卜而兆有口象，其禍竟流五世；楚靈將背周室，卜而龜逆，終被乾溪之拜。」就是最好的歷史警告教材。

　　如上概述，《史》、《漢》二書有許多與數術相關的資訊，由其篇名即可知相關的範疇。除上述篇章之外，在〈本紀〉、〈世家〉、〈列傳〉、〈書〉、〈志〉其他的篇章中仍可搜尋到零星的數術訊息，如《史記·高祖本紀》附會沛公旗幟皆赤，殺蛇白帝子；黃龍見於成紀的符瑞，皆攸關五德終始。〈陳涉世家〉引「楚雖三戶，亡秦必楚」的讖語。〈刺客列傳〉記燕太子丹朝於秦，與秦王誓之曰：「使日再中，天雨粟，令烏白頭，馬生角，廚門木象生肉足，乃得歸。」果然天生諸瑞以免其身。所以，漢代史書也是數術的寶庫。

四、數術與子學

　　在陰陽五行當道的漢代，有了先秦經籍與諸子百家的累積資糧，造就更多漢代思想家大器思惟的因緣環境，交融出有漢博大輝煌的思想體系與新生教派。以董仲舒來說，他的《春秋繁露》天人之學是《公羊春秋》的傳承，也是《呂氏春秋·十二紀》的發展，與《尚書·洪範》五行的發揮。這種大器思惟的兼容精神，從經學領域延伸到子學層面，亦能見知陰陽數術無所不在的身影，揚雄也是其中的重要思想家之一，而王充則是這股思想意識的反方代表者。然而，王充還是不免必須駕馭在陰陽數術海域中，才能乘風破浪。在他的反對聲浪撻伐之下，漢代陰陽數術並未因此而瓦解，反倒可藉此檢驗王充自己的論理是否妥當、貫徹始終。王符《潛夫論》為安國治民的政論文章，其中亦論及當時社會方術卜筮之風。《太平經》一書則深受東漢末陰陽方術、讖緯神學之影響。從這些子學家數可概見漢代思想的數術風貌。

（一）董仲舒《春秋繁露》

《春秋公羊傳》書災異，但不講天人感應，不發揮災異譴告思想。董仲舒「始推陰陽」，以災異說《春秋》，〔註64〕《春秋繁露》之作，皆明《公羊傳》經術之意。依篇名內容旨趣來分，該書大概可分三部分。

第一部分：自〈楚莊王〉第一至〈俞序〉第十七，加上〈三代改制〉第二十三、〈爵國〉第二十八、〈仁義法〉第二十九、〈必仁且智〉第三十、〈觀德〉第三十三、〈奉本〉第三十四等六篇，共二十三篇，皆以《公羊傳》發明《春秋》大義，偶而提及陰陽五行。〔註65〕《春秋繁露》第一部分是董氏的《春秋》學。

自〈離合根〉第十八至〈治水五行〉第六十一，扣除言《春秋》學的五篇（見上）、論人性的〈深察名號〉第三十五、〈實性〉第三十六、闕文三篇（第三十九、四十、五十四），加上〈順命〉第七十、〈循天之道〉第七十七、〈天地之行〉第七十八、〈威德所生〉第七十九、〈如天之行〉第八十、〈天地陰陽〉第八十一、〈天地施〉第八十二等六篇，共四十一篇。第二部分皆以天道的陰陽四時五行爲論，偶及於《春秋》，是董氏的天學思想，佔了他思想中的絕對優勢。

其餘的〈郊語〉第六十五、〈郊義〉第六十六、〈郊祭〉第六十七、〈四祭〉第六十八、〈郊事〉第七十一、〈祭義〉第七十六，凡六篇，是郊天祭祀之禮。〈贅賢〉第七十二乃禮之一端。〈山川頌〉第七十三，是因山川起興的雜文。這構成了《春秋繁露》的第三部分。以上三部分內容又以前兩部分爲重要。

董仲舒繼承發揮公羊學對《春秋》之「元」的解釋，並把「元」和「氣」聯繫起來，形成具有儒家特點的元氣說，彌補先秦儒家論氣之不足。《漢書・董仲舒傳》云：

> 臣謹案《春秋》謂一元之意，一者萬物之所從始也。
>
> 是以《春秋》變一謂之元，元猶原也。……故元爲萬物之本。《春秋繁露・重政》

作爲萬物或宇宙本原的「元」，就是指元氣，「王正則元氣和順，風雨時，景

〔註64〕 《漢書・五行志》敍：「漢興，承秦滅學之後，景武之世，董仲舒治《公羊春秋》，始推陰陽爲儒者宗。」《漢書・董仲舒傳》：「仲舒治國，以《春秋》災異之變，推陰陽所以錯行。」

〔註65〕 〈楚莊王〉第一：「有知其陽陽而陰陰。」〈精華〉第五，以陰陽釋「大旱雩祭而請雨，大水鳴鼓而攻社。」〈十指〉第十二：「木生火。火爲夏，則陰陽四時之理，相受而次矣。」〈三代改制〉：「通天地陰陽四時日月星辰山川人倫。」

星見，黃龍下。」（《春秋繁露・王道》）「布恩施惠，若元氣之流皮毛腠理也。」（《春秋繁露・天地之行》）也就是天地之氣、陰陽之氣，董仲舒說：「天地之氣，合而爲一，分爲陰陽，判爲四時，列爲五行。」〔註66〕「陰陽雖異，而所資一氣也。陽用世，則此氣爲陽；陰用世，則此氣爲陰。陰陽之時雖異，而二體常存。」〔註67〕氣在陰陽未分時是合而爲一的元氣，元氣分爲陰陽，四時五行之氣皆分屬於陰陽，爲陰陽所化生。

董仲舒的陰陽四時五行之配合與作用，皆本於《呂氏春秋・十二紀・紀首》。《呂氏春秋》按照春生、夏長、秋收、冬藏陰陽四時的變化，再去搭配五行，以定禮制及政令，使之「與元同氣」（《呂氏春秋・應同》）相應。《春秋繁露》關於這方面的理論繼承發揮，可參考〈陽尊陰卑〉、〈天辨在人〉、〈陰陽位〉、〈陰陽終始〉、〈陰陽出入上下〉、〈煖燠孰多〉、〈五行對〉、〈五行之義〉諸篇，茲不贅引。

木火土金水在《尚書・洪範》是具體的資材，至鄒衍始將其抽象化。董仲舒始將〈洪範〉的具體五行，雜糅入鄒衍的五行說以言災異，夏侯始昌乃成其風而另創新意。《春秋繁露・五行五事》以貌言視聽思的五事，配木金火水土的五行，由五事之過失所引起的災異，尚保留〈洪範〉的原貌。如「王者與臣無禮，貌不肅敬，則木不曲直，而夏多暴風。風者木之氣，其音角也。故應之以暴風。」「貌不肅敬」、「木不曲直」來自〈洪範〉，「其音角」來自《呂氏春秋・十二紀》，「夏多暴風」則是王臣無禮的災異。董仲舒的天人感應論是一個雙向感應關係，即天通過陰陽五行及由陰陽五行構成的物質自然界，去指導君、臣、民及人間事物，並可逆向作用，由人之行爲使自然界發生變化，從而感應上天。

（二）揚雄《太玄》

自董仲舒之後，以陰陽數術講天人性命之風越盛，揚雄的《太玄》便屬這類作品。他在撰著的過程中，寫了三篇文章表達其動機與目的。〈解嘲〉、〈太玄賦〉說明他深受《老子》思想影響，惕於人生禍福無常，借用心於《太玄》，以免向外馳騖得禍。草《太玄》的動機實是要隱於「玄」。而〈解難〉是因「客有難《玄》大深，眾人之不好」而作，表示他積極目的爲「馳騁於有無之際，而陶冶大爐，旁薄群生」，「發而爲閎言崇議，幽微之途，蓋難與覽者同也。」希望有如「師曠之調鐘，俟知之在後。」

〔註66〕《春秋繁露・五行相生》。
〔註67〕《董子文集・雨雹對》。

　　揚雄《太玄》據《易》而作，乃「應時而造者，損益可知也。」(《法言·問神篇》)《太玄》所稱的「首」即指《易》卦，首名皆由卦名稍加變化而來，如《中》首本於《中孚》卦，《周》首本於《復》卦之類。卦氣說提出坎離震兌四正（辟）卦，實際只有六十卦值日，去傅合「曆」的天道準則。《太玄》也是以「曆」為準據，其謂「於是輟不復為（按：不再作賦），而大覃思渾天……其用自元推，一晝一夜，陰陽數度，律曆之紀，九九大運，與天終始。」不過，卦氣說所準據的是四分曆，《太玄》所準據的是太初曆。四分曆以八十分為一日之數，太初曆以八十一分為一日之數。《太玄》八十一首與太初曆一日之數八十一分相合。而其八十一首的次序，即是卦氣說的六十卦次序。卦氣說起於《中孚》，終於《頤》，《太玄》起於《中》，終於《養》。其中有一首準《易》一卦，或二首準《易》一卦。

　　《太玄》雖準卦氣說而作，但較卦氣說包涵得更廣，例如在贊詞（按：相當於《易》的爻辭）中，吸收《尚書·洪範》五事的「一曰思」，將思與福禍並列，以為占驗的骨幹。更以道家之玄（實即道家之道），為《太玄》的主體，結合儒家的仁義，《法言》曰：「老子之言道德，吾有取焉耳。及捶提仁義，絕滅禮學，吾無取焉耳。」(〈問道篇〉)又曰：「或曰：《玄》何為？曰為仁義。」(〈問神篇〉)《太玄》八十一首與太初曆八十一分的「八十一」曆數，不是出於實測推算的結果，而是出於將九九八十一黃鐘律數牽合曆法，增加新曆的意義。劉歆《三統曆》時曆測候與哲學理想的雙重價值，即是順此趨向所完成的綜合系統，揚雄《太玄》也是此一趨向的另一綜合形式。劉、揚兩人的方向雖相同，但思辨形式卻有別，劉歆譏《太玄》為「吾恐後人用醬瓿也」，不僅因《太玄》難解，多少也含有妒意。以九九八十一黃鐘律數用為曆數，其實是要以此曆數作為天道的直接表現，揚雄也以這樣的律數構成《太玄》的基本數式，來突顯他的新《易》學天道。

　　《易》的基本符號━、━ ━象徵陽、陰，通六十四卦而其義不變。《太玄》的基本符號是━、━ ━、━ ━ ━，僅為了便於錯綜變化，不固定象徵某一物。《老子》四十二章：「道生一，一生二，二生三，三生萬物。」揚雄認為「道」一以三生，《太玄》的三個符號為天、地、人「三才」，代表「玄」一生三，玄之下有四重（方、州、部、家）構造，都是按照「一以生三」的方式分裂，構成世界圖式，第一重：一玄分為三方，分別為天、地、人三玄；第二重：三方又各分為三州，共九州；第三重：九州又各分為三部，共二十七部；第

四重：二十七部又各分為三家，共八十一家。這種政治社會的劃分同三公、九卿、二十七大夫、八十一元士的官制，都是三的倍數。四重所構成的某方、某州、某部、某家，《太玄》稱之為「首」，共八十一首，與八十一分日數相符。八十一首分為九階段，稱為「九天」，每「天」九首，每首又分上、中、下三階段，每小段又有三贊，共九贊，奇贊為陽，偶贊為陰，八十一首共為七百二十九贊。《太玄》八十一首也是講一年四季陰陽消長的循環過程。在這循環中，五行相生相剋，與陰陽結合，交替發揮作用，決定四季萬物的盛衰。同時，揚雄還為五行及其生數、成數配合時節、方位。三八為木，東方，為春；四九為金，西方，為秋；二七為火，南方，為夏；一六為水，北方，為冬；五五為土，中央，為四維。因此，每「天」的九首中第一、六首為水，第二、七首為火，其餘依次類推；每首的九贊中之第一、六贊為水；第二、七贊為火，其餘依次類推。這些五行數編為歌訣：

> 一與六共宗，二與七為朋，三與八成友，四與九同道，五與五相守。
>
> 《太玄・玄圖》

〈玄圖〉就是後來宋代劉牧所謂的「洛書」，朱熹所謂的「河圖」。在河圖中央加了五個白圈，便完成了《易・繫辭傳》的「天地之數」。揚雄《太玄》的世界圖式，將不能把握的玄，以數順玄之理，就把陰陽、五行、天地人等世界上的一切事物緊密聯繫起來，成為能把握的玄，即是順性命之理，有深厚的數術道理在其中。

（三）王充《論衡》

漢儒的系統在超越的天道中多夾雜著濃厚的陰陽家氣息，與讖緯合流，必假借天人感應而預說災異和符命，而有濃厚的原始宗教神秘色彩，自然不免於庸俗，被視作迷信、虛妄。王充追求知識尚博通，崇疑、重證，以知性判斷代替偶像權威是其為學精神，由此以立真破妄，《論衡・佚文篇》云：「《論衡》篇以十數，亦一言也，曰疾虛妄。」王充對所要正的「時俗嫌疑」——陰陽數術，自然會先在書中介紹一番，無形中，《論衡》就保留了這方面的訊息，如〈調時〉、〈譏日〉、〈卜筮〉、〈辨祟〉、〈難歲〉、〈詰術〉、〈解除〉等篇章皆可見。

〈調時〉記載這麼一個流俗，「世俗起土興功，歲月有所食，所食之地必有死者。」在起土興功的時候，歲月之神要吃與起土興功所在地支方位相對應的人，「假令太歲在子，歲食於酉。正月建寅，月食於巳。子、寅地興功，則酉、巳之家見食矣。」太歲在子位（正北）時，子位動工，歲神就食於酉

（正西），酉地人就要死亡。正月在寅位（東北），寅地人動土，月神就食於
巳（東南），巳地也要死人。酉、巳兩地人的消災辦法有「設祭祀以除其凶，
或空亡徙以辟其殃」，或在家中懸掛五行之物，「假令歲月食西家，西家懸金，
歲月食東家，東家懸炭。」這是因為西方為金，東方為木。篇中還提到「千
五百三十九歲為一統，四千六百一十七歲為一元」、「月三日魄，八日弦，十
五日望」、十二月建之辰，應該也有統神、元神、魄神、弦神、望神，卻不見
其吃人之說，故歲月之神食人「非天從歲月神意之道也。」

　　〈譏日〉則就葬日、祭日、沐日、裁日、起宅日和學書日的禁忌，進行
分析批判。《葬歷》曰：「葬避九空地及日之剛柔、月之奇耦。日吉無害，剛
柔相得，奇耦相應，乃為吉良。不合此歷，轉為凶惡。」根據《淮南子・天
文》：「凡日甲剛乙柔，丙剛丁柔，以至於癸。」甲丙戊庚壬五日為剛，乙丁
己辛癸為柔，《葬歷》認為，剛日死，柔日下葬，柔日死，剛日下葬，才剛柔
並濟、吉祥；死葬的月份也要單雙奇偶相應。祭祀之歷規定在「血忌」、「月
殺」日「殺牲設祭，必有患禍。」又引《沐書》曰：「子日沐，令人愛之。卯
日沐，令人白頭。」談沐立忌日之不宜。就連裁衣、起宅蓋屋也要擇日而行。
又學書諱丙日，云倉頡以丙日死等等。王充對以上世俗迷信，皆根據事實作
具體分析，破除那些禁忌，「歷上諸神非一，聖人不言，諸子不傳，殆無其實。」

　　〈難歲〉篇引《移徙法》曰：「徙抵太歲凶，負太歲亦凶。」抵太歲名曰
「歲下」，負太歲名曰「歲破」。假使太歲在子位，子位為正北，正南為午，
從南向北移，是抵太歲，「歲下」，凶。從北向南移，是負太歲，「歲破」，亦
凶，故「天下之人皆不得南北徙，起宅嫁娶亦皆避之。」文中又提到「立春，
艮王震相，巽胎離沒，坤死兌囚，乾廢坎休。王之衝死，相之衝囚，王相衝
位，有死囚之氣。」是為「八卦休王」說，八卦分屬八方，與八節氣相配，
艮（東北）配立春，震（東）配春分，巽（東南）配立夏，離（南）配夏至，
坤（西南）配立秋，兌（西）配秋分，乾（西北）配立冬，坎（北）配冬至。
每卦依節氣主事四十五日，並用王、相、胎、沒、死、囚、廢、休分別表現
期間之變化。〔註68〕

〔註68〕《五行大義》卷四〈論相生〉之「八卦休王」：「八卦休王者，**立春**：艮王，
　　　震相，巽胎，離沒，坤死，兌囚，乾廢，坎休。**春分**：震王，巽相，離胎，
　　　坤沒，兌死，乾囚，坎廢，艮休。**立夏**：巽王，離相，坤胎，兌沒，乾死，
　　　坎囚，艮廢，震休。**夏至**：離王，坤相，兌胎，乾沒，坎死，艮囚，震廢，
　　　巽休。**立秋**：坤王，兌相，乾胎，坎沒，艮死，震囚，巽廢，離休。**秋分**：

〈詰術〉則提到《圖宅術》曰：「宅有八術，以六甲之名數而第之，第定名立，官商殊別。宅有五音，姓有五聲，宅不宜其姓，姓與宅相賊，則疾病死亡，犯罪遇禍。」「五音之家，用口調姓名及字，用姓定其名，用名正其字。口有張歙，聲有外內，以定五音宮商之實。」姓有五聲，《白虎通・論姓》有云：「古者聖人，吹律定姓，以記其族。人含五常而生，正聲有五：宮、商、角、徵、羽轉而相雜，五五二十五，轉生四時異氣，殊音悉備，故姓有百也。」王充認為，用六甲名稱、次第、日數來定吉凶，是沒道理；人之姓稟於五行之氣，與口的開合、聲之內外無關。古人因生以賜姓，就信、義、假、象、類以立名，字就展名取同義，用不著協調聲音。又引《圖宅術》曰：「商家門不宜南向，徵家門不宜北向。」「則商金，南方火也；徵火，北方火也。水勝火，火賊金，五行之氣不相得，故五姓之宅門有宜向。向得其宜，富貴吉昌；向失其宜，貧賤衰耗。」如果五音之姓各因五行相剋為說，則行坐出入都有禁忌了。

〈卜筮〉篇分析卜筮預占吉凶，決定嫌疑之說，「俗信卜筮，謂卜者問天，筮者問地，蓍神龜靈，兆數報應，故舍人議而就卜筮，違可否而信吉凶。」王充則以理性眼光看待卜筮，「今天地生而蓍龜死，以死問生，安能得報？枯龜之骨，死蓍之莖，問生之天地，世人謂之天地報應，誤矣。」「卜筮不問天地，兆數非天地之報，明矣。」〈辨祟〉、〈解除〉也是在破解數術迷信。

王充本身並不否定災異，也不否定災異說所舉的不德事實，只是認為災異與行為之間無因果感應的關係，而是「適偶」，適逢其會的偶然巧合。但王充在方法的運用上，有時混亂不明，加上他的理解能力有所偏差，無法貫徹知性的要求，反而籠罩在偶像之中。〈龍虛〉、〈雷虛〉等篇雖是辯斥迷信，伸張合理，但他虛中求實的方法，多出於想像，以想像作為求實的判斷根據，不免又落入另一種虛妄。例如王充對雷的解釋，是運用陰陽運行的思想，加上他個人耳目所得的現象。耳目所得的現象是出於他感官的認知，並不能作為事物的科學實證根據，王充顯然違背了自己的理念。又如對天象的測候，本是一種科學的觀察與推算，然〈說日篇〉完全不以測候為出發點，系以「夜舉火者，光不滅焉」，「北方之陰，不蔽星光」等類推方法說日象，以辨正當時慣用陰陽思想解釋日象的情形。他所建立的類推，實際是不同類的相推，並不符合科學精神。既然

兌王，乾相，坎胎，艮沒，震死，巽囚，離廢，坤休。**立冬**：乾王，坎相，艮胎，震沒，巽死，離囚，坤廢，兌休。**冬至**：坎王，艮相，震胎，巽沒，離死，坤囚，兌廢，乾休。其卦從八節之氣，各四十五日。」

王充在天文的認知不能表現出科學精神，如何能轉用人生問題的探索。

　　被王充在《論衡》所推重的西漢到東漢初人物中，董仲舒、谷永、劉向等人可都是災異說的建立與發揚者，不過卻成為「疾虛妄」王充心目中的偶像。他在〈超奇篇〉給予董仲舒極高的評價，其曰：「文王之文在孔子，孔子之文在仲舒。」又特寫〈亂龍篇〉為董仲舒的「設土龍以招雨」作辯護，而無細心過濾董氏的說法是否合理。又如揚雄《太玄》在王充心目中佔有相當地位，並不是出於他對揚雄的充分了解，而只是消極地想借著《太玄》來為自己的不遇，找到命相哲學的依靠。基於「頌漢」緣故，他則不惜承認當代祥瑞符應的真實性，以為為皇帝解除這樣的精神威脅，或可成為進身朝列的憑藉。如圖讖中的虛妄誇飾，王充只駁了關於孔子的兩條緯書，為了博得朝廷的青睞，對圖讖反以符瑞傳會；又寫〈順鼓〉、〈明雩〉兩篇「為漢應變」（《論衡‧講瑞篇》），公開違反他自己的論點。王充務實求真、破除偶像虛妄的主張，受到自身執取現實名利的妄念，也不免舉棋不定、自亂陣腳。

　　漢代的天人感應方法認為，人之性乃由天所命，天與人同為陰陽五行之氣，人性與天同類，因而可由人之氣動推論天氣的關連感應。王充總是將其中較抽象的部分，換作具體的成分。像〈雷虛篇〉說雷隆隆是天怒，人怒用口，推論天用口怒，天怒與人無異，他所認定的天人相推僅止於人的形體與天同類，但實際上這種類推過於皮相，將抽象的陰陽思想抽離，換作具體部位的類推。又如〈言毒篇〉曰：「天下萬物，含太陽氣而生者，皆有毒螫。」古之南越會稽，氣候較中原炎熱，王充在此曾受到「俗材因其微過，蜚條陷之。」因而認為「含太陽氣而生者，皆有毒螫。」「陽地小人，毒尤酷烈。故南越之人，祝誓輒效。」在他這套理論中，否定了漢儒陽善陰惡的通說，相對地又增加迷信虛妄的成分。他以自認的合理度來反駁漢代的陰陽數術虛妄，非出於客觀的分析綜合來構成原則性的理論，而只是為了替自己的處境辯解、伸張，編造理由。所以，王充的「知實」、「疾虛妄」對兩漢陰陽五行的宇宙架構，實際上並不曾突破，在他不能找到新的世界結構立論時，還是無法擺脫陰陽五行的思維模式。

　　（四）王符《潛夫論》

　　王符為東漢政論名家，《潛夫論》一書，記述東漢政治、史實綦詳，論宇宙哲學觀乃沿用漢人的「元氣」、「太素」，和《易》之陰陽生兩儀天地、道家的混沌之道混合為一，《潛夫論‧本訓篇》云：

　　　　上古之世，太素之時，元氣窈冥，未有形兆，萬精合并，混而為一，

> 莫制莫御，若斯久之，翻然自化，清濁分別，變成陰陽，陰陽有體，
> 實生兩儀，天地壹鬱，萬物化淳，和氣生人，以統理之，是故天本
> 諸陽，地本諸陰，人本中和，三才異務，相待而成，各循其道，和
> 氣乃臻，機衡乃平，天道曰施，地道曰化，人道曰爲，爲者，蓋所
> 謂感通陰陽而致珍異也。

天地未形成之前，宇宙乃一團混沌之元氣，經長久醞釀變化，始別分清陽之氣、濁陰之氣，生出兩儀，判分天地。天地陰陽二氣氤氳交感，化生萬物，人從二氣交感的「和氣」化生，天地人三才之道，相待而成。「太素」即《易》之太極，亦《老子》之「道」，與「元氣」相通。天人感應也就在於「氣運感物」是否條暢，《潛夫論‧本政》：「凡人君之治，莫大於和陰陽，陰陽者以天爲本，天心順則陰陽和，天心逆則陰陽乖。天以民爲心，民安樂則天心順，民愁苦則天心逆。」天雖報以禍福，但最後決定關鍵還是在於人是否修善、修德。天地施惠化育之道，如何人治天察，「人道曰爲」賦予更多的積極意義。

　　《潛夫論》在記載東漢的社群活動中，特別提到方術之事，包括鬼神、巫覡、卜筮、相宅、相術、占夢等。天理幽渺，深不可知，民間細民諸般畏憚，以爲巫者可以交鬼神，或借助以之治病療疾，但王符認爲民俗耽於淫祠卜筮，巫祝詐怖百姓，居中賦斂，救細微之助，實屬有限，人事吉凶，依仍在己。除此之外，妄傳姓於五音，設五宅符第之術亦大爲流行。時人按發音唇、舌、齒之張斂縮撮不同位置，將姓氏區分爲宮、商、角、徵、羽五類，又冠以不同五行屬性，如商屬金、徵屬水等。其後堪輿家移用於推斷住宅之方位吉凶，如張姓五音屬商，五行屬金，宅忌向南，因南方屬火，火克金。《潛夫論‧卜列》云：「宅有宮商之第，直符之歲。」是說五音之宅宜忌、太歲與宅位的支干位相衝二事。如時人以爲「商家之宅，宜西出門」，但王符以五行之理謂：「商家向東入，東入反以爲金伐木，則家中精神，日戰鬥也」駁之。又如太歲在丑，丑宅直符，未觸其衝，則未宅爲破；太歲在卯，卯宅直符，卯觸其衝，則酉宅爲破，餘類推；然王符認爲「今一宅也，同姓相代，或吉或凶」，「一宮也，成康居之日以興，幽厲居之日以衰」，「吉凶興衰，不在宅明矣。」

　　關於相人術，《潛夫論‧相列》云：「人身體形貌，皆有象類，骨法角肉，各有分部，以著性命之期，顯貴賤之表。」「人之相法，或在面部，或在手足，或在行步，或在聲響。面部欲溥平潤澤，手足欲深細明直，行步欲安穩覆載，音聲欲溫和中宮，頭面手足，身形骨節，皆欲相副稱，此其略要也。」先天

骨相氣色，雖有貴賤表象，然能否作用之，取決於後天德行修持，「人之吉凶，相之氣色，無問善惡，常恐懼脩省，以德迎之，乃其逢吉，天祿永終。」（〈夢列〉）在其〈夢列〉篇亦提到夢境之吉凶，王符曰：

> 凡察夢之大體，清絜鮮好，狀貌堅健，竹木茂美，宮室器械，新成方正，開通光明，溫和升上，向興之象，皆為吉喜，謀從事成。諸臭汙腐爛，枯槁脆薄，傾倚微邪，剬削不安，閉塞幽昧，解落墜下，向衰之象，皆為凶咎，計謀不從，舉事不成，妖孽怪異，可憎可惡之事，皆為憂；圖畫卵胎，刻鏤瓦器，虛空非真，皆為見欺紿；倡優俳舞，侯小兒所戲弄之象，皆為觀笑，此其大部也。

不過王符不以此事為然，因為夢「懵憒莫明」，「或屢遷化」，「百物代至」，「占者有不中者」，不必「專信以斷事」。「占夢必謹其變故，審其徵候，內考情意，外考王相」，吉凶之符，善惡之效，庶可見矣。占夢之術既為時俗所尚，其化導世俗人心還是在於「凡人道見端而脩德者，福必成，見端而縱恣者，福轉為禍；見妖而驕侮者，禍必成，見妖而借懼者，禍轉為符。」王符闡述方術時俗，最後皆歸結於當以修德為重。

（五）《太平經》

漢代儒學吸收陰陽五行所建立的「天人感應」神學，隨著讖緯的發達，方士化儒生又滋養了方儒術的內涵與理論提升。最為顯著的便是漢成帝時的方士齊人甘忠可所著的《天官曆》、《包元太平經》，《漢書·李尋傳》曰：「以言漢家逢天地之大終，當更受命於天，天地使真人赤精子下教我（甘忠可）此道。」足見甘忠可為方道之人。其散存於民間的殘疑篇作，在漢順帝時由于吉收集擴充成漢代道教的第一部經典《太平青領書》（即《太平經》），奠定道教教義的基礎理論，《後漢書·郎顗襄楷傳》曰：「其言以陰陽五行為家，而多巫覡雜語。有司奏崇所上妖妄不經，乃收藏之。後張角頗有其書焉。」查考今所存之《太平經》的確是以「奉天地陰陽五行為本」，故其編一百七十卷，「皆縹白素、朱介、青首、朱目」，也寓含陰陽五行之理。編一百七十卷，是因為「夫一者，乃數之始起，……故數起於一，而止十二。干之本，五行之根也。故一以成十，百而備也。」〔註69〕取「七」是因為「陰陽建破，以七往來，還復其故……故作《太平經》一百七十卷，像天地為數，應陰陽為

〔註69〕　（漢）于吉編撰，《太平經合校》卷一百三十七卷至一百五十三卷，（臺北：鼎文書局，民國 68.7（1979.7）），頁 708-709。

法，順四時五行以五行，不敢失銖分也。」〔註70〕書的裝幀顏色則是「吾道乃青丹之信也，青者生仁而有心；赤者太陽，天之正色也。」〔註71〕

《太平經》的作者是方士化儒生，整本書性質屬於儒家讖緯系統。像《包元太平經》「包元」之意與《春秋元命包》相類，是當時緯書流行詞彙，故「明天文曆數」，精習讖緯的郗惲，上王莽書中就有「含元包一，甄陶品類，顯表紀世，圖錄預設」之語，《春秋說題詞》云：「河以通乾出天苞，洛以流坤吐地符。」「天苞」與「元包」意相通，可見「包元」與讖緯相聯系。《漢書》稱《天官曆》、《包元太平經》為「讖書」〔註72〕或「赤精子之讖」，〔註73〕更明確指出這類書的性質。就內容而言，《太平經》卷六十九〈天讖干支相配法〉「天門地戶界者」八位、卷四十〈分解本末法〉「萬物始萌於北，元氣起於子」的時令方位，皆承襲《易緯‧乾鑿度》。

《太平經》的基本素材來自讖緯，而其中的神仙方術，又促使著《太平經》由讖緯神學向宗教的方向轉化，它區分天國和塵世、精神和肉體的不同層次，將塵世痛苦的解脫和精神心靈的慰藉，提到了重要的地位。卷七十一〈致善除邪令人受道戒文〉：「天上度世之士，皆不貪尊貴也。但樂活而已者，亦無有奇道也。」「子好道如此，成事，得上天之階矣。」凡人所學目標都在求官，這些都不如學道。因為學道可以得大度，「中賢學之，亦可得大壽，下愚為之，可得小壽。」〔註74〕「故人無道之時，但人耳，得道則變易成神仙，而神上天，隨天變化，即是其無不為也。」可以「一事名為元氣無為。二為凝靖虛無。三為數度分別可見。四為神游出去而還反。五為大道神與四時五行相類。」〔註75〕

佛教講前後世、業報因緣，《太平經》則講「承負」，即是生前的罪惡，可以「流傳魂神」，「其魂神獨見責於地下，與惡氣合處。」先人的罪行或功德可以流及後輩，如果子孫不肖、犯罪，就會「愁其魂魄。」〔註76〕人們只要為善去惡，誠心相信《太平經》就可以斷絕承負，前此一切舊帳，一筆勾銷，享受太平，其曰：「吾承天道法，開大吉之門，閉其凶惡之路，開天太平

〔註70〕同註69，頁709。
〔註71〕《太平經合校》卷一百一十六〈闕題〉，同註69，頁647。
〔註72〕《漢書‧王莽傳》。
〔註73〕《漢書‧哀帝紀》。
〔註74〕《太平經合校》卷七十一〈致善除邪令人受道戒文〉，同註69，頁289。
〔註75〕《太平經合校》卷七十一〈真道九首得失文訣〉，同註69，頁282。
〔註76〕《太平經合校》卷四十〈努力為善法〉，同註69，頁74，73。

之階。」〔註 77〕因此，《太平經》還發展了儀軌、道誡、教喻等宗教外在形式，如「修一卻邪法」、「以樂卻災法」、「調神靈法」、「解承負訣」、「守一入室知神戒」、「敬事神十五年太平訣」、「齋戒思神救死訣」、「六罪十治訣」，透過齋戒、祭祀、靜思、爲善、求神福佑等方法改變「承負」。這是《太平經》在神仙方術中透顯的宗教意味。

五、數術與文學

　　《漢書‧藝文志》「諸子略」的小說家與「詩賦略」，以目錄學四部畫歸之，應該都屬文學著作，其中「詩賦略」又包括辭賦與詩歌。故本小節擬從漢代的小說、詩歌、辭賦三部分說明它們與陰陽數術相關的地方。

（一）小說家

　　《漢書‧藝文志》小說家敘曰：「街談巷語，道聽塗說者之所造也。」王齊洲證明《漢書‧藝文志》著錄十五家小說主要是方士小說，大部分皆作於西漢。〔註 78〕其中《待詔臣安成未央術》、《封禪方說》、《虞初周說》或談論神仙方術。

　　《待詔臣安成未央術》，顏師古注：「應劭曰，道家也，好養生事，爲未央之術。」安成的未央術爲道家養生方術。《封禪方說》是方士關於封禪的理論方術記錄，《史記‧封禪書》依託黃帝封禪成仙的說法，明顯是受到當時黃老學說的影響，可能是《封禪方說》的部分內容。《虞初周說》九百四十三篇，張衡〈西京賦〉：「小說九百，本自虞初。從容之求，實俟實儲。」虞初的小說篇數是搜求而來的。《史記‧封禪書》記載虞初是漢武帝時的方士，其時「齊人上疏言神怪者以萬數」，虞初搜求包括當時或稍早的方士小說，魯迅《中國小說史略》中引用三條，錄其一：「峚山，神蓐收居之。是山也，西望日之所入，其氣圓，神經光之所司也。（《太平御覽》三）」〔註 79〕內容爲神仙之境，與方士依托的黃老之學一致。

　　今傳所謂漢人小說，如《神異經》、《十洲記》、《漢武故事》、《漢武內傳》等，皆爲僞托之作，這些方士小說的思想基礎是黃老之學，以宣揚神仙方術爲目的。小說家較道家黃老學派作品淺薄、荒誕。歸入道家的黃老之作，受

〔註 77〕《太平經合校》卷四十九〈急學眞法〉，同註 69，頁 165。
〔註 78〕王齊洲，〈中國小說起源探迹〉《文學遺產》1985 年第 1 期，頁 12-23。
〔註 79〕魯迅，《中國小說史略》（民國叢書‧第二編，《民國叢書》編輯委員會編，上海：上海書店，1990.12），頁 40。

到統治者的重視和致用，自然是「大說」，而小說家的民間色彩濃厚，街談巷語，故謂之「小說」。

（二）詩　歌

漢代詩歌是在《詩經》、《楚辭》和秦漢民歌的基礎上發展起來，有民間歌謠和文人創作，詩體從樂府歌辭到文人徒詩的「古詩」，語言形制從四言到五言，從騷體到七言體。從這些詩歌的詞彙用語、思想表達中，不乏數術的影了。茲試舉例子說明如下。

宋郭茂倩《樂府詩集》分樂府為十二類，漢樂府作品可與之對應歸屬的類別為《郊廟歌辭》、《鼓吹曲辭》、《相和歌辭》、《舞曲歌辭》、《琴曲歌辭》、《雜曲歌辭》、《雜歌謠辭》。這些樂府有來自貴族、文人與民間之作。其中屬於《郊廟歌辭》的有《郊祀歌》、《安世房中歌》，屬於《鼓吹曲辭》的有《鐃歌》十八曲，均為貴族樂府，有不少反映神仙祥瑞信仰的想法。如《安世房中歌》的「大孝備矣，休德昭清，高張四縣，樂充宮庭，芬樹羽林，雲景杳冥，金支秀華，庶旄翠旌。」「都荔遂芳，窅窔桂華，孝奏天儀，若日月光，乘玄四龍，回馳北行，羽旄殷盛，芬哉芒芒，孝道隨世，我署文章。」描寫孝備德修，樂音瑞景祥物相應。另外，《鐃歌》十八曲中的〈上陵〉歌詠仙人降臨，賜飲金芝，甘露以延年益壽的希冀和喜悅之情，「醴泉之水，光澤何蔚蔚，芝為車，龍為馬，邀遊四海之外。甘露初二年，芝塵銅池中，仙人下來飲。」又如〈遠如期〉：「遠如期，益如壽，處天左側，大勒萬歲，與天無極。」都有求長生極樂的心情。

至於民間樂府也同樣有反映神仙信仰的作品，如〈董逃行〉、〈長歌行〉、〈王子喬〉、〈步出夏門行〉、〈善哉行〉、〈古豔歌〉、〈八公操〉等，仙人、神物、仙藥、瑞應、祈願長生是共同的語言基調，茲不再徵引贅述。《相和歌辭》中的〈瑟調曲〉朱止谿曰：「按《路史》琴統陽，瑟統陰。登歌惟王備琴瑟，諸侯則有瑟而無琴。朱襄鼓五絃之瑟而群陰來。虞氏鼓五絃之琴而南風至。至伯牙鼓琴而馬仰秣，瓠巴鼓瑟而魚出聽。魚水物，馬火物，陽主生，故其情喜，陰主殺，故其情悲，此帝女之鼓瑟所以動陰聲而悲不能克。」〔註80〕這裡從陰陽觀念說琴瑟的性質。〈隴西行〉：「天上何所有歷歷，種白榆桂樹夾道生，青龍對道隅，鳳凰鳴啾啾。」《春秋運斗樞》曰：「椒桂合剛陽，椒桂，陽星之精所生也。」《左傳·桓公五年》：「龍見而雩。」服虔注：「龍，角亢也。」《春秋元命包》

〔註80〕 黃節，《漢魏樂府風箋》卷四（臺北：廣文書局，民國 66.1（1977.1）），頁 39-40。

日：「火離爲鳳凰。」鳳凰指朱鳥七星。青龍、鳳凰皆指星名，爲數術中的天文。

　　值得特別一提，《郊祀歌》十九首是漢武帝在方士引導下封禪、望祀神仙活動的一整套的詩歌記錄。第一章〈練時日〉和第十九章〈赤蛟〉爲迎神曲和送神曲；〈帝臨〉、〈青陽〉、〈朱明〉、〈西顥〉、〈玄冥〉五首祀東西南北中五帝；〈惟泰元〉、〈五神〉祀太一之神，〈天地〉和〈日出入〉祀天地之神和日神；〈后皇〉、〈華燁燁〉祀后土；〈天門〉記封禪望祠蓬萊。其餘〈天馬〉、〈景星〉、〈齊房〉、〈朝隴首〉、〈象載瑜〉五首爲頌瑞之作。總地而言，《郊祀歌》雜糅了方士神仙家語，含有豐富的數術觀念。如〈帝臨〉、〈青陽〉、〈朱明〉、〈西顥〉、〈玄冥〉這組祀五帝之作品，光從篇名即知五方五色的五行觀，內容更進一步提到五方的特色與相應的物候，如〈帝臨〉：「帝臨中壇，四方承宇。……清和六合，制數以五，海內安寧，興文匽武，后土富媼，昭明三光。」以中治四方，爲后土，生數爲五。〈青陽〉描寫春天萬物的生機，「青陽開動，根荄以遂。……霆聲發榮，……枯槁復產，迺成厥命。眾庶熙熙，施及夭胎。群生啿啿，惟春之祺。」〈朱明〉描寫夏天萬物生長茂盛，「朱明盛長，旉與萬物，同生茂豫，靡有所詘，敷華就食，既阜既昌。」〈西顥〉描寫秋天肅殺蕭條，「西顥沆碭，秋氣肅殺。含秀垂穎。」〈玄冥〉描寫冬天凋零蟄伏的景象，「玄冥陵陰，蟄蟲蓋藏，草木零落，抵冬降霜。」〈惟泰元〉祀太一之神不乏天文星象之類的詞彙，「經緯天地，作成四時，精建日月，星辰度理，陰陽五行，周而復始，降甘露雨，百姓蕃滋。」像這樣營造出的神仙氛圍，醞釀魏晉時期游仙詩的成長與成熟。

　　五言古詩中的「明月皎夜光，促織鳴東壁，玉衡指孟冬，眾星何歷歷，白露霑野草，時節忽復易，秋蟬鳴樹間。」「孟冬寒氣至，北風何慘慄，愁多知夜長，仰觀眾星列，三五明月滿，四五蟾兔缺。」〈別詩〉八首之一：「爛爛三星列，拳拳月初生，寒涼應節至，蟋蟀夜悲鳴。」皆是描寫季節天象時令物候，這些都屬於數術的範圍。數量可觀的銅鏡銘文七言體，是漢代完整的七言體詩歌，其用語詞彙也不脫樂府古詩的數術神仙特色，如〈尚方鑑銘一〉：

　　尚方作鏡毋大傷，左龍右虎掌四旁，朱鳳玄武和陰陽，子孫備具居中央，長保二親樂富昌兮，宜侯王兮。

　　尚方作鏡眞大好，上有仙人不知老，渴飲玉泉飢食（棗），浮游天下敖四海，壽比金石之國保。〈尚方鑑銘二〉

　　漢有善銅出丹陽，和以銀錫清且銘，左龍右虎尚三光，朱崔玄武順陰陽。〈清明鑑銘〉

青龍、白虎、朱雀、玄武四神,陰陽、三光、玉泉、仙人等數術習用語常見。漢代銅銘文標誌著七言詩由民間歌謠向文人創作發展的過度階段。

先秦以歌謠為讖的風氣也已出現,如《左傳・昭公二十五年》引《鸐鴒謠》以為昭公可悲命運的徵兆。司馬遷《史記》在記載先秦歷史中,也多次採錄了先秦的謠讖,如《史記・周本紀》記周宣王時的童謠:「檿弧箕服,實亡周國。」為褒姒亡周的謠讖。在〈晉世家〉中引用晉國兒謠作為晉國命運的謠讖。這些歌謠不免有加工與虛構之嫌,但可反映出先秦時代人們以謠為讖的觀念。謠讖受到讖緯之學的影響,緯書中也有不少謠讖,如《論語比考讖》云:「殷惑妲己玉馬走。」據宋均的注解云,「玉馬走」是比喻「賢臣奔走」,於是此謠被認為是殷末歷史的讖語。又如《論語比考讖》以《五老之歌》作為堯舜禪讓的謠讖。從這些謠讖也不難看出緯書是後人編造出來附會歷史、解釋經典的。

這類謠讖大多記載於史書〈五行志〉之中,稱之為「詩妖」,而在《文獻通考・物異考》中則稱之為「詩異」,在《古今圖書集成》〈曆象彙編・庶徵典〉中稱為「謠讖」。《洪範五行傳》第一次明確地提出「詩妖」的概念。《洪範五行傳》說:「言之不從,是謂之不乂,厥咎僭,厥罰恒陽,厥極憂,時則有詩妖。」所謂「詩妖」便是異常社會狀態之下所產生的異常的詩歌,而這種詩歌又是社會動盪不安的先兆,其實也是把謠讖看成是上天對於統治者的種種譴告之一,正如《漢書・五行志》所說:「怨謗之氣發於歌謠,故有詩妖。」有其禎祥災異的「天人感應」思想。

在史書中,首次有意識地、系統地記載謠讖,並加以解說的是《漢書・五行志》,〈元帝時童謠〉:「井水溢,滅竈烟,灌玉堂,流金門。」依據《漢書・五行志》記載:「元帝時童謠……。至成帝建始二年三月戊子,北宮中井泉稍上溢出南流。……井水,陰也;竈煙,陽也。玉堂金門,至尊之居,象陰盛而滅陽,竊有宮室之應也。王莽生於元帝初元四年,至成帝封侯為三公輔政,因以篡位也。」此童謠以井水溢出滅竈烟,為陰滅陽之象,預言王莽篡位之事。又載成帝時的歌謠:「邪徑敗良田,讒言亂善人。桂樹華不實,黃爵巢其顛。故為人所羨,今為人所憐。」班固解釋說:「桂赤色,漢家象;華不實,無繼嗣也。王莽自謂黃,象黃爵巢其顛也。」以此解釋為王莽篡漢的讖語。《後漢書・五行志一》記順帝末年,京都流傳童謠道:「直如弦,死道邊;曲如鉤,反封侯。」據《後漢書》的解釋,此謠反映順帝時代,大將軍梁冀專權,結黨營私。太尉李固被幽斃於獄,暴屍道路,而太尉胡廣等人卻封以高官。此歌謠反映出不平

等的社會現狀，在封建時代具有相當的典型性。《後漢書·五行志一》記載，桓帝初年，天下流傳童謠道：「小麥青青大麥枯，誰當獲者婦與姑。丈人何在西擊胡，吏買馬，君具車，請爲諸君鼓嚨胡。」《後漢書》解釋說，元嘉中，涼州諸羌一時俱反，南入蜀、漢，東抄三輔，延及並州、冀州。朝廷命將率兵，常打敗仗。「中國益發甲卒，麥多委棄，但有婦女獲刈之也。『吏買馬，君具車』者，言調發重及有秩者也。『請爲諸君鼓嚨胡』者，不敢公言，私咽語。」這首歌謠反映的正是邊境戰爭給百姓造成的痛苦。

漢代的這類謠辭幾乎都有讖言的性質，或暗諷時局朝政，或預言時政的變化，猶如秦亡時的讖語，「南公曰：『楚雖三戶，亡秦必楚。』」（《史記·項羽本紀》）「燕人盧生使入海還，以鬼神事，因奏《錄圖書》曰：『亡秦者胡也。』」（《史記·秦始皇本紀》），最後都得到了事實的應驗。謠辭以文學的外衣包裹著讖的性質，往往有陰陽數術的符應文辭。

（三）辭　賦

漢賦的藝術特色爲「鋪張揚厲」，賦家所描寫的畫面可以高、大、全來概括，如：描繪樓台亭閣、山嶺峰巒，總是渲染得高峻；敘寫皇宮帝苑，疆域國界，總要鋪陳其遼闊廣大；描寫草區禽族、貨物財寶也無不誇飾其品類眾多、應有盡有、十分齊全。漢賦這種高大全的外觀，蘊藏著雄奇、瑰麗的風韻與氣勢，表現了漢王朝對天下的佔有與征服，皇皇一代博大的天人思潮融會。司馬相如論到作賦時說：「合纂組以成文，列錦繡而爲質，一經一緯，一宮一商，此作賦之迹也。賦家之心，包括宇宙，總攬人物，斯乃得之於內，不可得而傳也。」（《西京雜記》卷二）這是漢代賦家在時代思潮推動下而產生的藝術追求，凡宇宙的萬事萬物，從天上到地下，從動物到植物，從帝王生活到臣民活動，都成爲漢賦著墨的素材，構成一幅天人博物圖景。劉熙《藝概·賦概》云：「賦以象物，按時肖象易，凭虛構象難。能構象，象乃生生不窮矣。」賦家充沛的想像力和創造力，使各種象和境生生不已，雄奇險麗，蘊含著宏偉博大的美學品格。

漢長安城的佈局和繁華景象，正如班固〈兩都賦〉所描寫：「建金城其萬雉，呀洲持而成淵，披三條之廣路，立十二支通門，內則街衢洞達，閭閻且千，九市開場，貨別隧分，人不得顧，車不得旋，闐城溢郭，傍流百廛，紅塵四合，煙雲相連。於是既庶且富，娛樂無疆。」長安城的外廓西北方逐出北斗形，南面與此相呼應修築成南斗形，後人稱之爲「斗城」，明渠從城中穿

過，寓意爲引水貫都，以象天漢。十二座城門象徵十二支方位。這樣的建築景觀，不只是平面的開展與延伸而已，更有著上下與天地同流的宇宙精神。所以班固〈兩都賦〉說：「其宮室也，體象乎天地，經緯乎陰陽，據坤靈之正位，仿太紫之圓方」，若穿地爲池，也是「左牽牛而右織女，似雲漢之無涯」，充滿著揮斥八極、與天地同其呼吸的態度，體現「天人感應」的觀念。

「天人感應」的基調不僅反映在皇宮的建築，連宮苑內設置也有其特殊涵義，據《三輔故事》記載，昆明池中曾放有石鯨魚雕像，「刻石爲鯨魚，長三丈，每至雷雨，長鳴吼，鬐尾皆動」極其逼眞傳神。又爲營造昆明池象徵天河的氣氛，所以在池兩側，各立石雕巨像，左爲織女，右爲牽牛。在另一處池沼太液池中，設有小島以象海中仙山，並且「刻金石爲魚龍、奇禽、異獸之屬。」其中「殿北海池北岸有石魚長二丈，廣五尺；西岸有石龜二枚，各長六尺。」這樣的宮苑建築裝置藝術，儼然是天象地物的模擬與縮影。班固〈兩都賦〉生動地描繪上林苑的景象：「西郊則有上囿禁苑，林麓藪澤，陂池連乎蜀、漢，繚以周牆，四百餘里，離宮別館，三十六所，神池靈沼，往往而在。其中乃有九眞之麟，大宛之馬，黃支之犀，條枝之鳥。逾崑崙，越巨海，殊方異類，至三萬里。」上林苑內栽種各種名花異木，放養無數珍禽異獸，供皇帝射獵遊樂，又是一個野外動物世界的複製。

類似以上的宮苑描寫，也出現在司馬相如〈上林賦〉。該賦爲了突顯苑囿之廣大，想像日月在苑中東起西落；爲了寫宮室之壯麗，想像奔星、宛虹進入軒中；想像天子校獵是「軼赤電，遺光耀，追怪物，出宇宙」，「乘虛無，與神俱」。另外，張衡〈西京賦〉也作如是描述，「鳳騫翥於薧標，咸遡風而欲翔。……干雲霧而上達，狀亭亭以苕苕。……累層構而遂隮，望北辰而高興。消雰埃於中宸，集重陽之清澂。瞰宛虹之長鬐，察雲師之所憑。上飛闥而仰眺，正睹瑤光與玉繩。」同時，還提到五行相剋原理的屋簷裝置藝術，「建章是經，用厭火祥。」吳處厚《青箱雜記》卷八記載，「海有魚虯，尾似鴟，用以噴浪則降雨。漢栢梁臺災，越王上厭勝之法，乃大起建章宮，遂設鴟魚之像於屋脊，以厭火災，即今世之鴟吻是也。」〔註81〕建章宮設鴟魚於屋脊，是爲了防止火災，運用了水剋火的原理。上帝王的宮苑建築風格內涵，如張衡〈西京賦〉所言「仰福帝居，陽曜陰藏」，宮殿和天帝所居相同，光色可以

〔註81〕（宋）吳處厚、李裕民點校，《青箱雜記》（唐宋史料筆記叢刊，北京：中華書局，1997.12.），頁85。

曜日，深邃可以藏陰。因此，宮苑的建築造型設計常與天象自然接軌，使這座人間的帝王居所，媲美天帝統禦天地自然萬象。漢賦中的想像超越了時空限制，進行創造性的新組合，達到了「控引天地，錯綜古今」、「包括宇宙，總攬人物」、「籠宇宙於形內，挫萬物於筆端」的藝術追求。

漢代讖緯中的帝王受命神話，在漢賦中亦有記載。有關漢高祖的受命神話，如杜篤〈論都賦〉敘及高祖受命滅秦之事：「天命有聖，託之大漢。大漢開基，高祖有勛，斬白蛇，屯黑雲，聚五星於東井，提干將而呵暴秦。」班固〈西都賦〉認爲漢定都西京乃符命：「及至大漢受命而都之也，仰寤東井之精，俯協《河圖》之靈，奉春建策，留侯演成，天人合應，以發皇明，乃眷西顧，寔惟作京。」《河圖》是劉邦受命之圖。又曰：「自我高祖之始入也，五緯相汁，以旅於東井，……天啓其心，心誌其謀。及帝圖時，意亦有慮於神祇。宜其可定以爲天邑。」高祖入關，定都長安，實爲天命所定。〈東京賦〉云：「高祖籙受圖，順天行誅，杖朱旗而建大號。」以五德終始說表明漢高祖爲火德，這是漢代德屬其中一種說法。

東漢光武帝的中興，亦視爲秉承天命，如杜篤〈論都賦〉云：「海內雲擾，諸夏滅微，群龍并戰，未知是非。於時聖帝，赫然申威。荷天人之符，兼不世之姿，受命於皇上，獲助於靈祇。」意指劉秀的符命爲火德。傅毅與班固也都提到類似的說法。傅毅〈洛都賦〉：「惟漢人之運會，世祖受命而弭亂，體神武之聖姿，握天人之契贊。揮電旗於四野，拂宇宙之殘難。」班固〈東都賦〉：「於是聖皇乃握潛符，闡坤珍，披皇圖，稽帝文，赫爾發憤，應若興雲，霆發昆陽，凭怒雷震。」《後漢書・班彪列傳》注曰：「乾符、坤珍謂天地符瑞也。皇圖、帝文謂圖緯之文也。」〈南都賦〉曰：「夫南陽者，眞所謂漢之舊都者也。遠則劉后甘厥龍醢，視魯縣而來遷，奉鮮地而追孝，立唐祀乎堯山。故靈根於夏葉，終三代而始蕃……曜朱光於白水，會九世而飛榮。」指光武爲高祖九世孫，漢承堯緒，當火德。光武中興申明南陽的神聖地位。

瑞應是天人之學的必然產物，漢賦中有許多祥瑞之物，如班固〈兩都賦序〉曰：「是以眾庶悅愉，福應尤盛，〈白麟〉、〈赤雁〉、〈芝房〉、〈寶鼎〉之歌，荐於郊廟。神雀、五鳳、甘露、黃龍之瑞，以爲年紀。」〈兩都賦〉所附的〈寶鼎詩〉、〈白雉詩〉，〔註 82〕傅毅的〈神雀賦〉、班昭的〈大雀賦〉都是

〔註82〕　〈寶鼎詩〉：「岳修貢兮川效珍，吐金景兮歊浮雲。寶鼎見兮色紛紜，煥其炳兮被龍文。登祖廟兮享聖神，昭靈德兮彌億年。」〈白雉詩〉：「啓靈篇兮被瑞

利用祥瑞之物歌頌帝王政治隆盛的徵象。除此之外，漢賦的仙境神話，是漢賦家在失意時的精神慰藉。揚雄〈太玄賦〉描繪自己揖松喬於華岳，聽素女之清聲，觀伏妃之妙曲。桓譚〈仙賦〉描述各種仙術之後，反映自己飛升遠舉的志趣，嚮往「出宇宙，與雲浮」、「壽極乾坤」。班彪〈覽海賦〉想像自己如孔子一樣浮游於海上，尋找神仙和蓬萊仙島。張衡〈思玄賦〉「留瀛洲而采芝兮，聊且以乎長生。」的游仙意向，都是通過游仙來獲得精神上的自由。

六、其　他

（一）民間宗教

陰陽五行會合黃老道家，加上方士神仙、卜巫數術，形成漢代的新生教派——道教。《史記・封禪書》記述鄒衍「以陰陽主運顯於諸侯」，《漢書・劉向傳》又謂鄒衍曾著《重道延命方》，都是以陰陽五行爲核心思想，構成方僊道的宇宙構成論、歷史觀、形解銷化之術及依於鬼神之事的理論，然「燕齊海上之方士傳其術不能通」。鄒衍爲先秦方士的祖師爺，而其方僊道則爲道教的前身，方士就是道士的早期身分。故而道教的思想根源，早已與陰陽五行學說結下了前緣。

太平道與五斗米道都屬東漢道教教團，張角奉《太平經》爲教義，「符水咒說以療病」（《後漢書・皇甫嵩傳》）。張道陵五斗米道以《五千文》爲典要，崇奉老子爲教祖。不過，五斗米道也往往揉合陰陽五行說來解釋《五千文》的內容，如《老子想爾注》，注釋「知白首其黑，爲天下式」曰：「經白與元炁同，同色，黑太陰中也，于人在腎，精藏之。」注釋「其不得已」曰：「國不可一日無君，五帝精生，河雒著名，七宿精見，五緯合同，明受天任而令爲之，其不得已耳。」東漢桓帝時，方士魏伯楊以模擬自然爲丹道理論，借《周易》爻象作《周易參同契》，言坎離水火龍虎鉛汞之法象，而配之以陰陽五行昏旦時刻爲進退持行之符候，成爲影響深遠的「萬古丹經之祖」。所以，陰陽數術與漢代道教教義、煉丹有密不可分的關係。

道教所崇祀的神譜也多來自傳統的信仰體系。「三皇五帝」是漢代陰陽五行思想的信仰產物，道教亦祀奉之，其中又最崇信黃帝，以黃帝爲神仙術之始祖。《漢書・郊祀志》記方士公孫卿假托申公的口吻，要漢武帝學黃帝去泰山封禪，其曰：「與神會。黃帝且戰且學仙，患百姓非其道，乃斷斬非鬼神者。

圖，荻白雉兮效素鳥。發皓羽兮奮翹英，容絜朗兮淳精。章皇德兮侔周成，永延長兮膺天慶。」

百餘歲然後得與神通。」又曰：「黃帝采首山銅，鑄鼎於荊山下。鼎既成，有龍垂胡頷下迎黃帝。黃帝上騎，群臣後宮從上龍七十餘人，龍乃去。」傳說黃帝學仙，與龍昇天，爲道士崇拜的對象。而漢代銅鏡、畫像石常出現的東王公、西王母，也爲道教所奉祀，亦稱木公（東華帝君、東王父、扶桑大帝）、金母。木公掌男仙名籍，金母掌女仙名籍，求仙者先拜木公，後謁金母，方得升九天，拜太上老君而觀元始天尊。

　　道教由神仙家發展演變而來，牽涉到道教與醫藥、房中等方技的關係。鄒衍陰陽五行的興起，與稷下黃老學說的盛行。方士依附、吸收黃老、陰陽五行學說，融合於營衛生命知識與方術裡頭。黃老尊黃帝爲最高聖人，方仙家宣揚黃帝長生不死，飛升成仙，因此醫經、經方、房中、神仙皆以黃帝爲祖師，同時也祖述於道家與陰陽五行家的理論。《黃帝內經》是古代最早全面闡述醫學的典籍，藉著黃帝與伯岐的答問，以黃老學說與陰陽五行說作爲養生健身、醫藥診療的理論根據。長沙馬王堆漢墓出土的《十問》、《合陰陽》、《天下至道談》等竹簡，也是托黃帝與容成公問對的房中書。早期道教重視房中行氣，推崇「善補導之事」的容成子爲神仙（見《列仙傳》），五斗米道信行「男女合氣」之術，《老子想爾注》亦要人們節欲寶精，若縱欲失精，則生命竭盡。晉代葛洪認爲房中是求長生者所「宜知」的方術，《抱朴子・內篇・至理》曰：「服藥雖爲長生之本，若能兼行氣者，其益甚速，若不能得藥，但行氣而盡其理者，亦得數百歲。然又宜知房中之術，所以爾者，不知陰陽之術，屢爲勞損，則行氣難得力也。」總地來說，道教不但承襲了神仙家仙人、仙境的信仰，而且還承襲神仙家的養生修煉方術。

　　道士本是巫祝之遺緒，諸如祝禱、占卜、星命、堪輿、占候、望氣等數術活動，亦爲道士所從事。道教的第一部經典《太平經》已有信仰占卜、祿相的記載。〔註83〕魏晉以後，道教徒習風水、星命、六壬、奇門遁甲更盛，《抱朴子・內篇・遐覽》曰：「鄭君不徒明五經、知仙道而已，兼綜九宮、三棋、推步天文、河洛讖記，莫不精研。」《抱朴子・外篇・自敘》：「晚學風角、望氣、三元、遁甲、六壬、太一之法。」道教廟宇之稱爲「觀」，相傳起於終南

〔註83〕《太平經》卷四十：「古者聖人問事，初一卜占者，地神出告之也。三卜占者，人神出告之也。」卷一百十二：「天有四維，地有四維，故有日月相傳推。星有度數，照察是非，人有貴賤，壽命有長短，各稟命六甲。生有早晚，祿相當直，善惡異處，不失銖分。俗人不知，反謂无眞，和合神靈，乃得稱人。」

山尹喜結草樓以觀象望氣，名為樓觀。今道觀中的櫺星門，即道士觀象之處。道教有賴數術渲染其神異色彩吸引群眾，擴大社會的影響。《道藏》五千四百八十五卷中，收入很多有關數術的經書。如果從道教中抽離數術的成分，道教可能因此失去其為道教的特色。

（二）出土文物

在說明完漢代傳世文獻與數術的情形後，最近大宗出土的先秦、漢代文物更是數術的有力佐證者。以使傳世文獻與出土文物作為漢代數術的「二重證據」，是相互佐證的最佳夥伴，也是相互補白的得力助手。茲從簡帛、漢鏡（包括式盤）、漢畫像石三方面略作概述。

1. 簡帛

依目前出土的簡帛書籍的內容和性質來看，有一部份簡牘文書屬於書檄、簿籍、律令、案錄、符券、檢楬、遣策與告地策等應用文書，其餘的正符合《漢書‧藝文志》六大分類：六藝、諸子、詩賦、兵家、數術、方技。李學勤曾指出：「對於這個時期的簡帛書籍，我一直主張參照《漢書‧藝文志》來分類。這是因為《漢志》本於《別錄》、《七略》，比較適合當世流傳書籍的情形。」〔註 84〕駢宇騫根據《漢志》分類法分簡帛書籍，所得書籍數，茲統計如下表：〔註 85〕

六藝		諸子		數術		共計	方技		共計
詩	2	儒家	23	天文	6				
書	0	道家	15	曆譜	21	共計			
易	7	陰陽	3	五行	27				
禮	2	墨家	1	蓍龜	2				
樂	2	縱橫	3	雜占	10				
春秋	2	小說	1	形法	6	72			
論語	1	共計	46	方技			醫經	5	
孝經	0	詩賦	6				經方	7	共計
小學	1	兵書	12				房中	7	
共計	17						神仙	6	25

〔註 84〕李學勤，《簡帛佚籍與學術史》第一篇〈通論〉（南昌：江西教育出版社，2001.9），頁 8。

〔註 85〕凡駢宇騫於各類所列的出土本，如河間獻王徵集本、孔壁書、張蒼獻本、杜林漆書、河內女子老屋本、魯淹中本、汲冢本、唐帛書本皆不納入計算。駢宇騫，《簡帛文書概述》（臺北：萬卷樓圖書股份有限公司，2005.4），頁 240-392。

　　總的來說，秦漢簡帛屬於六藝諸經者較少，乃秦火影響之故，唯獨《易》
為卜筮之書，不在禁列，故為數較多。相較之下，諸子、兵書、數術、方技
方面的簡帛為數較多。即使出於某個墓葬的簡帛也合乎《漢書·藝文志》的
分類，茲再以馬王堆帛書帛畫為例作分類說明：

　　六藝：（1）《易經》及《易傳》（《繫辭》、《二三子問》、《要》、《謬和》、《昭
　　　　　力》、《易之義》）（2）《喪服圖》（3）《春秋事語》

　　諸子：（1）《老子》甲本，附佚書三種、《老子》乙本（2）《九主》（3）《黃
　　　　　帝書》（《經法》、《十大經》、《稱》、《道原》）（4）《戰國縱橫家書》

　　兵書：（1）《刑德》甲種（2）《刑德》乙種（3）《刑德》丙種（4）《駐軍
　　　　　圖》

　　數術：（1）《篆書陰陽五行》（2）《隸書陰陽五行》（3）《五星占》（4）《天
　　　　　文氣象雜占》（5）《出行占》（6）《木人占》（7）《符籙》（8）《神圖》
　　　　　（9）《築城圖》（10）《長沙國南郡圖》（11）《園寢圖》（12）《相馬
　　　　　經》

　　方技：（1）《五十二病方》，附佚書四種（2）《胎產圖》（3）《養生方》（4）
　　　　　《雜療方》（5）《導引圖》，附佚書二種（6）《卻穀食氣》

由以上分類，可知馬王堆帛書以數術、方技兩類居多。又如睡虎地秦簡《日
書》、隨州孔家坡漢簡《日書》屬於數術類的曆譜；阜陽雙古堆漢墓的《易》
屬於數術類的蓍龜；定縣八角廊漢墓的竹簡《文子》、《儒家者言》屬諸子類
的道家與儒家；臨沂銀雀山漢墓的《孫臏兵法》、《孫武兵法》、《六韜》屬於
兵書；張家山漢墓的《引書》屬於方技類的神仙，《脈書》屬於方技類的醫經，
《曆譜》、《算術書》是數學著作，屬於數術類的曆譜；銀雀山漢簡《相狗方》、
敦煌懸泉置漢簡《相馬經》、居延破城子漢簡《相寶劍刀》屬數術類的形法等
等。以上這些出土資料大致都可在《漢書·藝文志》找到相對應的類別。這
也提醒了我們，《漢書·藝文志》的分類所顯示的是秦漢思想世界的實際狀態，
那時的人們關心的不僅僅是天道的哲理、世道的治理、人道的倫理，而且還
關心種種實用的知識與技術。〔註86〕故而令人深信：漢代思想史中不能無視
數術方技的存在與意義。茲再舉說楚帛書、敦煌漢簡的數術面貌如下：

　　湖南省長沙市東郊杜家坡子彈庫出土的楚帛書，分為甲乙丙篇三部分，

〔註86〕葛兆光，《七世紀前中國的知識、思想與信仰世界——中國思想史》第一卷（上
　　　　海：復旦大學出版社，1998.4），頁 323-324。

共九百多字，是截至目前爲止，中國出土最早的帛書。甲篇論天象刑德，即天災禁忌與《月令》式的刑德思想。乙篇論四時推步，有關日月四時形成的神話。丙篇論十二月忌，即《月令》出行宜忌。文字環繞於甲、乙兩篇的丙篇分十二章，每章代表一個月份，略述該月宜忌。章有章題，爲該月月名。各月均附有一神怪圖形。楚帛書形制如下：〔註87〕

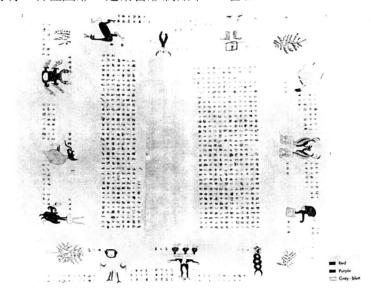

　　帛書的內部有兩個文字方塊區，右十三行爲甲篇〈天象〉，左八行爲乙篇〈四時〉；外部圍繞的圖文是丙篇〈月忌〉，其圖式排列有十二神和四木：

　　（1）楚帛書圖的四邊，各以三個神物爲一組，分別代表四時的孟、仲、季三月，凡仲月所在叫「四正」，因此，春、夏、秋、多分居東、西、南、北四方。

　　（2）帛書的四方夾角有青、赤、白、黑四木，代表東北、東南、西南、西北四維，古人叫「四隅」，與（1）構成「四方八位」。

　　（3）帛書十二神和章題皆按左旋排列，是斗行方向，代表「十二位」。

　　（4）帛書四木每棵樹的樹冠都是朝向右邊，作右旋排列。中國古代天文學有斗建左行，太一右行，故四木象歲徙，與十二神和章題左旋相反。

　　（5）帛書中間沒畫太一、北斗，但兩篇文字一正一反，正象徵「太一行九宮」"或「斗建十二月」（斗柄依次序順指十二月），陰陽順逆，轉位加臨。

　　司馬談〈論六家要旨〉中的「陰陽家」是「陰陽四時、八位、十二度、

〔註87〕錄自李零，《長沙子彈庫戰國楚帛書研究》圖版伍（A）（B）（北京：中華書局，1985.7），頁146-147。

二十四節，各有教令」主要指天文曆算之學，亦可隸屬於數術。楚帛書圖式的排列，圖象是講四方八位和十二度，代表歲、時、日、月的陰陽消長；文字是講順令知歲，四時之產生，以及各月的宜忌，正是符應這樣的陰陽數術。

　　敦煌漢簡有若干曆譜，永光五年曆譜有初、中、後三伏，永始四年曆譜有初伏。《史記‧秦本紀》德公「二年初伏。」正義曰：「伏者，隱匿避盛暑也。《曆忌釋》云：伏者何，以金氣伏藏之日也。四時代謝，皆以相生，立春木代水，水生木；立夏火代木，木生火；立冬水代金，金生水；立秋以金代火，故至庚日必伏，庚者金，故曰伏也。」《漢書‧郊祀志》：「秦德公立……伏作祠。」師古曰：「伏者，謂陰氣將起，迫於殘陽而未得升，故為藏伏，因名伏日也。立秋之後以金代火，金畏於火，故至庚日必伏，庚，金也。」所謂三伏，《陰陽書》曰：「從夏至後第三庚為初伏，第四庚為中伏，立秋後初庚為後伏，謂之三伏。」（《白帖》四、《初學記》四、《太平御覽》三十一所引略同。）比較永光五年曆譜、永始四年曆譜和《陰陽書》的三伏如下：

【永光五年曆譜】	【永始四年曆譜】	《陰陽書》
五月四日丁未夏至	五月二十二日甲子夏至	
六月八日庚辰初伏 （夏至後第四庚）	六月十九日庚寅初伏 （夏至後第三庚）	夏至後第三庚為初伏
六月十八日庚寅中伏 （夏至後第五庚）	〔六月二十九日庚子中伏〕 （夏至後第四庚）	夏至後第四庚為中伏
六月二十一日癸巳立秋	〔七月九日庚戌立秋〕	
七月八日庚戌後伏 （立秋後第二庚）	七月二十九日庚午後伏 （立秋後第二庚）	立秋後初庚後伏

　　元帝永光五年和成帝永始四年的曆譜對三伏的安置，只有後伏相同。永始曆譜和《陰陽書》的初、中伏皆在夏至後第三、四庚。初伏與中伏相隔皆為十日。中伏與後伏的間隔，永光為二十日，永始為三十日。永光、永始接為太初曆施行時期，三伏先後已有所異，《陰陽書》陰陽書或系西漢以後之制。〔註88〕

　　本始四年、元康三年、永元六年曆譜有建除。《淮南子‧天文》：「寅為建，卯為除，辰為滿，巳為平，主生；午為定，未為執，主陷；申為破，主衡；酉為危，主杓；戌為成，主少德；亥為收，主大德；子為開，主太歲；丑為

〔註88〕陳夢家，《漢簡綴述》（北京：中華書局，2004.4），頁236-237。

閉，主太陰。」《協紀辨方》引《曆書》曰：「曆家以建、除、滿、平、定、執、破、危、成、收、開、閉凡十二日，周而復始，觀所值以定吉凶。每月交節，則疊兩值日。其法從月建上起建，與斗杓所相應，如正月建寅，則寅日起建，順十二辰是也。」本始四年、永元六年曆譜又有反支，永元六年曆譜更記血忌、八魁等。〔註89〕另外，居延漢簡可見時辰分制，武威漢簡則有日忌和雜占簡，〔註90〕都是研究漢代數術的參考材料。

2. 漢鏡

漢墓出土的銅鏡，除了顯示漢代社會的物質水準、藝術成就之外，更反映實物本身的象徵涵義。由於漢代天文學和占星術的高度發達，連帶影響了鑄鏡工藝，在陰陽數術學說的推衍下，把人置於天地之間，以調和兩極，故其紋飾多具數術意義。例如，西漢中葉的星雲鏡（又稱百乳鏡或連珠鏡），紋飾以多群乳丁爲主體，百乳象徵群星，代表著天象。象徵中宮天極星的中央鈕座旁，有四個花半形的圓圈，彷彿支撐天篷的四根柱子，如同古代創世神話中所記載的「四極」，《淮南子‧覽冥》曰：「往古之時，四極廢……女媧……斷鼇足以立四極。」《太平御覽》卷七八引《三五歷記》曰：「天載於地，以柱撐之，撐四角，曰四極。」星雲鏡百乳象徵天文群星，中有四柱支撐天空，則是合理的搭配。

古代所謂的「四象」：東方蒼龍、西方白虎、北方玄武、南方朱雀，是四方的神物座標，故二十八宿以之作爲方位依據，而有東方蒼龍七宿、北方玄武七宿、西方白虎七宿、南方朱雀七宿。〔註91〕漢中期的規矩四神鏡，即是依照四神方位來配置於鏡背紋飾中。而其中的規矩紋作 T、L、V 形，故凡有規矩紋的漢鏡通稱「TLV 鏡」。銅鏡上的紋飾本多是天地宇宙構形圖物的濃縮，儘管歷來

〔註89〕反支，《後漢書‧王符傳》曰：「公車以反支日不受章奏。」李賢注曰：「凡反支日用月朔爲正。戌、亥朔一日反支，申、酉朔二日反支，午、未朔三日反支；辰、巳朔四日反支；寅、卯朔五日反支；子、丑朔六日反支。見《陰陽書》也。」

血忌，《論衡‧辨祟》：「血忌不殺牲。」又〈譏日〉云：「祭祀之曆亦有吉凶，假令血忌月殺之日固凶，以殺牲設祭，必有患禍。」

八魁，《後漢書‧蘇竟傳》：「夫仲夏甲申爲八魁。八魁，上帝開塞之將，主退惡攘逆。」李賢注曰：「《曆法》：春三月己巳、丁丑，夏三月甲申、壬辰，秋三月己亥、丁未；冬三月甲寅、壬戌，爲八魁。」

〔註90〕可參考陳夢家，《漢簡綴述》（北京：中華書局，2004.4），頁 244-255，頁 285-286。

〔註91〕東方蒼龍七宿——角、亢、氐、房、心、尾、箕；北方玄武七宿——斗、牛、女、虛、危、室、壁；西方白虎七宿——奎、婁、胃、昴、畢、觜、參；南方朱雀七宿——井、鬼、柳、星、張、翼、軫。

對 TLV 紋象徵的意義，各有不同解讀，但一定與銅鏡上的圖物意義有著緊密的關連，TLV 就是一種具有數術性質的符號。〔註92〕另外，像漢鏡中神仙世界、仙禽神獸，是對長生不老修煉的嚮往，與驅惡鎮邪、招祥引瑞的信仰，同時也是對神話傳說的圖像反映。所以，漢式鏡群有調和天人的天象紋飾，也有幻想的神話題材，透過如實的藝術加工，豐富的數術訊息皆可按圖索驥了。

附說：式盤與博局

與漢鏡圖式雷同的式占盤，也是構擬天地的占驗盤具。《史記·日者列傳》云：「今夫卜者必法天地，象四時，順於仁義，分策定卦，旋式正棊。」司馬貞索隱：「式者，栻也，旋轉也，栻之形上圓象天，下方法地，用之則轉天綱加地之辰，故云旋式。」考古出土的式盤如朝鮮樂浪五官椽王旴墓發現了式占盤，上部圓形為天盤，標有北斗七星、十二月神名、十天干及十二地支；下部方形為地盤，標有後天卦位、十天干、十二地支，並配列二十八宿。連劭名〈式盤中的四門與八卦〉說到式的配卦，震、離、坎、兌居於四仲，配四時五行，代表時間的運行；乾、坤、艮、巽居於四維，配天、地、人、鬼四門，代表萬物的生滅，具有宇宙模式的含義。〔註93〕出土式盤形制雖非一致，但其宇宙模式共同體現的數術意義，卻是寶貴的線索。

《說文》云：「簙，局戲也，六箸十二棊也。从竹博聲。古者烏曹作簙。」（五篇上 二十）又「局」下云：「簙所以行棊。」《急就篇》：「棊局博戲相易輕。」顏注：「博亦局戲也。」《韓非子·外儲說》：「秦昭王令工施鉤梯而上華山，以松柏之心為博，箭長八尺，棊長八寸，而勒之曰昭王嘗與天神博

〔註92〕 例如葉慈氏認為規矩紋是模仿漢代的日晷刻畫而成，TL 和時空相關，V 代表宇宙的四極和四季的開始，四個 L 分別表示著春分、夏至、秋分、冬至，是生命和自然界的循環現象。請見 W.P. Yetts, *The Cull Chinese Bronzes*,（London, 1939），p.148-165。葉慈氏在 "A Note on the so-called TLV Mirrors and the Game Liu-Po" 一文中有相同的看法，認為 TLV 的形狀乃模仿六博棋盤及日晷的形制而來，從山東武梁祠一幅六博戲的淺浮雕上，發現一具 TLV 形式的盤子，又自端方收藏的一件日晷儀及乾清宮門口的石質日晷上，摹出 TLV 的刻痕，復推測六博棋盤與日晷有關，因此以為規矩式鏡乃仿自日晷。以上內容轉引自張金儀，《漢鏡所反映的神話傳說與神仙思想》第二章〈天文、占星都入鏡〉註33，（臺北：國立故宮博物院故宮叢刊編輯委員會，民國70.7（1981.7）），頁 27。又如：魯惟一（Michael Loewe）《天人合一》（*Ways to Paradise*）（London, 1979）認為 V 形表示對角線，T 形表示二繩，L 形用來區隔四獸。此轉引自李零，《中國方術考》（修訂本）（北京：東方出版社，2001.8），頁 105。

〔註93〕 連劭名，〈式盤中的四門與八卦〉《文物》1987 年 9 期，頁 33。

於此矣。」《列子・說符篇》：「擊博樓上。」注云：「古博經曰：『博法二人相
對坐向局，局分爲十二道，兩頭當中名爲水，用棊十二枚，六白六黑，又用
魚二枚置於水中，其擲采以瓊爲之，瓊畟方寸三分，長寸五分，銳其頭，鑽
刻瓊四面爲眼，亦名爲齒，二人互擲采行棊，棊行到處即豎之名爲驍，棊即
入水食魚，亦名牽魚，每牽一魚獲二籌，翻一魚獲三籌，若已牽兩魚而不勝
者，名曰被翻雙魚，彼家獲六籌爲大勝也。』」薛孝通《譜博》：「雙箭以象日
月之照臨，十二棊以象十二辰之纏次。」《漢書・梁冀傳》注引鮑宏〈博經〉：
「用棊十二，六棊白，六棊黑，所投擲謂之瓊，瓊有五采，刻一畫者謂之塞，
刻爲兩畫者謂之白，刻爲三畫者謂之黑，一邊不刻者五塞之閒謂之五塞。」

　　馬王堆 M3、鳳凰山 M8 遺冊的「筭」，有六枚，各長 23～24 厘米左右（約
合漢一呎）的竹木小棍，[註94] 就是《說文》所說的「六箸」，博戲所用的籌
碼。出土博戲所用的棋子，多用象牙做成（也有骨、玉等制成），一般爲十二
枚，長各 2.3 或 2.4 釐米（約合漢一寸），博弈雙方，每方各六枚，或以顏色
相別，或以形狀相別。每方的棋分「一大五小」（「一梟五散」），如睡虎地 M13
所出；另一種是六枚完全相同，如睡虎地 M11、馬王堆 M3、鳳凰山 M8 所出，
根據行棋狀況而豎棋，變成梟棋。

　　出土的棋盤在形式上模仿式的地盤。外層方形四邊有八個反 L 形鉤識分
布在四正四隅，象徵十二度；內層小方形四邊有四個 T 形鉤識分布在四正，
四個圓圈分布在四隅，象徵四方八位。外層的八個反 L 形鉤識和內層四個 T
形鉤識叫「曲道」。茲附湖北雲夢睡虎地秦墓 M11 出土的博局、棋和博圖如
下：

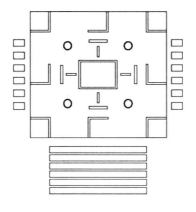

〔註94〕 參考熊傳新，〈談馬王堆三號西漢墓出土的陸博〉，《文物》1979 年 4 期，頁
　　　　 35-39。

3. 漢代畫像石

漢代畫像石始見於西漢晚期，盛行於東漢。以山東嘉祥縣出土武梁祠西壁畫像爲例，共分五層，第一層銳頂部分是神仙世界，中刻西王母，兩側有羽人、玉兔、蟾蜍、人首鳥身；第二層是傳說中的古帝王，從右到左刻繪伏羲、倉頡、祝誦、神農、黃帝、顓頊、帝嚳、帝堯、帝舜、夏禹、夏桀；第三層是古代的孝子故事，從右到左刻繪曾母投杼、閔子騫御車失棰、老萊子娛親、丁蘭刻木；第四層是古代的刺客故事，從右到左刻繪曹子劫桓、專諸刺王僚、荊軻刺秦王；第五層是車騎出行的場面，刻繪左行車騎，屬人間生活。畫像主要的繪畫意圖，包含著人們對生命彼岸——生命永恆世界的嚮往和渴望等等。以時間的時態來說，畫像最底層是人間生活，爲「現在式」；中間第二、三、四層表現的是古代的事情，爲「過去式」；最高層爲神仙世界，爲「未來式」。畫像的「敘事結構」所呈現的特點：「車騎」由下到上的趨向，既是由「現時」經「過去」邁向「未來」；又是由「現在」經「歷史」邁向彼岸；由「現實」經「回憶」到「幻想」，體現著人與神仙、神仙與神仙，現實與彼岸、人間與神界的交互雜糅。〔註95〕

此外，東、西壁山牆上東王公、西王母畫像，反映陰陽相對的觀念。西壁的西王母與月亮神話中的蟾蜍、玉兔搗藥是陰性世界的象徵；東壁的東王公形象可能由周穆王變異而來。據古本《竹書紀年‧周紀》載，周穆王十七年，西王母曾來朝見東王公。民俗上漸出現東王公、西王母陰陽相對的觀念，《吳越春秋‧句踐陰謀外傳》云：「立東郊以祭，陽名曰『東皇公』。立西郊以祭，陰名曰『西王母』。」這種陰陽思想常直接或間接的反映在漢代畫像石，如南陽漢代畫像石就有金烏背日輪，日輪內雕著象徵月亮的蟾蜍，日月合璧表示日月重疊，發生了日食現象，其根本含義是和陰陽而兩儀交泰。又如山東、江蘇、河南等地畫像石，均有大量的伏羲與女媧交尾圖像，在盛行陰陽學說的漢代，伏羲爲陽，女媧爲陰，成爲化育人類的始祖神話。陰陽另一方面也象徵尊卑，如出土唐河電廠漢墓的拜謁圖，右方一人，正面刻畫，形象突出，趾高氣昂，憑几而坐；左方一行數人，均作側面刻畫，伏首稽拜。右爲陽，左爲陰，有陽尊陰卑之意。南陽畫像石的投壺圖，圖右有三人，其中一身材弱小者攙扶著一彪形大漢，使人一目了然誰是畫中的主人，被攙扶者

〔註95〕 李立，《漢墓神畫研究：神話與神話藝術精神的考察與分析》（上海：上海古籍出版社，2004.12），頁39。

是尊貴者，攙扶人者地位卑賤，表現「陰者，陽之助也」的思想。

鄒衍五德終始說的歷史起自黃帝，劉歆《世經》（見《漢書·律曆志》）所倡相生的五德終始帝王世系，則上溯自太昊帝伏羲，使古史體系更完善。武梁祠西壁畫像的第二層，從伏羲到夏桀的帝王圖像，是漢人表徵古史系統的一種呈現方式。兩漢時期爲古史建立體系雖有歧說，但三皇五帝的形象逐漸明顯，《白虎通·號》：「《禮》曰：『伏羲、神農、祝融』，三皇也。」《史記·五帝本紀》張守節正義：「太史公依《世本》、《大戴禮》，以黃帝、顓頊、帝嚳、唐堯、虞舜爲五帝。」《白虎通·號》：「五帝者，何謂也？《禮》曰：『黃帝、顓頊、帝嚳、帝堯、帝舜也。』」這是漢人欲以五德終始與三統說，從古史系統中試圖爲漢政權的正統性立說。

後壁象徵祠主居住的樓堂，故中央以祠主圖像居主位，又東方代表主人方位，設宴請客謂之「東道」，故東壁第五層畫「庖廚圖」。至於屋頂前後坡各有三層祥瑞圖形，有神獸如龍、麟、比肩獸、赤羆，有飛鳥如比翼鳥，有水物如比目魚、白魚，有植物如樹、竹葉狀葉片、圓形莖物，有物品如鼎、蓮台、玄圭、璧流離、玉馬等等，在漢代緯書中多有這類符瑞記載。又如左石室西壁下層刻攻戰畫像，乃因西方屬金，主殺，佈局與五行方位有關。前石室屋頂前坡，露於山墙外兩側西段外側刻一龍，東段外側刻一虎，以祠堂向北方向而言，正合左青龍、右白虎方位。〔註96〕總之，武梁祠作爲漢代畫像石的代表作，體現了漢代儒家陰陽五行化與天人合一的思想內涵與結構。另外，畫像石之外的帛畫，如西漢馬王堆1號、3號墓T形帛畫，山東臨沂金銀雀山9號墓帛畫，大致也不脫陰陽、神仙彼岸等數術意義。

第三節　《說文解字》數術類別

數術集眾家知識技術群組，與儒學陰陽五行化的情形，都說明了漢代思想的兼容特色。數術是深層表述宇宙規律的定數推測，是漢代儒經、黃老道學、陰陽學共構的文化因子。數術滲入各學科領域，各學科領域又幾乎與儒學接軌，陰陽五行化儒學向各領域延伸，在如此多重的交叉薰染下，自然形成數術與各學門關聯的環節。大時代的兼容學風，對許慎闡釋漢字發揮了導

〔註96〕蔣英炬、吳文祺，《漢代武氏墓群石刻研究》（濟南：山東美術出版社，1995.6），頁37，94-96。

向作用，《說文》爲通經而作的意旨，也從字形表層的淺顯認知，進入了文化傳統爲之設定的知識領域。身爲闡釋者的許慎，作爲漢字與文化傳統的中介，勢必將種種豐富的文化內涵於漢字形義的闡釋之中。這就是許慎著作《說文》、闡釋文字的思想操作系統。因此，凝聚漢代數術與《說文》的共識，並從中尋繹鈎稽《說文》的數術思想層面，漢字可同社會的思想價值聯繫在一起，在形系的表象中，指向更高的「秩序」運作模式。

　　本研究的數術範疇以《後漢書・方術列傳》的方術爲準，數術分類以《漢書・藝文志》爲參考，並不表示它們的說法皆可在《說文》找到相對應的資訊。易言之，《後漢書・方術列傳》、《漢書・藝文志》作爲《說文》數術指向的參考座標，並非要將兩者的說法，原封不動地去套《說文》。畢竟，《說文》有自己的敘述條件，它可以根據現有的條件，去彈性擷取兩個參考座標中適合自己的資訊，其實就是從中凝聚共識，量身訂作一套方便呈顯《說文》數術思想的類目，才能讓《說文》在依附參考座標的學習過程中成長，眞正作主發聲，既不失《說文》數術的主體性，同時也沒有辜負兩個座標的相助牽成。上文我們已討論過，《漢書・藝文志》若要符合《後漢書》的方術範疇，或者要得到更周延的數術定義，勢必要打破「數術略」的藩籬，而與其它略類別相串聯。但在歸結數術思想路數時，不妨參用《漢書・藝文志》的類別，評估可供《說文》發揮的條件，作彈性的修正與整合，以擬定適合《說文》數術思想闡述的章節類目，完成論說大業。

一、《說文》之《易》學類目

　　《漢志》數術略有著龜類，其中龜卜的特點是取於「象」，即以兆象定吉凶，隨機性很強，和「數」的關係似乎不大明顯。但是，安徽含山凌家灘遺址出土約 4,500 年前的玉龜與玉版，〔註97〕玉版的紋飾類似「式圖」，與洛書之數相仿，有「象」也有「數」。而玉龜背腹甲中夾玉版的形制，就好似洛水神龜負文於背的傳說。另外，殷墟小屯地出土卜甲、〔註98〕殷墟四盤磨出土卜骨、〔註99〕西周岐山鳳雛村卜甲、〔註100〕長安縣張家坡西周遺址出土卜骨

〔註97〕安徽省文物考古研究所，〈安徽含山凌家灘石器時代墓地發掘簡報〉，《文物》1989 年第 4 期，頁 6。

〔註98〕肖楠，〈安陽殷墟發現易卦卜辭〉，《考古》1989 年第 1 期，頁 66-70。

〔註99〕郭寶鈞，〈一九五〇年安陽四盤磨 SP₁₁ 出土字骨拓文〉，《中國考古學報》第五冊一、二分冊合刊，（1951.12）。

等出土龜骨，〔註101〕都刻有奇偶數組成的數字卦。由此可證，龜骨的占卜不是只作燒灼兆象的判讀，它也有筮占卦象的功能，但主要是一種數占，筮占就可以追溯到商代的數字卦。《周易》記錄的筮占是以蓍草作算籌，經過揲蓍之後，將所得餘數易爲卦爻，用來占斷吉凶，其卦象是以陰陽爻表之，數字卦則是直接以數字表示卦爻，數字既作「象」也作「數」。數字卦不僅出現在商周，就連天星觀楚簡、馬王堆帛書《周易》、雙古堆漢簡《周易》等也有數字卦，是證從商、周到春秋戰國，一直都有數字卦，改寫過去只有陰陽爻卦象的認知。不論是數字卦或是陰陽爻卦，皆是以數定卦象，卦象定吉凶，卦生於象，象生於數。唯小異者：數字卦的數字既是「數」也是「象」，陰陽爻卦的「數」爲策數，「象」由陰陽爻表示。

象數是蓍龜的特徵，也是《易》的特徵。有數術性質的《易》，其象數中的數字都有特定意義，例如作爲「天地之數」的從一到十是五行生成之數，《尚書·洪範》正義曰：「天一生水，地二生火，天三生木，地四生金，天五生土，此其生數也。如此則陽無匹，陰無耦，故地六成水，天七成火，地八成木，天九成金，地十成土。」又曰：「五行之體，水最微，爲一。火漸著，爲二。木形實，爲三。金體固，爲四。土質大，爲五。……水火木金得土數而成，故水成數六，火成數七，木成數八，金成數九，土成數十。」《周禮·占人》賈公彥疏曰：「龜知一二三四五天地之生數，知本。《易》知七八九六之天地之成數，知末。」這就是《周易》筮法中的四象七八九六（七爲少陽、八爲少陰、九爲太陽、六爲太陰統稱四象）的由來。由此可見，作爲數術的龜卜用五行之數，對應水、火、木、金、土五材與五星之象；筮卦則用四象之數，對應春、夏、秋、冬四季之象，以及蒼龍、朱雀、白虎、玄武四宮之天象。另外，在《周易》筮法中，還有所謂「分而爲二以象兩」之「二」爲天地和陰陽，「揲之以四以象四時」之「四」爲四時和四象，如此等等，皆是以《易》數表天文歷象，《易·繫辭上》：「參伍以變，錯綜其數。通其變，遂成天地之文；極其數，遂定下之象。」所以，《易》當是一本古天文歷書，《易·繫辭上》云：「大衍之數五十，其用四十有九，分而爲二，以象兩，掛一以象三，揲之以四以象四時，歸奇於扐以象閏，五歲再閏，故再扐而後掛。《乾》之策，

〔註100〕徐錫臺，《周原甲骨文綜述》，（西安：三秦出版社，1987.9），頁144。

〔註101〕中國科學院考古研究所編，《灃西發掘報告》（北京：文物出版社，1963.3），
　　　　頁111。

二百一十有六；《坤》之策，百四十有四；凡三百有六十，當期之日。」

　　劉歆秉承《易傳》思想，運用其中的神秘數字，推演出《三統曆》中的各種重要天文資料。其中提到「參伍以變」作爲他創建《三統曆》的理論依據和指導思想。在《漢書・律曆志》中有云：

> 《易》曰：「參伍以變，錯綜其數。通其變，遂成天下之文；極其數，遂定天下之象。」太極運三辰五星於上，而元氣轉三統五行於下。其於人，皇極統三德五事。故三辰之合於三統也，日合於天統，月合於地統，鬥斗合於人統。五星之合於五行，水合於辰星，火合於熒惑，金合于太白，木合於歲星，土合於鎮星。三辰五星而相經緯也。

顯然，劉歆同樣把「參伍」解釋爲三辰和五星，把它的變化稱爲「天下之至變」。「參伍」即三辰（日、月和二十八宿）和五星（水、火、木、金、土五大行星），「錯綜其數」就是通過置閏彌合日月運行之差以制定曆法。《春秋緯說題辭》說：「《易》者，氣之節，含五精，宣律曆。上經象天，下經計曆。」《易》與天文曆法關係密切，由此再證。

　　《易》不僅是儒家的六藝，它的象數內容更彰顯數術特徵，蘊藏著陰陽五行、天文曆法的知識思想。由於有「伏羲觀天法地而作八卦」的歷史淵源，歷代通天道者無不精通《周易》，在史書的天文曆志篇中，都以《周易》的思想作爲天文曆法的基本原則去解釋天文現象和創建曆法。反之，也用天文曆法觀點來解《易》，例如司馬遷則有古天文和《周易》兩者的家學淵源；劉歆對儒學《周易》有很深的造詣，故兼通天文曆法；京房、鄭玄等人利用《周易》「象」與「數」作步算，或預測事物吉凶，對天文學也非常精通；後漢的張衡也有重要貢獻。兩漢時期的歷史和文化背景，保持了古代天文曆法和《周易》之間的緊密結合和固有聯繫，李零說：「『數術』一詞大概與『象數』的概念有關。『象』是形於外者，指表象或象徵；『數』是涵於內者，指數理關係和邏輯關係。它既包括研究實際天象曆數的天文曆算之學，也包括用各種神祕方法因象求義、見數推理的占卜之術。」〔註102〕在數術的範疇中，象數《易》學可別出陰陽五行、天文曆律而專論。

　　《說文・敘》一開始引用《易・繫辭下》「古者庖犧氏」章的句子，「一」作爲字例與部首之首，其「惟初太極，道立於一，肇分天地，化成萬物」的釋義，與「始一終亥」的部首次第，都和《易》理結下了不解之緣。文字的

〔註102〕李零，《中國方術考》（修訂本）（北京：東方出版社，2001.8），頁35。

取象道理取經於八卦的取象，探討《說文》文字與「象」之間的關聯，可借鑑象數《易》在「象」理上的啓發。因此，《說文·敘》中有關「文」、「字」、「六書」的定義，可進一步深入從《易》象的哲學角度來重新審視。至於，《說文》發揮《易》的精華論說，如卦氣說反映在二十二個干支字；《說文》的字例安排、六書、文字取象找到三才說的端倪。另外，「始一終亥」部首的原始構想源自於《易緯》，《說文》釋「易」引祕書「日月爲易，象会易」之說則來自納甲說。這些簡短的神祕術語是《說文》象數《易》的壓縮檔，要理解其中的蹊蹺與眞諦，必須透過深入的探究，才能解壓縮釋放其豐富的訊息。這不僅是屬於《說文》象數《易》的思想資產，也是漢代象數《易》的補白註腳。《說文》發揮象數《易》的「數」理部分，則從《說文》的卷數、部首數、總字數，「一」至「十」與「物」的釋義，去解析其中神秘的筮數意義。

二、《說文》陰陽五行類目

　　若以相對性質比較區分《漢書·藝文志》六略的不同，前三略是文化類型的書，其中「六藝」、「諸子」二略有不少書都有陰陽五行思想，但最集中的還是「諸子略」的陰陽家；後三略「兵書略」、「數術略」、「方技略」是技術類的書，同樣地也有不少藉著陰陽五行講技術，但最重要的則是「數術略」。根據梁啓超的統計，光「諸子略」陰陽家、「兵書略」兵陰陽、「數術略」五行類三類書就佔了差不多四分之一到三分之一；〔註103〕而「數術略」天文、曆譜、五行、蓍龜、雜占、形法六類也幾乎都和陰陽五行有關。由此可見陰陽五行幾乎是數術思想的通用語言。

　　呂思勉〈辨梁任公陰陽五行說之來源〉云：「蓋古者陰陽數術之學與天文數學關係極深。」又云：「《漢志》『數術略』諸家，蓋與「諸子略」之陰陽家本無區別。所以析爲二略者，以校書者之異其人，抑言數術者在『數術略』，據數術以言哲理者在『諸子略』也。」〔註104〕陰陽數術之學有思想哲理部份，也有天文曆譜的觀測推度之象數，陰陽五行觀念源於歷家的天文知識，所以《漢書·藝文志》云：「陰陽家者流，蓋出於羲和之官。敬順昊天，歷象日月

〔註103〕梁啓超，〈陰陽五行說的來歷〉顧頡剛編著《古史辨》第五冊（上海：上海書店，1992.12），頁354-360。
〔註104〕見《古史辨》第五冊（顧頡剛編著，上海書店據樸社1935年版影印，1992），頁377。

星辰，敬授民時，此其所長也。及拘者爲之，則牽於禁忌，泥於小數，捨人事而任鬼神。」義和之官執掌天文曆法和機祥，就是古代的曆家，他要懂得天文曆數，記錄天象變化帶給人間的吉凶禍福。「諸子略」陰陽家雖以「陰陽」爲名，但也同時說五行，如《騶子》、《騶子終始》的內容，揆之今文獻所存的線索，既說陰陽，又說五行；「數術略」五行類雖以「五行」爲名，然也照講陰陽，在該類三十一種著錄中，以「陰陽」爲名的就有六種。而且按照兩類小序述其學術淵源，皆出自義和之官，差別只在於：陰陽家的著錄多有「作者」題名，而五行類的書多半沒有「作者」題名；〔註105〕前者偏哲理，後者偏技術。易言之，陰陽家是以數術爲基礎而發展起來的一種思想流派，數術是一種陰陽五行之術。因此，數術不乏陰陽五行思想，是當之無疑的。

　　陰陽五行是古人很早附會出來的自然律，鄒衍將之系統化與確立。歷經秦漢以下，被廣泛地應用在天文、人事，生理結構、精神狀態等各方面解釋，說明這種觀念已潛移默化深植人心，說是不自覺、無意識，卻又支配著人們去觀察世界、思索人生、採取行動，隱隱構成人們的宇宙觀、人生觀、社會觀、道德觀。即使政治上的改朝換代，一切施爲，多少都會與這規律搭上關係。進一步把陰陽、五行、天文、律曆、風習及政治理想組成一個完整系統的，是《呂氏春秋》的「十二紀」。早期儒學中的宇宙論並不發達，而《呂氏春秋》的出現，意謂儒生的陰陽五行思想已成熟發酵，爲傳統道德學說與禮樂制度建立一套自然法則依據。到了董仲舒，對這套自然歷史的宇宙法則，作了更充分的論述，體現宇宙與社會、人類同源共構互感的天人之學。

　　「氣」是陰陽五行相動變化的內核，《莊子・則陽》：「天地者形之大者也，陰陽者氣之人者也。」《白虎通・五行》：「五行者，何謂也？謂金木水火土也。言行者，欲言爲天行氣之義也。」《說文》有很多以陰陽精氣釋義的字例，屬於天地陰陽之氣的實體如，日、月、星辰、虹霓、山川雲氣。雷、電是因自然界陰陽二氣薄動相激而產生，霧、霿則是陰陽二氣上下不應而生的現象。據《說文》所云，人是「天地之性取貴者也」，屬於性命陰陽二氣，首以性、情二字作分別，性爲陽善，情爲陰欲；而人在成長的過程中，「齔」的毀齒代表陰陽之道的成熟；至於人死後的魂魄，也有陰陽之氣的不同。《說文》提到生物的陰陽之氣，有水物如珠、蜃、蛤，有植物如麥、黍。還有吸收陰陽之

〔註105〕陰陽家二十一種著錄中，只有一種不知作者。五行類三十一種著錄中，只有
　　　　七種題寫作者。

氣的器物如鑑方諸陽燧。《說文》五行系統字例，包括五行、五方、五嶽、五時、五味、五音、五色，集合這些相關字例，可以明白許慎安插在其中五行之理。陰陽五行重機祥災異，說的就是天人感應，有所謂「類固相召，氣同則合，聲比則應」〔註106〕的瑞應災驗。《說文》的祥瑞之物有瑞玉、神鳥瑞獸、瑞草嘉穀，也有天象地氣、鳥啼蟲害的災異之徵，還有厭劾妖祥的祈禳。

　　另外，《說文》干支字的卦氣說就是以陰陽變化之氣呈顯，是表現《說文》陰陽氣說的一組字群。讖緯是陰陽五行的大宗園地，它往往透過神學方式來宣說這樣的旨趣，故本研究在陰陽五行專章中，另闢專節討論《說文》的讖緯神學，歸納整合有感生神話、創制神話、太陽神話、四靈神話四類。其中感生神話出自於「姓」的釋義；創制神話有來自《說文‧敘》提到的庖羲、倉頡，與「琴」字提到的神農，「媧」、「簧」提到的女媧，和「琯」字的西王母。由於衪們皆是人類文明創制的聖人或神人，故立此類目以記之。太陽神話來自五方字「東」與杳、杲、榑、叒的系聯，配合出土文物的印證；四靈神話是從神鳥瑞獸的部分字例再延伸別論。

三、《說文》天文律曆類目

　　根據《史記‧太史公自序》引〈論六家要旨〉、《漢書‧藝文志》的敘述都說明，陰陽五行家掌握天文曆法知識。所謂的天文，《史記‧天官書》云：「仰則觀象于天，俯則法類于地。天則有日月，地則有陰陽。天有五星，地有五行。天則有列宿，地則有州域。三光者，陰陽之精，氣本在地，而聖人統理之。」日月星三光是陰陽之精；在天文為日月，在地為陰陽；天上的水、火、木、金、土五星，就是「法類」於地上的五行而得名。水、火、木、金、土是數術中的「五行」，也是數術中的「天文」。由此說明：數術的「五行」是與「天文」聯繫在一起的。《漢書‧藝文志》云：「天文者，序二十八宿，步五星日月」，是天文學，「以紀吉凶之象」，是占星術，天文學和占星術在古代是混在一起的。又《史記‧天官書》曰：「為天數者，必通三五，終始古今，深觀時變，察其精粗，則天官備矣。」「為天數」是指制定曆法，制曆法必懂得觀象推步，故知陰陽五行不能缺天文、曆法。《漢書‧藝文志》的「曆譜」包括曆法、曆史年代學、算學等科學，但也有不少講「凶阨之患，吉隆之喜」

的占術。《漢書》有〈天文志〉、〈律曆志〉、〈五行志〉，但〈藝文志〉卻又將天文、曆譜、五行歸為「數術略」，實有其理，蓋強調斯三者，是數術這學門學最重要、基本的知識。

　　天文曆象中的日月五星、二十八宿、十二辰、八風的運行動能都是以陰陽運氣來說明，陰陽之氣可以測律，《史記·律書》云：「七政二十八舍，律曆，天所以通五行八正之氣，天所以成熟萬物也。」《漢書·律曆志上》亦云：「太極元氣，函三為一。極，中也；元，始也，行於十二辰。……此陰陽合德，氣鐘於子，化生萬物者也。」由陰陽之氣測得的「律」又可以定「度」，《國語·周語下》：「王將鑄無射，問律於伶州鳩，對曰：『律所以立均出度也。』」《漢書·律曆志》保存劉歆《鐘律書》也介紹了度量權衡與律呂的關係。所以，天文曆律思想可從陰陽五行思想裡另外別分出來，作為數術思想更詳細的闡述內容。

　　《說文》的天文律曆字例，有日、月、曡、曟、昴、曑、曐等字說自然天象；歲、曶二字說木星與十二次的運行；晦、冥、朔、朏、霸、朓、朒、朢是一系列與月行速度、月相變化相關的字例；《說文·敘》末年月題記有太歲紀年、四分曆與三統曆的線索，其中太歲紀年又可呼應前面的歲、曶二字；太初曆的訊息則是含藏在「物」的釋義中；置閏可由「閏」字推知，《說文》的曆法資訊於焉可得。時令方面，可從《說文》季節風向和歲時祭祀的字例，如禘、祫、臘、膢等字，知道時令訊息；物候方面，則從植物生長與禽鳥感知來說明。其他還有古代的時段區分說。

　　再來就談到《說文》的律度說。由於十二律呂，都是二字組成的專門詞彙，在《說文》單字式的條例中沒有記錄這方面的訊息，本研究不會硬湊如「黃」、「鐘」二字為「黃鐘」十二律呂的詞彙。故本研究改以音樂相關諸字如音、韶、章、竟、樂、殷，與樂器諸字如龠、竽、笙、簧、簫、管、鼓、鐘、琴、瑟，來闡述《說文》的音律思想。至於，《說文》的律度量衡部分，除了分審度（長度）、嘉量（容量）、權衡（重量）單位來解說，同時也有算籌、圭璧、圓規、方矩、平準等字例的附帶說明。

四、《說文》方技類目

　　數術思想中的醫學、養生、修煉等知識學理與方法，則非方技莫屬，《黃帝內經·素問·上古天真論》：「上古之人，其知道者，法於陰陽，和於術數。」

方技同數術一樣，法於陰陽五行。所以，數術可別出方技知識方法而論。

　　本研究鑒於《漢書・藝文志》「方技略」的分類爭議不大，故擬以爲《說文》方技專章的類目。醫經類部分先解說人體的五臟六腑，再仿今日醫學分科談症狀，還有古代的各種治療方法，包括祝禣、砭石、鍼灸、酒劑療法。經方部分談《說文》有藥效釋義的植物或礦物，如薑、蘘、蒎、薏、蘭、蔆、薘、薏、菖、芙、艾、芸、苄、茎、茆、芫、桂、桔、礜諸字。房中部分主要談與「包」同有懷妊義，如妊、娠、嬭、孕諸字。神僊類先談神僊眞人，諸如神、祇、靈、僊、仚、眞、嬋等；再說服餌如玉、芝。

　　漢代學術基本性格是屬於大雜拌系統，此番共時學術特色的匯集，來自於先秦百家的歷時積澱。許慎以字書的方式，將此共時、歷時兩學術軸心交會出的豐富內涵，佈線在《說文》每個字例的形音義說解。如果我們以今日眼光觀其共時特質，則易以今非古，視古爲穿鑿附會；假使我們又以單一視點鎖定其歷時變易，則會以定斷變，彼此相左出入。《說文》的產生非出於純粹的文字學動機，所以諸多文字學上無法理解的部分，就是忽略歷時與共時這兩個學術軸心的存在，它們是《說文》不可理解部分的重要「秩序」。將意識形態或經驗知識建構於某種秩序、框架或模式之中，正是《說文》不可漠視的數術特徵。本文特立專章檢索歸納相關的字例，重新檢視，藉由許慎爲我們準備好的一把把鑰匙，打開遭人遺漏與誤解的塵封之謎，還原許慎撰書的思維操作，回歸當代的思想「秩序」。

從上文《漢書・藝文志》、《後漢書・方術列傳》的數術分類與漢代數術概說的參驗，將《說文》數術思想解析成《易》學、陰陽五行、天文律曆、方技四方面，其實就意謂著與秦漢的學術思想背景作連結，同時，也是在規範本研究的論域範疇，而這類目雖參考《漢書・藝文志》「數術」名稱，但實質上是屬於廣義的數術。易言之，本研究除了必須奠基在秦漢時代的思想之外，《說文》內部的數術思想將從《易》學、陰陽五行、天文律曆、方技四方面作發揮。以此四類目作爲《說文》數術思想的指導綱領，以便有利於本論文的章節安排與相關字例的舉證。說得更明白，就是從《說文》中抽絲剝繭出這四方面的線索，一來印證串連當時的思想背景，二來將《說文》的數術思想化零爲整地系統化的呈顯出來。其中，《易》學是《說文》開宗明義的最高指導準則，故緊接著第二章之後，放在第三章論述，作爲《說文》數術主論首先登場的重頭戲。陰陽五行則是《說文》居次的思想理路，本研究安排在第四

章討論。《易》與陰陽五行是天文曆律、方技的理論根基，天文曆律、方技是《易》與陰陽五行的應用學域。所以，本研究第三、四章爲《說文》形而上理論，第五、六章是形而下科學、科技、醫術部分，第五章著重在天文、曆法、音律、度量衡，第六章偏重在醫理、醫技、藥理、養身、服食、修眞。《說文》的數術主論在這四大章有系統的串聯闡述下，漢代的數術思想可以透過《說文》來發聲，並且也爲《說文》的研究搭了一座新橋樑。

第三章 《說文解字》《易》學思想

　　先秦百家思想匯流到漢代之後，形成陰陽五行為主體的天人之學龐大系統，一方面標示儒學吸收自然歷史的宇宙法則後的新風貌；一方面也強化了先秦數術思想兩股力量的交融整合——一個向廣泛的基盤思想開放，一個向精英的經典系統學習。緯書就是在這兩股勢力錯綜複雜的激盪下的產物。因此，漢代的學術氛圍，基本上是自由開放的博大學風，吸收陰陽數術思想的儒學或經學，反而形成漢代觀念系統的最大特色。

　　《漢書‧藝文志》從「數術略」「方技略」書目所體現的知識範疇，似乎在說明精英和經典的思想與普遍的社會生活之間，還有這樣的一般知識、思想與信仰的世界。其他諸如「六藝略」、「諸子略」等所列家數或書名，亦不乏陰陽數術。「六藝略」《易》類的部份有：《古五子》十八篇、《孟氏京房》十一篇、《災異孟氏京房》六十六篇、《京氏段嘉》十二篇等，皆象數《易》。《書》類的《劉向五行傳記》十一卷、《許商五行傳記》十一卷；《詩》類《齊后氏傳》三十九卷、《齊孫氏傳》二十八卷；《禮》類的《明堂陰陽》三十三卷，《明堂陰陽說》五篇；外加「諸子略」儒家的董仲舒百二十三篇等等，在在說明：混融雜陳陰陽數術的儒家思想，不僅是漢代學術的核心思想，而且構成龐大的觀念系統。「諸子略」陰陽家小序：「陰陽家者流，蓋出於羲和之官，敬順昊天，歷象日月星辰，敬授民時，此其所長也。及拘者為之，則牽於禁忌而泥於小數，舍人事而任鬼神。」從《漢書‧藝文志》「諸子略」小序與所列之書來看，〔註1〕陰陽家與數術同出於羲和之官，前者重理，後者重數

_____

〔註1〕《宋司星子韋》、《公檮生終始》、《公孫發》、《鄒子》、《鄒子終始》、《乘丘子》、《杜文公》、《黃帝泰素》、《南公》、《容成子》、《張蒼》、《鄒奭子》、《閭丘子》、

或術。前者大都標明作者，具備子書性質；後者雖有其書而無作者姓名。因此，以上所提及的《漢書・藝文志》各略類雖不相同，不過卻都涵攝了陰陽數術思想，正意謂著這樣特殊的思想，其實是充盈在各種知識領域，成為當時的普傳思想，進而造就漢代思潮的獨特性。

　　戰國以降，各種文化傳統日益互相吸收、融合的趨勢，也是許慎《說文》著作的思想趨勢。《說文》作為漢代學術著作之一，不可能完全拒斥這種思想觀念的浸濡，包括它所收集的文字，所使用的釋義方式或觀念，都在反映著此龐大觀念系統的輪廓與思路對《說文》所起的作用。所以，《說文》的內容不可能只有單一的字學傳統。《漢書・藝文志》所提供的數術知識類別，固然方便本研究作為基本的參考值。但是，數術本身就是博雜的門類，而《說文》的相關線索又作零星的分布，要以這麼大的門類協助我們從《說文》理出頭緒，再作分類，其實是存在著一定的難度。因此，若要本研究完全依照《漢書・藝文志》的數術分類執行，就必須有所取捨，與其執守於類目如何如何，不如反思這些類目的思想底蘊，如此一來，既不違背《漢書・藝文志》的數術分類，也可使《說文》在作數術思想的闡述與發揮時，多一點靈活轉圜的空間。本文在第二章作數術釋名提到太極、陰陽三才、八卦、河圖、洛書、干支等為數術的重要原理內容，它們是以數字與符號的奇偶和不同排列組合說明宇宙的本源，描繪自然界的圖式，闡明事物的屬性及其規律，與漢代象數《易》關係密切。這些思想元素，不僅是漢代陰陽五行天人之學的內涵，也可作為本章《說文》《易》學思想的闡述重點。八卦之理見於《說文・敘》與《說文》字例；太極見之於《說文》的「一」；《說文》的干支字例從陰陽消長中呈顯卦氣思想；早期河圖、洛書的圖式則隱藏在《說文》五、十兩數的說解中。茲詳述《說文》之《易》思想如下。

第一節　《說文・敘》《易》學義蘊

　　易，古文字作逿，卜辭中的「易日」、「不易日」，是指某日陰天或不陰天，介於「雨」和「啟」之間的天氣現象。〔註2〕不過，《說文》云：「易，蜥易、

《馮促》、《將鉅子》、《五曹官制》、《周伯》、《衛侯官》、《于長天下忠臣》、《公孫渾邪》、《雜陰陽》。
〔註2〕郭沫若，《殷絜餘論》〈易日解〉（《郭沫若全集・考古編》第一卷，北京：科學出版社，2002.10），頁386-392；陳夢家，《殷虛卜辭綜述》（北京：中華書

蝘蜓、守宮也。象形。祕書說曰:『日月爲易,象曑易也。』一曰从勿。」「易」
不但是蜥蜴的本字,許愼還引用緯書「日月爲易,象曑易」的說法。漢代緯
書認爲「易」由日月構成,象徵陰陽,《易‧繫辭上》:「是故法象莫大乎天地,……
懸象著明莫大乎日月。」乾爲天,坤爲地,乾象日,坤象月,舉日月以涵蓋
《易》。而《說文》「易」的第三說「一曰从勿」,是指旗幟施之建中,其功能
與圭表測日影相同。《說文》對一個「易」字有三種解說,不管這是出於許愼
個人之見或漢代人前有所承的共同集體記憶,《說文》都將之一併列入《說文》
保留之。《說文》「易」字是瞭解漢代象數《易》的啓門之鑰,本章第三節「《說
文》象數思想」會詳細說解。

　　《說文‧敘》是《說文》的入門要津,其中闡述了許愼的文字學史觀、
六書理論、學術氛圍、編撰體例、述作理念。以往的研究主要偏重在許愼對
於「文」、「字」、「六書」的定義,和立部首原則等方面,藉此檢視整部《說
文》字例的相關問題,屬於《說文》的「形義學」研究。本章則改從「數術
學」的角度,重新探討《說文‧敘》的字學內涵,一者鉤稽許愼的字學思想
淵源,再者建構《說文》的數術思維模式。不管是思想淵源或思維模式,大
多富含《易》理在其中,蓋《易》學亦是漢代數術的重要環節,故《說文》
數術思想先以《易》學開宗明義。

一、「文」與「字」思想意涵

　　《說文‧敘》:「倉頡之初作書,蓋依類象形,故謂之文,其後形聲相益,
即謂之字。文者,物象之本,〔註3〕字者,言孳乳而寖多也。箸於竹帛謂之書,
書者,如也。」《說文》:「書,箸也。」「書」偏重文字的書寫(箸)和書寫材
質(竹帛)。許愼未進一步解說「如也」的意思,段注云:「謂每一字皆如其物
狀。」意指狀物之形的文字如其物狀。段玉裁的解釋僅就表象言之,未掌握到
許愼的時代思想脈動。「書者,如也」語出漢代緯書,《孝經援神契》云:「題於
竹帛謂之書,書者,如也,舒也,紀也。」《玉篇》:「世謂倉頡作書……書者,
箸也。……所以明於萬事,紀往知來也。書之言如也。」書之所以能夠「明於

　　　　局,2004.4),頁 244;姚孝遂、蕭丁合著,《小屯南地甲骨考釋》(北京:中
　　　　華書局,1985.8),頁 147-149。

〔註 3〕段注本依《左傳‧宣公十五年》疏「文,反正爲乏」補之,王筠《說文解字
　　　　句讀》依《書》疏引補,其餘各本無「文者物象之本」六字。

萬事，紀往知來」的更高一層指導原則，《尚書璇璣鈐》有言：「書者，如天行也。」「書者，如也。書務以天言之，因而謂之書。」「書」是上天意志的象徵，「如天行」才是「如」的眞諦所在。換言之，文字的創制源於上天的靈召，人間聖賢創制文字，一方面受命於上天意志，是天旨的代言人，《春秋說題詞》云：「所推期運，明受命之際，書之言信而明。」在漢代天人感應的思想基調下，文字的記載之功有「明於萬事，紀往知來」積極意義。或許有人會質疑緯書的說法，不等於許愼引述的用意。不過，我們不能以今日眼光，否定許愼有此微言大義的可能。許愼的字學理論，由經學出發，從經學中體究上天的意志，進而以之作爲人事的指導，就是漢人所謂的「究天人之際」。

　　《說文》對「文」與「字」最簡單的區別：「文」是「依類象形」的獨體，「字」是「形聲相益」的合體。「文」複製了物象，故爲「物象之本」；「字」是從「文」相合孳生，故「孳乳而浸多」，段注：「其後文與文相合而爲形聲爲會意之字。……文者，自其有形言之。字者，自其滋生言之。」桂馥《說文義證》：「字者，孳也，言文之所生也。」〔註4〕從文到字、獨體到合體的形成，具有相合與孳生的意義，戴侗〈六書通釋〉：「凡書獨立爲文，胖合爲字，文猶八卦也，文立而字孳，因而重之，猶八卦之爲六十有四也。」〔註5〕段玉裁《說文・敘》注亦云：「如《易》本祇八卦，卦與卦相重而得六十四卦。」文字孳乳同理於《易》重卦，文爲獨體猶八卦，字爲合體猶重卦。段氏這樣的類比，無疑也道出漢字生生不息的《易》學之道。

　　文，《說文》云：「錯畫也，象交文。」甲文作夵、夵、夵，金文作夵、夵、夵諸形，象胸部有刻畫之紋飾，紋身之紋的本字。相形比較之下，許愼的「錯畫」義，似乎有些抽象、空洞。考諸《左傳・昭公二十八年》：「經緯天地曰文。」《易・繫辭上》：「通其變，遂成天地之文」〈繫辭下〉：「物相雜故曰文。」《說文》的「錯畫」意謂天地間交錯之道，徐鍇《說文繫傳・通論》：「古者聖人仰觀象於天，俯取法於坤，故仰晞於天，三光下臨，俯察於地，山谷相交，陰陽相午，中則於人，強弱相成，剛柔相形，故於文，人乂爲文，故曰經緯天地謂之文。」〔註6〕錯畫相交象徵山谷相交、陰陽相午、強弱相成、剛柔相形，表

〔註 4〕楊家駱主編，《說文解字詁林正補合編》第十一冊，頁 11-959。

〔註 5〕戴侗，〈六書通釋〉，見戴氏《六書故》（任繼愈，傅璇琮總主編，《文津閣四庫全書》第七七冊〈經部・小學類〉，北京：商務印書館，2005），頁 608。

〔註 6〕徐鍇，《說文繫傳・通論》卷上第三十三（北京：中華書局，1998.12），頁 306。

示要有相對二物方成文，所以《朱子語類》云：「兩物相對待在這裏，故有文；若相離去不相干，便不成文矣。」〔註7〕許慎「錯畫」之義深得《易》理。

　　字，《說文》：「乳也，从子在宀下，子亦聲。」「乳，人及鳥生子曰乳，獸曰產，从孚乙。乙者，乙鳥，〈明堂〉〈月令〉乙鳥至之日，祠于高禖目請子，故乳从乙。請子畢以乙至之日者，乙春分來秋分去，開生之俟鳥，帝少昊司分之官也。」許慎用生子觀念談「字」，意謂「字」是由「文」生育而來，「文」是「字」的母體，「字」是「文」和「文」結合孕育的新生命。如果視《說文》全書爲一個總體生命，「文字」是《說文》總體生命的基因細胞，又是構成《說文》總體生命生成的過程，也是《說文》總體生命的總體現，深寓著完整的生命哲學。

　　「文」是物象之本，「字」因於「文」而合，但文字的構形結體也不能相合增益無止，王筠《說文解字句讀》：「物象之本者，物有本然之象，文如之也。字皆合體，合二者其常也，從而益之，至合七而止，則其變也。」〔註8〕二體合形的字是常例，字要合體至多到七爲止，如「雷」的籀文作「䨻」，合七體以成字。爲何要「合七而止」，試看許慎釋數字一至九，可得答案。《說文》釋數字一至九分別如下：

　　一惟初大極，道立於一，造分天地，化成萬物。弌古文一。（一篇上　一）
　　二地之數也，从耦一。弍古文二。（十三篇下　十四）
　　三數名，天地人之道也，於文一耦二爲三，成數也。弎古文三。（一篇上　十七）

　　四陰數也，象四分之形。𦉮古文四如此。三籀文四。（十四篇下　十四）
　　Ⅹ五行也。从二，会易在天地閒交午也。乄古文五如此。（十四篇下　十五）
　　𦐇易之數，陰變於六，正於八，从入从八。（十四篇下　十六）
　　ㄓ陽之正也，从一，微会从中衺出也。（十四篇下　十六）
　　八別也，象分別相背之形。（二篇上　一）
　　九易之變也，象其屈曲究盡之形。（十四篇下　十六）
　　許慎以天地陰陽（奇耦）五行的觀點解釋數字，惟獨「八」訓「別」不

〔註7〕黎靖德編，《朱子語類》76卷《易》十二〈繫辭下〉（臺北：華世出版社，1987.1），頁1958。
〔註8〕王筠，《說文解字句讀》卷二十九，（臺北：廣文書局有限公司，民國61.11（1972.11）），頁2209。

言數理，其用意有二：（一）「以八建首，从八之字皆取別義，不取數義，故略之也。」〔註9〕（二）「陰耦可分，至八而箸以陰之盛也，故象分別相背之形，不言陰之正者，以六七九下已詳，可隅反也。」〔註10〕「文」爲物象，「字」合「文」而滋生，「字」合「文」有一定的數目，《左傳‧僖公十五年》有云：「物生而後有象，象而後有滋，滋而後有數。」王筠說「合七而止」，「字」合「文」到七體爲止，不能再越過「八」這個分別的界線，如「雷」的籀文作「䨓」，其繁複的字形即是合七體以成字。

許愼寓寄「文字」生成的生命哲學，宋代學者以「子母」觀詮釋得更鞭辟入理，王安石《字說》〈序〉：「文者，奇偶剛柔，雜以相承，如天地之文，故謂之文。字者，始於一，一而生二，至於無窮，如母之字子，故謂之字。」〔註11〕鄭樵《六書略》〈論子母〉提到其〈象類書〉總三百三十母，爲形之主；八百七十子爲聲之主，合千二百文而成無窮之字。〔註12〕在〈六書序〉中鄭氏又說：「小學之義，第一當識子母之相生」，並爲文字譜寫複雜的血緣系統：如「二母爲會意」、「一子一母爲諧聲」，以「十形猶子姓」比方象形十種，「六象猶適庶」比如象形六類，「兼聲意猶姻婭」比如形兼聲、形兼意等等。〔註13〕

許愼六書前四書的次第「指事、象形、形聲、會意」，是以「文」、「字」作爲分野，指事、象形爲文，獨體；形聲、會意爲字，合體。「文」「字」在《說文》中擔綱系統組成的分子，也體現文字生成的總體。將「指事」置於六書之首，不單指制字始於一畫，更代表天地萬物的源頭，所謂「惟初太極，道立於一，造分天地，化成萬物」的哲理。許愼將文字所法之「象」的形上哲學先說在前，也就是以指事「一」作爲所有文字之「象」的哲學先導，故先指事後象形。《說文》搜羅文字的範疇，天地萬物萬事莫不畢載，「一」爲這部文字總體生命的開端，也是化育無窮的總體象徵。依許愼「會意」：「比類合誼，以見指撝」的合字功能，居於四書之末，其「比類合誼」可從「會意」一書獨享的個別意義，擴展到會合「指事」、「象形」、「形聲」、「會意」

〔註9〕 何秋濤，〈明數篇〉，收錄於楊家駱主編《說文解字詁林正補合編》第一冊前編下〈說文雜論〉，頁1-1269。

〔註10〕 同註9。

〔註11〕 張宗祥輯錄、曹錦炎點校，《王安石《字說》輯》附錄〈熙寧《字說》序〉（福州：福建人民出版社，2005.1），頁163。

〔註12〕 鄭樵，《通志》卷三十五〈六書五〉（臺北：新興書局，民國48年（1959）），頁509。

〔註13〕 同註12，卷三十一〈六書一〉，頁487-488。

四書的擴大意義。「會意」不僅是自身會合文與字以成新字，同時位於六書前四後二的體用分界點上，彷若是前四書文字構形的一種大會合。蓋文字中的形符與聲符至此都已具足出現過，新字的產生就是藉著會合這些元素而成之，除此之外，還須藉助轉注、假借二法，更靈活輔助產生新字。《老子》第四十二章曰：「道生一，一生二，三生萬物。」「一」是文字生命的總起源，「二」是獨體之「文」與合體之「字」，也是文字不脫扮演的「形符」與「聲符」兩種角色，「三」是會合這些文字孕生跡象的新生，之後要衍生更多的文字生命，猶道化生萬物，就須藉由「轉注」、「假借」來繼承這樣的任務和功能。《說文》正文終於「亥」，「亥而生子，復從一起」，即使有六書分析結構的文字，最終的回歸，還是在呈顯一個「復歸於一」的文字總體生命。所以，「始一終亥」代表了《說文》的起始與終點，〔註14〕六書則是文字孕生的過程軌跡，合而論之，正反映了一種循環意識。茲援圖以示：

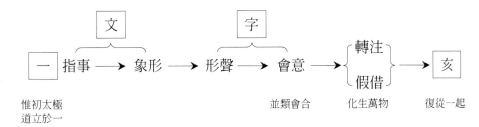

從「文」的錯畫到「字」的孳乳，《說文》文字的衍生不單是字體或數量的增益，而且是總攬天地萬物的生命有機體，肇端於奇偶相生，成之於化育無窮，許慎仍以《易》學作為最高的指導原則。

二、卦象卦義之比附

《說文・敘》云：「蓋依類象形，故謂之文」，「文者，物象之本。」又「文」字下云：「文，錯畫也，象交文。」「文」既然是一種錯畫，錯畫又是反映象的線條筆畫，象則是錯畫的形象根據，高誘注《淮南子・天文》：「文者，象也，天先垂文象，日月五星及慧孛，皆謂以譴告一人，故曰天文。」《易・繫辭上》：「仰以觀於天文」、「遂成天地之文」，《易・繫辭下》：「觀鳥獸之文」，觀象而繫辭，象繫於卦，由卦象而生事象。文字本是用來描繪或表述認知的

〔註14〕請詳見本章第三節〈《說文》象數思想〉之一〈「始一終亥」部首論〉，頁149-156。

對象，文字與象之間有相互依存的關係，《說文》作爲一本字書，說文解字不能沒有象，其中《易》卦之象雖簡要抽象，但傳達的意義卻是非常豐富，深爲漢代學者所重視。所以，象也是《說文》不可忽略的重要主題之一，藉由此主題的探討，不僅可認識卦象與文字的深厚淵源，同時也是理解《說文》《易》學思想不可忽略的契入點。

（一）卦象與文字之構思聯系

關於庖犧 [註15] 畫卦的傳說，《說文・敘》云：「古者庖犧氏之王天下也，仰則觀象於天，俯則觀法於地，視鳥獸之文與地之宜，近取諸身，遠取諸物，於是始作易八卦，以垂憲象。」《說文・敘》一開始的庖犧畫卦之說，引述自《易・繫辭下》，是要用來說明象與畫卦的關係密不可分，《易・繫辭上》：「聖人設卦觀象繫辭焉。」《易・繫辭下》：「八卦以象告，爻象以情言。」庖義畫卦之事除了在《易・繫辭下》有原文可見，其他古籍也多常見，但行文略有出入：

《易・繫辭下》：

> 古者包犧氏之王天下也，仰則觀象於天，俯則觀法於地，視鳥獸之文與地之宜，近取諸身，遠取諸物，於是始作易八卦，以通神明之德，以類萬物之情。

《禮緯・含文嘉》：

> 伏犧德洽上下，天應之以鳥獸文章，地應之以河圖洛書，乃則象而作易卦。

《春秋內事》：

〔註15〕庖犧在古籍中又寫作包犧、宓犧、慮犧、伏犧，庖犧，異稱除了有輕重唇聲韻之別，古籍對這些異稱另有不同的説法。晉・皇甫謐《帝王世紀》：「太昊帝庖犧氏，風姓也。……取犧牲以充庖廚，以食天下，故號曰庖犧氏，是爲犧皇，後世音謬，故或謂之伏犧，或謂之慮犧。」（《叢書集成初編》，北京：中華書局，1985）。《顏氏家訓・書證篇》：「張揖云：宓，今伏羲氏也。孟康《漢書古文注》亦云：宓，今伏。而皇甫謐云：伏犧，或謂之宓義。孔子弟子慮子賤，即慮犧之後，俗字亦爲宓。按諸經史緯候，遂無宓義之號。慮字從虍，宓字從宀，下俱爲必，末世傳寫，遂誤以慮爲宓，而《帝王世紀》因誤更立名耳。何以驗之？孔子弟子慮子賤爲單父宰，即慮義之後，俗字亦爲宓，或復加山。今兗州永昌郡城，舊單父地也，東門有子賤碑，漢世所立，乃云：濟南伏生，即子賤之後，是知慮之與伏，古來通字，誤以爲宓。」（《百子全書》24，臺北：黎明文化事業公司，民國85（1996）.12，頁7202）。《禮緯・含文嘉》：「伏義始別八卦以變化天下，天下法則咸伏貢獻，故曰伏犧也。」《古微書》卷十七，《緯書集成》（上海：上海古籍出版社，1994.6），頁249。

> 伏羲氏以木德王，天下之人未有室宅，未有水火之和，于是乃仰觀
> 天文，俯察地理，始畫八卦，定天地之位，分陰陽之數，推列三光，
> 建分八節以之應氣，凡二十四消息禍福以制吉凶。

經過比對，《説文・敍》與《易・繫辭下》的文字敍述最爲接近。《禮緯・含文嘉》《春秋內事》皆突顯伏羲王天下之「德」，伏羲氏主木德，爲五行相生之理。《禮緯・含文嘉》的「鳥獸文章」與「龜書」是天人感應的符驗之「象」，因而作《易》卦。《春秋內事》除了有觀象之敍述，更踵事增華以陰陽五行、節氣、禍福吉凶說明八卦的功能，等於把《易・繫辭下》的「以通神明之德，以類萬物之情」作了一番詮釋。緯書爲漢儒詮釋經書的另類說辭，雖然多所附會，然仍不失其存經的功能，爲漢代學術思想的參考指標。所以，《禮緯・含文嘉》與《春秋內事》的說法當是演繹《易・繫辭下》而來。

　　《周易》慣用「象」作爲思想的起點，也可以說《易》把豐富的思想化約儲存在「象」中，使「象」攜帶著龐大的意涵。《説文・敍》開頭引述《易・繫辭》庖犧畫卦之內容，表面說的是文字創生的歷程，實際是《易》學思想溶滲的文字觀，故這些文字學術語或概念，其實有其行持的思想義理，一來可知許慎的學術思想淵源，二來表示畫卦之取象、法象原則與文字的創制實有密切關係。孔穎達疏《易・繫辭下》云：「仰則觀象於天，俯則觀法於地，言取象大也；視鳥獸之文與地之宜，言取象細也，大之與細，則無所不包也。……近取諸身者，若耳目鼻口之屬是也。遠取諸物者，若雷風山澤之類是也，舉遠近則萬事在其中矣。」伏羲所觀的象，包括天象、地象、鳥獸之象，特別是「鳥獸之文」說得更明白，即是《尙書・堯典》所說的「鳥獸孳尾」、「鳥獸希革」、「鳥獸毛毨」、「鳥獸氄毛」四個時節的物候象；《説文・敍》的「鳥獸之文」爲統言，〈堯典〉之四時鳥獸物候象爲析言。因此，伏羲所觀的象有天地之象、物候象與地宜。

　　觀象是視覺對「象」的搜尋，透過「近取諸身，遠取諸物」的取象，把「象」下載（download）下來，作爲創制符號的資源。而「近取諸身」揭示物象中也包含人，「遠取諸物」泛指天地間的一切物象。「近取諸身，遠取諸物」取象法是以「象」爲媒介去認識、領悟、模擬客觀的思維方式。人們使用的符號文字，源自於觀象、法象，「象」映入眼簾，留存在大腦的記憶區，再透過思維的轉譯所反芻出來的符碼，記錄著「象」所給與的訊息，和我們所理解的「象」。取象法是《易》重要的方法，天地自然是八卦取象的事物對象，

八卦是對天地自然之象的再現。八卦本身既是自然之象的識，又可作為文字構成的參考形象，文字就是借鏡於卦象所產生的筆畫圖識。《說文》一書對「天地、鬼神、山川、艸木、鳥獸、蚰虫、雜物、奇怪、王制、禮儀、世間人事，莫不畢載。」（許沖〈上說文表〉）《說文》包羅天地自然事物的情形，與八卦觀法取象的對象如出一轍，故《易·繫辭下》這樣的理路一樣可發揮在《說文》，而並行不悖。

《說文·敘》引用《尚書·皋陶謨》：「予欲觀古人之象」，〈皋陶謨〉所說的「象」指「日、月、星辰、山、龍、華蟲作會，宗彝、藻、火、粉米、黼、黻、絺繡，以五采彰施于五色，作服。」段玉裁注《說文·敘》：「日月以下像其物者，實皆依古人之像為之，古人之像即倉頡古文是也。像形、像事、像意、像聲，無非像也，故曰古人之像。文字起於像形。……古畫圖與文字非有二事。帝舜始取倉頡依類象形之文，用諸衣裳以治天下，故知文字之用大矣。庖羲倉頡觀於天地人物之形而畫卦造書契，帝舜法伏羲倉頡之像形以為旗章衣服之飾。」章服上的繪繡圖案和《易》卦、文字的「象」並無二異，觀法之道亦必相同。《易·繫辭上》云：「法象莫大乎天地，……，懸象著明莫大乎日月」，無「象」不成符碼，尤其是文字，所以才說「文字起於像形」。〈繫辭下〉：「象也者，像此者也。」孔穎達疏：「言象此物之形狀也。」《說文》云：「像，佀也」，「象」是客觀的存在，「像」是人的思維轉譯「象」後的主觀訊息，所以「像」只能似「象」，盡人的最大想像捕捉「象」，象在形先，「『象』是就道體之彰顯說，『形』是就如其『彰顯』之象，而『形著』之也。」〔註16〕「象」不為形、器、物所拘，而人依形、器、物而為「象」，文字符號就是經由人之意念所為的「象」，「象」是文字道體的形象彰顯，文字符號是「象」的器用。

許慎將《易》的卦「象」思想模式善加運用在《說文·敘》中，作為漢字發展史的起源。許慎首提八卦，意謂八卦也是文字之源，王筠《說文解字句讀》曰：「孔子贊《易》，序列聖所作，首以八卦，而別言書契，明非一事，許君則謂卦有奇耦，即文之祖，故推本於伏羲。」〔註17〕張彥遠《歷代名畫

〔註16〕林安梧，〈《揭諦》發刊詞——「道」與「言」〉，《揭諦》創刊號（嘉義：南華管理學院，1997.6），頁4。

〔註17〕王筠，《說文解字句讀》卷二十九（臺北：廣文書局有限公司，民國61.11（1972.11）），頁2206。

記》第一卷〈敘畫之源流〉中顏光祿云：「圖載之意有三：一曰圖理，卦象是
也。二曰圖識，字學是也。三曰：圖形，繪畫是也。」〔註18〕八卦與文字都
必須法象天地自然，它們皆是取象於天地自然的圖載，若要細分卦象與文字
的不同，卦象偏重於理，文字偏重於識。

　　漢代人認為八卦為文字之祖，文字的圖識依據卦象而來，卦象之理是文字
創制的思想理據。事實上，晚近出土的數字卦，〔註19〕唐蘭認為是已經遺失的
古代文字。〔註20〕郭沫若認為這類奇字和彩陶文化中的刻劃符號是一個系統，
即漢字「六書」中的指事系統。〔註21〕李學勤則說：「這種紀數的辭與殷代的卜
辭顯然不同，而使我們聯想到《周易》的『九』和『六』。」〔註22〕張政烺指明
這種「奇字」是八卦系統的卦象，數字中的偶數為陰，奇數為陽，三個數字組
成為單卦，六個數字組成為重卦，是原始的八卦系統書寫形式。〔註23〕這些出
土材料可以證明：八卦的數字系統是漢字的一部分，出現的時代同新石器時代
並存，地域包括豐鎬、中原的長江下游。同時也證明八卦是歷史的一段史實，
不能視為傳說；許慎將八卦視之為文字之源也近乎考古事實。

　　《易·繫辭上》云：「在天成象，在地成形。」正義曰：「『象』謂懸象，日
月星辰也。『形』謂山川草木也。」《易》卦畫無論是模仿或重構天象地形，都
必須立足於「象」。許慎以觀取法象、八卦的形象思維作為《說文·敘》的開端，
即表述文字構成不能脫離「象」。《易》象以其形象思維表達意念和義理，對文
字構成的意象和蘊致，有著深刻的、相詮的對應共諦。〔註24〕漢代人認為八卦

〔註18〕（唐）張彥遠，《歷代名畫記》（王雲五主編《叢書集成簡編》，臺北：臺灣商
　　　　務印書館，民國55年（1966）），頁9。
〔註19〕殷墟陶文、山東平陰縣朱家橋殷代晚期遺址陶文、安陽四盤磨卜骨、長安張
　　　　家坡西周遺址卜骨、岐山鳳雛西周遺址卜甲，斿父鼎、董伯簋、效父簋、召
　　　　卣等銘文都有數字卦。
〔註20〕唐蘭，〈在甲骨金文中所見的一種已經遺失的中國古文字〉，《考古學報》1957
　　　　年第2期，頁33-36。
〔註21〕郭沫若，〈古代文字之辯證的發展〉（《郭沫若全集·考古編》第十卷，北京：
　　　　科學出版社，2002.10），頁77-82。
〔註22〕李學勤，〈談安陽小屯以外出土的有字甲骨〉，《文物參考資料》1956年第11
　　　　期，頁17。（按：1959年後更名為《文物》）。
〔註23〕張政烺，〈試釋周初青銅器銘文中的易卦〉，《考古學報》1980年第4期，頁
　　　　403-415。
〔註24〕賴貴三，〈符號與思維——由《周易》卦爻象反思文字意義的詮釋深度〉，第
　　　　九屆中國文字學全國學術研討會（臺北：國立台灣師範大學國文學系主辦，
　　　　民國87.3.21-3.22（1998）），頁174。

即是文字的前身，甚至等同文字，《易緯・乾鑿度》云：「☰，古文天字。☷，古文地字。☲，古文火字。☵，古文水字。☴，古文風字。☳，古文雷字。☶，古文山字。☱，古文澤字。」所以《說文・敘》一開始提到伏羲畫卦之說，就是基於這樣的因素。因此，伏羲的觀象作爲一種思維方法，是視覺對「象」的搜尋，充分意識到了意象思維在認知、反映世界過程中的效用。

《說文・敘》一開始將卦畫與漢字「連類而及」，一者說明了它們產生的時間先後順序；二者表示兩者在表現方式上確有共通性，並且也敘述了「作八卦」到「造書契」的歷史，伏羲作八卦以垂憲象是文字之源，倉頡繼之造書契以易結繩，文字因之可以窮盡萬物之形，所謂依類象形，故謂之文，其後形聲相益即謂之字，《說文》十四篇五百四十部於是成爲，故許君追惟上古造文之初，以推文字之本。許慎《說文・敘》從庖犧畫卦到倉頡造書契，以至於文字的形成，幾乎須臾片刻不離於「象」，〔註25〕在在顯示文字符號的創生源自於「象」——觀象、取象、法象，自然萬象由視覺印記於記憶，再經思維的取捨與解譯，轉化成有形的文字符號。許慎對《易》精微深妙的洞察，故能思考到《易》象與漢字創構之間有著共同的意象思維底蘊。

（二）以卦理解字義

許慎在《說文・敘》不僅關連卦「象」與文字創制的深遠意義，而且也取《夬》卦卦義說明文字的政治教化作用。茲以《說文・敘》夬卦之例，延伸輯錄《說文》字例以卦義釋字者，歸整說明如下：

字 例	屯	爻	巽	𢍏	兌	艮	山
篇 卷	1下1	3下44	5上23	5上23	8下8	8上42	9下1
字 例	水	震	蠱	坤	坎	己	夬
篇 卷	11上1	11下10	13下5	13下16	13下30	14下21	敘

（1）屯 難也。屯象艸木之初生，屯然而難，从屮貫一屈曲之也，一，地也。《易》曰：屯剛柔始交而難生。（一篇下　一）

按：《易・序卦傳》云：「屯者，物之始生也。」「屯」的「一」表示地，

草木從土中冒出初生，「屯」的中貫一者，爲木尅土之象，故草木初生屈曲未能申也，有屯然難生之意。《説文》乙部曰：「春艸木冤曲而出，陰气尚彊，其出乙乙」，草木初生，冤曲而出，其狀乙乙，屯然而難。許慎引《屯》象傳文來説明草木初生冤屈屯然，蓋剛柔始交之故，《易・屯》象傳曰：「屯，剛柔始交而難生。」虞翻注曰：「乾剛坤柔，坎二交初，故始交，確乎難拔，故難生也。」張惠言《周易虞氏義》曰：「拔，拔出地也，微陽專確，盈而後發，故曰難生。」〔註26〕與《説文》貫地尾曲、屯然而難生之訓相應。孟喜以六十卦配之以四正卦、十二辟卦、二十四節氣，而制爲七十二候的卦氣配曆之法，其卦序自「卦氣起中孚」，依序爲：中孚☰☰→復卦☷☷→屯卦☳☵，中孚爲復卦之先行卦，是一年之初始卦，轉入復卦，一陽生於五陰之下，値嚴寒冬至之時，同中孚卦義，有內含生機的存實之象，即盛陰冬藏之令，初受陽氣而始變化，有除舊佈新，一元復始之義。由復入屯，李鼎祚《周易集解》引崔憬曰：「十二月，陽始浸長而交於陰，故曰剛柔始交，萬物萌牙，生於地中，有寒冰之難，故言難生。」〔註27〕屯者，陽始交於陰，剛柔始交，陰陽相合，萬物始生藏於地中。萬物始生以植物種子芽表示，草木剛萌芽初生要破土而生，受到土層或寒冰的壓迫，萬物始生要遇到很多阻礙，所以屯然而難，以始生之義的屯卦，繼復卦之後，是爲合宜。

　　王筠《説文釋例》云：「象艸木之初生，屯然而難者，此班〈志〉所謂象意也。難之意無可象，借中以象之，凡艸木之生，其根必直下，若根先曲，則生意不遂，惟其芽有所礙，始有曲耳。而屯字曲其尾者，字本取難意，不主艸而言，故曲其尾也。《易》曰：剛柔始交而難生，屯卦上承乾坤，乾純剛，坤純柔，屯震下坎上，皆　陽二陰，剛柔相交之卦，自此始也。震之陽在初，坎之陽在二，皆不能直達於上，故難也，以卦德言，動而陷於險亦難也。屯之爲字，屮在一下，是艸在地中也，在地中而有枝莖，無此事也，又曲其尾，尤無此事也，無此事而作此字，第以會難意也，故地本在下而在上，變也，屮曲尾，亦變也。凡類此者，皆謂之變形會意。」〔註28〕王筠以《屯》卦卦

〔註26〕　（清）張惠言，《周易虞氏義》《皇清經解》卷1218（臺北：復興書局，民國50（1961）），頁13260。

〔註27〕　（唐）李鼎祚《周易集解》卷二，《中國古代易學叢書》第二卷（北京：中國書店，1992.7），頁29。

〔註28〕　楊家駱主編，《説文解字詁林正補合編》第二冊（臺北：鼎文書局，民國72.4（1983.4）），頁2-451。

象《易》理說明屯字的構形是著重在象艸木初生之難，而非其屈曲之狀。由以上諸多訊息可證，《說文》訓解「屯」是取屯卦卦義的特點。

《說文》凡艸木之形皆從屮生，屮下云：「艸木初生也，象丨出形有枝莖也。」才下曰：「艸木之初也，從丨上貫一，將生枝葉也。一，地也。」單屮則爲木、爲屮、爲屯，木下曰：「木從屮，下象其根」，屮下曰：「屮象艸木過屮，枝莖漸益大有所之也，一者，地也。」皆從直形屮。「屯，從屮貫一屈曲之也，一，地也」則從屮尾曲形。雙屮爲艸、爲林，三屮爲芔，四屮爲茻，亦從直形之屮。

（2）爻 交也。象《易》六爻頭交也。（三篇下　四十四）

按：饒炯《說文部首訂》云：「從二乂，乂古文五，《易》曰天數五，地數五，五位相得而各有合，夫《易》之六爻，義蓋取此，曰相得，曰有合，即是交也，故爻以交爲義，而即從交得音也。」〔註29〕宋育仁《說文部首箋正》云：「莊述祖說：從重乂，乂古文乂，立算之交線，故說交午也。文下說，錯畫也，象交文。伏戲十言之敎，開文字之先，由數以生象，故交錯相畫爲乂，因而重之曰爻。氣動而後交，數動而有象，爻以象天下之動，故說爻爲交，《易》曰：道有變動，故曰爻，爻有等，故曰物，物相雜，故曰文。育仁按：文上亼乃𡗕之上體，人頭也。古文作𢎝，中从心，人文也。爻者，天地之文也，故從卦爻乃生文字。……謂人文之文則頭不交，爻象之義，與文同意，而象取頭交也。」〔註30〕漢代人認爲八卦是文字的前身，爻乃卜筮而得，而卜筮本身就是數的代表，爻得之於數，爻所重之乂，即古文五，《說文》五下云：丨陰陽在大地之間交午」，乂乃氣動而後交。由數以生象，故古文乂象交錯之畫，《說文》文下云：「錯畫也。」蓋文字始於錯畫之象，所以象錯畫之卦爻乃生文字，八卦爲文字的前身之道理即在於此。爻與文雖有孳生關係，但兩者之間又有區別：「爻」兼具數與錯畫象，象天地之動，故曰交；「文」的古文字从心，指人身上的紋身，也表錯畫象。「爻」之上頭筆畫有交叉，「文」之頭不交叉。

（3）㒼 具也。从丌㲋聲。𢄼古文㒼。𢍨篆文㒼。（五篇上　二十三）

𢍨 具也。从丌从頁。此《易》巽卦爲長女爲風者。（五篇上　二十三）

按：段玉裁曰：「許云具也者，㒼之本義也。㒼今作巽。」又曰：「竊疑此篆字（即『巽』）當作籀字之誤也。古文下從开，开亦具意也。籀文凡重則從㲋、從开，而又從丌。……小篆則省开作㒼。後人隸字則從籀變之作巽。」

〔註29〕楊家駱主編，《說文解字詁林正補合編》第三冊，頁 3-1324。
〔註30〕同註29，頁 3-1325。

段玉裁認爲「巽」是籀文，非篆文，今之「巽」是從籀變而來，但徐灝《說文解字注箋》云：「今隸體作巽，乃從古文而來也。」〔註31〕王元釋〈巽具也𢁹巽也解〉云：〔註32〕

> 竊謂𢁹巽本爲二字，八卦乾坤震艮坎離兌皆有字義，即以爲卦德，𢁹獨無之。𢁹从𠃉，𠃉訓具，具不足爲卦德，而經典有訓爲伏、爲入、爲順、爲恭，爲讓之巽字，與𢁹卦之德相似，故即以巽卦爲𢁹卦，巽卦行而𢁹卦廢矣。以巽訓伏、訓入、訓順、訓恭、訓讓，而訓具之義亦廢矣。

𢁹卦德爲伏、入、順、恭、讓，與巽之「具」引申有關，故遂以「巽」代「𢁹」而行，「巽」在權充卦名之後，其「具」本義也被卦德諸義所掩蓋。《說文》並存「𢁹」、「巽」二字，是知巽卦本字爲「𢁹」，作爲卦德之「巽」，其本義爲「具」。

　　許愼在《說文‧敘》提到「偁《易》孟氏」，則孟喜《易》當作𢁹。惠棟《九經古義》云：「自唐人爲五經正義，傳《易》者，止王弼一家，不特篇次紊亂，又多俗字，如……巽當爲𢁹。」〔註33〕巽卦原作「𢁹」的道理，就像姤卦古作「遘」一樣，《說文》無「姤」字，有「遘」字，遇也。《經典釋文》曰：「薛云古文作遘。」許愼在「𢁹」下特標示「此《易》𢁹卦爲長女爲風者」，王筠《說文釋例》云：「可知許君所見尙有不誤之本，故的指之以詔後來。苟是時無一本作𢁹，許君能杜撰乎？蓋恐此《易》𢁹卦一語不了，故加爲長女爲風者以定之，因它處言𢁹者，不如此文尤明確也，豈謂此處獨存此字乎？」〔註34〕

（4）兌　說也。从儿合聲。（八篇下　八）

　　按：《易‧說卦傳》云：「兌，說也。」許愼直接襲用其說。

（5）艮　很也。从匕目，匕目猶目相匕，不相下也。《易》曰：「艮其限」。匕目爲艮，匕目爲眞。（八篇上　四十二）

　　按：《說文》艮所引《易》句，爲艮卦九三爻辭，其原文爲：「艮其限，列其夤，厲薰心。」限，界限。上身下身之界，即腰也。夤，腰之連屬處也。《易‧說卦傳》云：「艮，止也。」艮九三爲剛爻，剛而止，則不能伸屈。今止其限，則上下不相連屬，故爲列夤。列者裂絕而不連屬，判然兩分，故危。

〔註31〕楊家駱主編，《說文解字詁林正補合編》第四冊，頁4-1177。

〔註32〕同註31，頁4-1178。

〔註33〕（清）惠棟，《九經古義》卷二（臺北：台灣商務印書館，民國54.12（1965.12）），頁18。

〔註34〕同註31，頁4-1171。

（6）山宣也，謂能宣散气生萬物也，有石而高，象形。（九篇下　一）

按：《左傳・昭公元年》云：「節宣其氣。」注云：「宣，散也。」《釋名・釋山》：「山，產也，產生物也。」《孔叢子・論書篇》：「孔子曰：『夫山，草木植焉，鳥獸蕃焉，財用出焉，興吐風雲，以通乎天地之間，陰陽和合，雨露之澤，萬物以成，百姓咸饗，此仁者之所以樂乎山也。』」《春秋元命包》：「山者，氣之苞，所以含精藏雲，故觸石而出。」《春秋說題辭》：「山之爲言宣也，含澤布氣，調五行也，陰含陽，故石凝爲山。《周易》艮爲山、爲小石，石，陰中之陽，陽中之陰，陰精補陽，故山合石。」《易緯・乾坤鑿度上》：「☶古山字，外陽內陰，聖人以山含元氣，積陽之氣成石可感天，雨降石潤然，山澤通元氣。」徐鍇《說文繫傳・通釋》：「山出雲雨，所以宣地氣。《山海經》曰：『積石之山，萬物無不有。』張華《博物志》曰：『山有水有石有金木火火。』故名山含魄，五行具也，象山峯竝起之形。」〔註35〕山出雲雨，乃因山石含積陽之氣，可感天施雲降雨，雨露之澤，所以宣散地氣，山澤通氣，萬物以成。

饒炯《說文部首訂》云：「山說以宣者，許書於常見事物字義，每以雙聲疊韻訓之，意謂音存於義，而意見乎形，不必別爲之辭費也。此篆形畫遠視三峯，而中峯下空者，義取山澤通氣，即說解之所謂宣也，宣氣散生萬物，有石而高也。」〔註36〕《說文》以宣訓山的單字聲訓法，尚見於其他字例，如：「水，準也。」「門，聞也。」「戶，護也。」「琴，禁也」等。宋育仁《說文部首箋正》云：「山者，地之有石而積高者，其命之曰山，以其能宣氣散生萬物。古人語輕，山宣之讀固爲一音，先聖緣音以制文，後聖審音以說字，凡水，準；門，聞；琴，禁；鼓，郭；牛，件；馬，怒之類皆一例。《易》曰：『山澤通氣』，山畫三峯之形，『又』下說：『手之列多，略不過三。』」〔註37〕《說文》這類聲訓審音以說字，音存於義，而意見乎形。小篆「山」形，「遠視三峯，而中峯下空者，義取山澤通氣」。漢代人以艮卦（☶）爲山，山出雲雨，所以宣地氣。山篆形畫遠視三峯，而中峯下空者，義取山澤通氣，宣氣散生萬物，有石而高也。

（7）水準也，北方之行，象眾水並流，中有微陽之气也。（十一篇上　一）

按：水字中畫從「乁」，象坎卦（☵）中畫之陽爻，所以《說文》才說水「中有微陽之气也」。請互見〈第四章《說文》陰陽五行思想〉第二節《說文》

〔註35〕徐鍇，《說文繫傳・通釋》卷第十八（北京：中華書局，1998.12），頁185。
〔註36〕楊家駱主編，《說文解字詁林正補合編》第八冊，頁8-2。
〔註37〕同註36，頁8-3。

五行字例。

（8）震劈歷振物者，从雨辰聲。《春秋傳》曰：震夷伯之廟。𩇓籀文震。（十
　　一篇下　十）

　　按：《易·說卦傳》云：「萬物出乎震，震，東方也。」又云：「動萬物者，
莫疾乎雷。」「震爲雷」，《說文》的「劈歷振物者」，是融合《易·說卦傳》
的說法。

（9）蠱腹中蟲也，《春秋傳》曰皿蟲爲蠱，晦淫之所生也。梟磔死之鬼亦爲
　　蠱，从蟲从皿，皿物之用也。（十三篇下　五）

　　按：「腹中蟲」，王筠《說文句讀》云：「謂腹內中蟲食之毒也。」〔註 38〕
《左傳·昭公元年》：「晉侯求醫於秦，秦伯使醫和視之曰：『疾不可爲也，是謂
近女室，疾如蠱，非鬼非食，惑以喪志。……天有六氣，……淫生六疾，六氣
曰：陰陽風雨晦明也。……陰淫寒疾，陽淫熱疾，風淫末疾，雨淫腹疾，晦淫
惑疾，明淫心疾。女陽物而晦時，淫則生內熱惑蠱之疾。今君不節不時，能無
及此乎？』……趙孟曰：『何謂蠱？』對曰：『淫溺惑亂之所生也。於文，皿蟲
爲蠱，穀之飛亦爲蠱。』」杜預注云：「器受蟲害者爲蠱。穀久積則變爲飛蟲，
名曰蠱。」《易·蠱》象傳曰：「山下有風，蠱。」蠱卦（䷑）巽下艮上，《易·
說卦傳》巽爲長女，爲風；艮爲少男，爲山。少男而悅長女，非匹故惑，山木
得風而落。如果晉侯所患的疾病如蠱，是近女室所致的惑疾，就與房中事有關，
柴萼《梵天廬叢錄》引張衡〈思元賦〉「咸姣麗以蠱媚兮，瑨媔眼而娥眉」，女
惑男如蠱媚，「房中亦有蠱」。〔註 39〕《黃帝內經·素問·玉機眞藏論》：「脾傳
之腎，病名曰疝瘕，少腹冤熱而痛，出白，一名曰蠱。」王冰注：「腎少陰脈自
股內後廉貫脊屬腎，終膀胱，故少腹冤熱而痛，溲出白液也。冤熱內結，消鑠
脂肉，如蟲之食，日內損削，故一名曰蠱。」如此說來，晉侯是因房事不度，
罹患腎疾，與泌尿生殖系統有關。《說文》所說的「腹中蟲」，應爲這種晦淫疾
病產生腹冤熱內結，消鑠脂肉，如蟲之食，而非眞正腹中有蟲。

　　《史記·秦本紀》云：「德公二年初伏，以狗禦蠱。」正義云：「蠱者，
熱毒惡氣爲傷害人，故磔狗以禦之。」《史記·封禪書》云：「秦德公作伏祠，
磔狗邑四門以禦蠱菑。」初伏在陰曆六月，爲暑熱之期，蠱是熱毒惡氣所造

〔註 38〕 楊家駱主編，《說文解字詁林正補合編》第十冊，頁 10-1014。
〔註 39〕 柴萼，《梵天廬叢錄》卷三十三〈蠱〉條（臺北：鼎文書局，民國 65.2（1976.2）），
　　　　頁 545。

成，狗爲陽畜，磔狗以禳卻熱毒氣，是以陽剋陰。桂馥《說文義證》：「蠱，
蟲也。風動蟲生，故磔狗止風。」〔註40〕鄭司農注《周禮·大宗伯》：「若今
時磔狗，祭以止風。」蠱卦巽下艮上，《易·說卦傳》巽爲風，艮爲山、爲狗。
磔狗可破除蠱的卦象，故可止風。

（10）坤地也。《易》之卦也。从土申，土位在申也。（十三篇下　十六）

　　按：《易·象傳》：「地勢坤，君子以厚德載物。」《易·說卦傳》：「坤也
者，地也，萬物皆致養焉，故曰『致役乎坤』。」《漢書·杜鄴傳》：「坤以法
地爲土爲母。」坤爲大地之母，厚載孕生萬物。《說文》云「土位在申」是建
立在八卦方位而言，《易·說卦傳》云：

> 帝出乎震，齊乎巽，相見乎離，致役乎坤，說言乎兌，戰乎乾，勞
> 乎坎，成言乎艮。萬物出乎震；震，東方也。齊乎巽；巽，東南也。
> 齊也者，言萬物之潔齊也。離也者，明也，萬物皆相見，南方之卦
> 也；聖人南面而聽天，嚮明而治，蓋取諸此也。坤也者，地也，萬
> 物皆致養焉，故曰：「致役乎坤。」兌，正秋也，萬物之所說也，故
> 曰：「說言乎兌。」戰乎乾；乾，西北之卦也，言陰陽相薄也。坎者，
> 水也，正北方之卦也，勞卦也，萬物之所歸也，故曰：「勞乎坎。」
> 艮，東北之卦也，萬物之所成終而所成始也，故曰：「成言乎艮。」

〈說卦傳〉這段文字已可推之八卦與八方、四季相配，可以如下圓圖與表格
示之：

震	巽	離	坤	兌	乾	坎	艮
東	東南	南	西南	西	西北	北	東北
春		夏		秋		冬	

〔註40〕同註38，頁 10-1013。

《易緯·乾鑿度》在此基礎上，又將八卦與十二月、十二支相配：

> 震生物於東方，位在二月；巽散之於東南，位在四月；離長之於南
> 方，位在五月；坤養之於西南方，位在六月；兌收之於西方，位在
> 八月；乾剝之於西北方，位在六月；兌收之於西方，位在八月；乾
> 剝之於西北方，位在十月；坎藏之於北方，位在十一月；艮終始於
> 東北方，位在十二月。

> 子曰：乾坤，陰陽之主也。陽始於亥，形於丑，乾位在西北，陽祖
> 微據始也。陰始於巳，形於未，據正立位，故坤位在西南，陰之正
> 也。君道倡始，臣道終正，是以乾位在亥，坤位在未，所以明陰陽
> 之職，定君臣之位也。

按其說，可以如下圓圖表之：

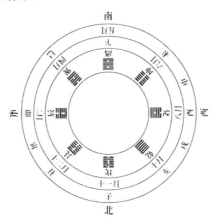

《易緯·乾鑿度》是「坤在未位」，並非如《說文》所說「土位在申」。
此乃八卦與十二支無法周全一一對應所造成的。故〈乾鑿度〉又曰：

> 孔子曰：歲三百六十日而天氣周，八卦用事各四十五日方備歲焉。
> 故艮漸正月，巽漸三月，坤漸七月，乾漸九月而各以卦之所言為月
> 也。

「艮漸正月」、「坤漸七月」是向艮主立春（寅）、坤主立秋（申）靠近。京房
則明確以艮當正月，主立春；坤當七月，主立秋。《太平御覽》卷二十五引《京
房占易》云：「立秋坤王，至涼風用事。」《新唐書·曆志》載一行《卦議》
云：「京氏又以卦爻配期之日，坎離震兌，其用事自分至之首，皆行八十分之
七十三。頤、晉、升、大畜，皆五日十四份，餘皆六日七分。」朱伯崑說：

> 此種說法，將四正卦納入一年的月份之中，即坎當十一月，離當五

月，震當二月，兑當八月。其它四卦是，乾主立冬，當十月；坤主立秋，當七月；巽主立夏，當四月；艮主立春，當正月。〔註 41〕

再以上述京房的說法對應十二支，可以圓圖和表格示之如下：

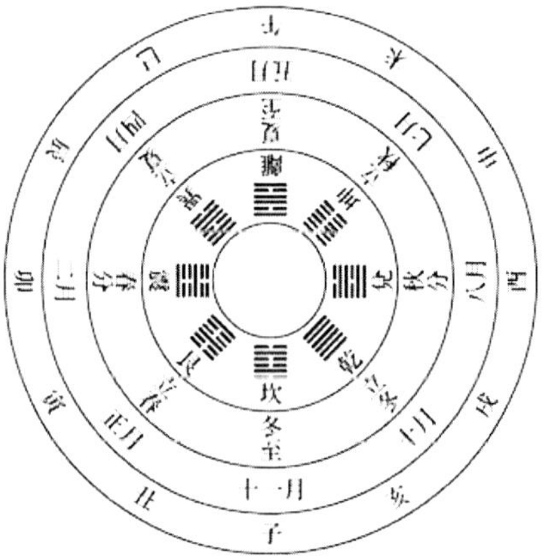

震	巽	離	坤	兌	乾	坎	艮
春分	立夏	夏至	立秋	秋分	立冬	冬至	立春
二月	四月	五月	七月	八月	十月	十一月	正月
卯	巳	午	申	酉	亥	子	寅

由是可知，〈乾鑿度〉的「坤位在未」，在京房則爲「坤位在申」。《說文》所言「土位在申」，則與京房之說相符。

（11）埳陷也。从土欠聲。（十三篇下　三十）

按：《易・說卦傳》：「坎，陷也。」許慎直接襲用該說。

（12）己中宮也。象萬物辟藏詘形也。己承戊，象人腹。𢀳古文己。（十四篇下　二十一）

按：戊己的五行爲土，《易・說卦傳》：「坤爲地」，故坤爲土，又曰：「坤爲腹」，故《說文》曰己「象人腹」，坤爲地，土寄於坤，萬物與陰陽之气藏則歸土，屈曲包含，象人腹圜曲也。人腹中央也。

（13）《說文・敘》：「百工以乂，萬品以察，蓋取諸夬，夬，揚於王庭，言文者宣教明化於王者朝廷，君子所以施祿及下，居德則忌也。」

按：《易・繫辭下》：「上古結繩而治，後世聖人易之以書契，百官以治，萬民以察，蓋取諸《夬》。」孔穎達疏：「造立書契，所以決斷萬事，故取諸夬也。」

〔註 41〕朱伯崑，《易學哲學史》第一卷（臺北：藍燈文化事業公司民國 80.9（1991.9）），頁 159。

許慎將〈繫辭下〉所言的書契政教功能，發揮的更詳細：「百工以乂，萬品以察，蓋取諸夬，夬揚於王庭，言文者宣教明化於王者朝廷，君子所以施祿及下，居德則忌也。」尤其，又多加徵引《夬》卦卦辭「揚於王庭」，孔穎達疏：

> 夬，決也。此陰消陽息之卦也。陽長至五，五陽共決一陰，故名爲「夬」也。「揚於王庭」者，明行決斷之法，夬以剛決柔，施之于人，則是君子決小人也。王庭是百官所在之處，以君子決小人，故可以顯然發揚決斷之事於王者之庭，示公正而無私隱也，故曰「揚於王庭」也。

夬卦卦象作▤，孔穎達從卦象來說是「五陽共決一陰」，以剛決柔，施之于人，則是君子決小人，但是以漢人十二月卦〔註42〕理論來說，夬爲三月卦，《易緯‧乾鑿度》如是說解：

> 陽消陰言夬，……夬之爲言決也。當三月之時，陽盛息夬陰之氣，萬物畢生，靡不蒙化。譬猶王者之崇至德，奉承天命，伐決小人，以安百姓，故謂之決。

三月陽盛陰消，故推演出王者崇至德，伐決小人的論斷。這種推演路數明顯是以天道爲依託來推演人事。書契創制以後，決斷萬事可以書之文字爲證，王庭是百官所在之處，發揚決斷之事於王者之庭，以君子決小人，示公正而無私隱。

「居德則忌」，王筠《說文解字句讀》云：「文字可以居德者，多識前言往行以畜其德也；可以明忌者，令行禁止之意。《周禮》五官皆言縣書象魏〔註43〕是也。居德所以修己，明禁所以新民。」〔註44〕許慎認爲倉頡創制書契不僅使文字初具規模，而且還能發揮王庭公正決斷的功能，使人居德明忌。相對地，就是許慎賦予史官的職責和文字口誅筆伐的正義道德價值。

　　本小節有關八卦的字例，惟獨缺「乾」、「離」二字，許慎對此二字的釋義乃說其本義，而未以卦義說之，致使這組八卦字例未能自成完整字組。《說

〔註42〕 詳見本章第三節《説文》象數思想〉之〈二、卦氣説〉頁156之「十二消息卦表」。

〔註43〕 象魏是宮廷外的闕門，古宮廷門外有二臺，上作樓觀，上圓下方，兩觀雙植，門在兩旁，中央闕然爲道，以其懸法。

〔註44〕 王筠，《説文解字句讀》卷二十九（臺北：廣文書局有限公司，民國 61.11（1972.11）），頁 2208。「居德則忌」，桂馥《説文義證》：「則忌當爲明忌，王弼《易》作明忌，故説云：居德以明禁。」王筠從桂馥之說。

文》云：「乾上出也。从乙，乙，物之達也。倝聲。乾籒文乾。」〔註45〕（十四篇下　二十）「雝離黃，倉庚也，鳴則蠶生。从隹离聲。」（四篇上　二十七）雖然，許慎未以卦義說「乾」、「離」，但可推知此二字用作八卦的意義關係，「乾」爲引申，「離」爲假借。誠如朱駿聲所言：「達于上者謂之乾。凡上達者莫若氣，天爲積氣，故乾爲天。《易・說卦傳》：『乾，天也。』〈繫辭傳〉：『乾，陽物也。』〈襍卦傳〉：『乾剛坤柔。』」〔註46〕故「乾」的「上出」本義與乾卦的哲學涵義有引伸關係。至於，離爲倉庚鳥，與〈說卦傳〉：「離，麗也。」「離爲火，爲日，爲電……。」則是假借關係。但是，《說文》釋「離」爲「鳴則蠶生」可從物候觀點來看待，歸之於本論文第五章《說文》天文律曆思想〉之「時令物候」。〔註47〕

　　以上《說文》十三個字例，與卦氣說有關的有「屯」、「坤」、「夬」三字，「屯」字還可從〈象傳〉、〈序卦傳〉中鉤稽線索；「山」、「水」二字分別由艮、坎二卦的卦象而推得釋義的道理所在；「爻」字以卦爻象其形、釋其義；「艮」引述艮卦九三爻辭。其他如「巽」、「兌」、「震」、「蠱」、「坎」、「己」的釋義皆合於〈說卦傳〉之說。不管許慎所引述的是《周易》的哪一種說法，都讓我們體認到，要解讀《說文》之究竟，《易》學是必備之知識法門。

第二節　　《說文》三才思想

　　鄒衍的「五德終始說」說明人事的「歷史運行」；而由之回溯的「陰陽」學說，則以陰陽二氣闡明宇宙「天道運行」的法則，陰陽家的學說涵蓋了「定位宇宙」，以及在宇宙中「安排人生」的哲學意義。天地之分是「定位宇宙」最基礎的根柢，而人生於其間，天地以象示人，人參象悟道，法天地而行，故古籍涉及宇宙課題，多論及天、地、人三才元素，例如：

《易・繫辭傳上》：

　　知崇禮卑，崇效天，卑法地。

〔註45〕段玉裁《汲古閣說文訂》云：「初印本如此，與宋本、葉本、趙抄、《五音韻譜》、小徐略同。今剜改爲乾字，意欲取《汗簡》、《古文四聲譜》朝乾等體以改《說文》也。」（楊家駱主編，《說文解字詁林正補合編》第十一冊，頁11-622。）初印本乾之籒文作「乾」。

〔註46〕楊家駱主編，《說文解字詁林正補合編》第十一冊，頁11-623。

〔註47〕詳見第五章《說文》天文律曆思想〉第三節《說文》物候時令說〉，頁402。

《易‧繫辭傳下》：

> 《易》之為書也，廣大悉備。有天道焉，有人道焉，有地道焉。

《易‧說卦傳》：

> 昔者聖人之作《易》也，將以順性命之理。是以立天之道曰陰與陽，
> 立地之道曰柔與剛，立人之道曰仁與義，兼三才而兩之，故《易》
> 六畫而成卦，分陰分陽，迭用柔剛，故《易》六位而成章。

《呂氏春秋‧序意》：

> 蓋聞古之清世，是法天地，凡十二紀者，所以紀治亂存亡也，所以
> 知壽夭吉凶也；上揆之天，下驗之地，中審之人；若此，則是非可
> 不可，無所遁矣。

《淮南子‧要略》：

> 夫作為書論者，所以紀綱道德，經緯人事，上考之天，下揆之地，
> 中通諸理。

《易》卦六爻，二爻為一組，各分陰陽，上二爻為天道，分屬陰陽二氣；中二爻為人道，分屬仁義二德；下二爻為地道，分屬柔剛二體。凡經緯人事，必揆驗之於天地之理。所以，天地人三才蘊藏著天、地、人相應之理與合諧統一的價值。個體價值的實現，不能超越天道人事的制約，必須順應三者之間所構成的整體關係，若與天地爭衡，與人爭勝，只會適得其反。許慎吸收此一思想，使得《說文》的著作動機，有了萬有道體的根源價值與終極意義，成為《說文》核心思想與編纂體例的最高指導原則。

一、三才字例分析

　　《說文》「始一終亥」的立部原則不僅有《易》理蘊含在其中，就是部中屬字的先後次序安排也仿《易》三才之道。六十四卦成卦的六爻中，上兩爻象天道之陰陽，下兩爻象地道之柔剛，中兩爻象人道之仁義。天在上，人在中，地在下，故《說文》與天有關的字例置於首部，地則置於末尾的部首；介於天地之間的人與相關字例，則有三個分布的區段：（一）緊接在「天」之後的首段位置；（二）約為《說文》第八篇（卷）的中段位置；（三）鄰近於「地」的後段位置，大致在《說文》第十、十二篇（卷）附近。本來以為零星無關的字例及其字義，經此探討，竟可串聯起《說文》具體的三才之道，考察相關字例彼此之間的關連理路。茲分別說明如下：

（一）天元之始

字　例	元	天	無
篇　卷	1 上 1	1 上 1	12 下 46

（1）元　始也，从一，兀聲。（一篇上　一）

　　按：元「从一，兀聲。」大徐本作「从一从兀」，小徐本作「从一兀」，並曰：「元者，善之長，故從一。元，首也。故謂冠爲元服，故從兀。兀，高也。……俗本有聲字，人妄加之也。」〔註48〕大小徐本「元」所從之「兀」不作聲符，小徐以「元」之「首」意，是謂「兀」有「高」意，故可聊備一說。《漢書・律曆志上》：「太極元氣函三爲一。」孟康曰：「元氣始起於子未分之時，天地人混合爲一，故子數獨一也。」按照《說文》部首字與屬字形義相承的關係來看，「元」篆列於「一」篆之後，《說文》一下云：「惟初太極，道立於一，造分天地，化成萬物。」「元」若拆解作「从重一，古文奇字儿」的釋形，上一象天，下一象地，儿爲人，則是天地人「函三爲一」。元之「始」義既可與「一」有所承接，又有「函三」之形，自「一」太極之道，造分天地，化成萬物，天地人三才之道由是而始。

　　《易・乾》卦辭：「元亨利貞。」〈象傳〉曰：「大哉乾元！萬物資始，乃統天。」〈文言傳〉曰：「元者，善之長也。」《子夏傳》曰：「元，始也。」「元」是乾德之首，乾體廣遠昊大，以元大始生萬物，萬物之象皆取資「乾元」，各得始生，不失其宜。天之體性，生養萬物，善之大者，莫善施生，元爲施生之宗，是爲善之長者《公羊傳・隱公元年》：「元年者何？君之始年也。」何休注：「變一爲元，元者，氣也，無形以起，有形以分，造分天地，天地之始也。」孔子作《春秋》始於元，《易經》亦以「元」爲首，《漢書・董仲舒傳》：「臣謹按：《春秋》謂一元之意，一者萬物之所從始也；元者，辭之所謂大也。謂一爲元者，視大始而欲正本也。」「元」从「一」，是說「一」爲道之始，以「元」強調「一」的「開始」意。《春秋繁露・二端》：「是故《春秋》之道，以元之深，正天之端；以天之端，正王之政；以王之政，正諸侯之即位；以諸侯之即位，正竟內之治。」其述《春秋》之道，以「元」置於天之上，視爲王政之所本。又將「元」釋爲原，是天地萬物的終極本原，《春秋繁露・重政》：「唯聖人能屬萬物於一而系之元也，終不及本所從來而承之，不能遂其功。是以《春秋》變一謂之元，元猶

〔註48〕徐鍇，《說文繫傳・通釋》卷第一（北京：中華書局，1998.12），頁1。

原也，其義以隨天地終始也。」「偓人唯有終始也而生，不必應四時之變。故元者爲萬物之本，而人之元在焉。安在乎？乃在乎天地之前。」

　　緯書對「元」詮釋的思路與董仲舒基本一致，但表述更充分，《春秋元命包》：「元者，端也，氣泉。」宋均注云：「元爲氣之始，如水之有泉。泉流之原，無形以起，在天成象，有形以分，在地成形；窺之不見，聽之不聞。」「元」置於氣產生之前，表徵天地萬物產生之前的狀態。《春秋說題辭》：「元，清氣以爲天，渾沌無形體。」認爲天是清氣構成，所謂「清輕者上爲天」。地由重濁之氣構成，「重濁者下爲地。」宋均注云：「言氣在《易》爲元，在《老》爲道，義不殊也。」《春秋》緯將「道」與「元」結合起來。

　　《太平御覽》第一部是「天」部，但在沒有「天」之前，他們還給了一個名堂，第一個就是「元氣」，緊接著就是所謂「太易、太初、太始、太素、太極」。〔註49〕《太平御覽》「元氣」這部分，開頭就引《孔子家語》，《孔子家語》：「夫禮必本之太一，太一分爲天地，轉爲陰陽，變爲四時，列爲鬼神。」「太一謂元氣也」。《禮記·禮運》：「是故夫禮，必本於太一，分而爲天地，轉而爲陰陽，變而爲四時，列而爲鬼神，其將曰命，其官於天也。」孔穎達疏：「必本於太一解謂天地未分，混沌之氣也，極大謂天，未分謂一。」氣極大而未分，故曰太一，指自然界天地未分之前的一個景象。《呂氏春秋·古樂》這個相關的解釋也用「元氣」來解。自東漢以來，常以「元氣」來講「太一」。古人講「禮」、「樂」都本乎「太一」，就是指本乎「氣」，《禮緯·含文嘉》：「禮有三起：禮理起於太一，禮事起於遂皇，禮名起於黃帝。」「禮」的「理」是「起於太一」，把抽象的東西排在前面講，《禮記·禮運》說禮「必本於太一」應該就是指禮的道理「必本於太　」。郭店簡的《老子》「有物混成」作「有𧗠蟲成」原書注云：「𧗠从爿，百聲，疑讀作道。」《莊子·天下》：「齊萬物以爲首，首級是道。」郭店楚簡《太一生水》云：「上，燹（氣）也，而胃（謂）之天，『道』亦其芠（字）也。」〔註50〕《老子想爾注》：「吾不知其名，字之曰道」云：「吾，道也。」把道作第

〔註49〕　《列子·天瑞》：「夫有形生於無形，則天地安從生？故曰，有太易，有太初，有太始，有太素。太易者，未見氣也。太初者，氣之始也。太始者，形之始也。太素者，質之始也。」《易緯·乾鑿度》：「有形生於無形，乾坤安從生？故曰，有太易，有太初，有太始，有太素。太易者，未見氣也。太初者，氣之始也。太始者，形之始也。太素者，質之始也。」

〔註50〕　張光裕主編，袁國華合編，《郭店楚簡研究》第一卷（文字編）（臺北：藝文印書館，民國88.1（1999.1）），頁514。

一身看待。孔穎達《禮記正義》:「夫禮者,經天地,理人倫,本其所起,在天地未分之前,故《禮運》云夫禮者必本於太一,是天地未分之前,以有禮也。」這個「禮」實是從「理」來說的。這個「理」是一個「order」,一個秩序,人類有理,動物有理,一切萬物都有他一定的組織,一定的「理」,這個「理」可能是與生俱來,後來才發生這個事情,然後才再給一個「名」。《禮緯》講三個層次很科學,「理」在前,然後「事」,最後是「名」。漢代人悟到在天地尚未分之前,「禮」有一個「理」存在,就是「元氣」。〔註51〕它是天地一切的終極本原,故《說文》「元」作「始」義,是漢代這種宇宙本體論的一種泛意。

(2)頁顛也,至高無上,從大一。(一篇上 一)

　　按:段玉裁《廣雅疏證‧序》:「聖人之制字,有義而後有音,有音而後有形,學者之考字,因形以得其音,因音以得其義。治經莫重於得義,得義莫切於得音。」〔註52〕意義寄託在語音之中,語音又以文字記錄,因此,人可就文字以求語音,就語音以求事物稱名之所以然。聲訓往往利用音同音近的字來解釋被訓的名物,推尋名物命名之所以然,故又稱之為「推因」或「求原」,是古代慣用的訓詁方式,洪亮吉說:

> 古之訓詁即聲音,《易‧說卦》曰:「乾,健也。」「坤,順也。」《論語》曰:「政者,正也。」基之為始。……又若〈王制〉刑者,侀也;侀者,成也。展轉相訓,不離初音,漢儒言經咸臻斯義,以迄劉熙《釋名》、張揖《廣雅》,魏晉以來《聲類》《字詁》諸作靡不皆然,聲音之理通而六經之恉得矣。〔註53〕

若干以聲近字訓解「天」的例子,則可視為當時各家盛行從聲訓字得「天」之恉,如:《春秋元命包》:「天之言瑱」,玉瑱是鎮壓坐席的器具,通「鎮」。《白虎通‧天地》:「天之為言鎮也,居高理下為人鎮。」《春秋說題辭》:「天之為言顛也。居高理下,為人經緯,故其字一大以鎮之。」《釋名‧釋天》:「天,豫司兗冀以舌腹言之,天,顯也,在上高顯也;青徐以舌頭言之,天,坦也,

---

〔註51〕 饒宗頤,〈「大一」古義及相關問題〉《饒宗頤二十世紀學術文集》卷三「簡帛學」之「簡帛文藪」(臺北:新文豐股份有限公司,民國92.10(2003.10)),頁26-29。

〔註52〕 (魏)張揖撰、(清)王念孫疏證,《廣雅疏證》(臺北:廣文書局,民國80.1(1991.1)),頁1。

〔註53〕 (清)洪亮吉,《魏晉音‧序》(《續修四庫全書》245‧經部‧小學類,上海:上海古籍出版社,2002.3),頁569。

坦然高而遠也。……《易》謂之乾，乾，健也。健行不息也。又謂之玄，玄，
縣也，如縣物在上也。」基於音近條件，以瑱、鎮、顯、坦、乾、健、玄、
縣等聲訓字釋「天」，其實是各家對天的不同義理詮釋，也是他們對天的認知
意義。至於許慎以「顛」訓「天」，徐灝《說文解字注箋》：「顛，頂也，謂在
人上至高之處，故从一在大上，指事，大象人形。」〔註 54〕朱駿聲《說文通
訓定聲》：「按大猶人也，天在人上，仰首見之。」〔註 55〕甲文作夨或作夭，
盂鼎作夨，㒸伯戎敦作大，吳大澂曰：「天，人所載也，天體圓故从·，許氏
說天大地大人亦大，故大象人形。」〔註 56〕羅振玉云：「《說文解字》天从一
大，卜辭中有从二者，二即上字，大象人形，人所載爲天，天在上也，許書
从一，猶帝示諸字从二亦从一矣。」〔註 57〕「大」與「天」皆象人形，兩者
的區別，陳柱〈釋天〉說：「天爲人頂，故龜甲文之夨金文之夨皆象人形，囗
與●皆象人首，大字本象人形，而所重不在頂，故首形不顯，天字則所重在頂，
故首形特大也。龜甲文有从二作夭者，當即夨之或體……夭从二从大，二，
古文上字，大，人也，亦示人最上之處，人最上處則頂也。龜甲文之夭與小
篆之頁，殆即一字。」〔註 58〕「天」比「大」多上面一橫畫，有指事作用，
指人頭上的一片天，人形之「大」是指涉廣大無垠「天」的基準，在「大」
上頭加表示「天」的抽象一筆，天的意義就可清楚表示。馬叙倫說：「若天爲
顛之初文，從大，大象人正立形，●不成字而以此指事爲人之顛也。」〔註 59〕
「天」的上古字形其實就是一個頭戴天、足踏地，頂天立地的大人，所以人
的頭頂也叫天靈蓋。「由於天體高廣，無以爲象，故用人之顛頂以表示至上之
義，但天字上部以丁爲頂，也表示著天字的音讀。」〔註 60〕古文字「天」之
象，既可表示天，也可表示人之頂，兩者　樣有「顛」意，可「引申爲高大，

〔註 54〕楊家駱主編，《說文解字詁林正補合編》第二冊（臺北：鼎文書局，民國 72.4
　　　　（1983.4）），頁 2-25。
〔註 55〕同註 54，頁 2-26。
〔註 56〕吳大澂，《說文古籀補》第一（「國學基本叢書」王雲五主編，臺北：臺灣商
　　　　務印書館，民國 57.6（1968.6）），頁 1。
〔註 57〕羅振玉，《殷虛書契考釋》卷中（臺北：藝文印書館，民國 70.3（1981.3）），
　　　　頁 5。
〔註 58〕同註 54，頁 2-27、28。
〔註 59〕馬叙倫，《說文解字研究法》（臺北：學海出版社，民國 77.6（1988.6）），頁 83。
〔註 60〕于省吾認爲天字上部作○或●，即古「丁」字，就是人之顛頂之頂字的初文。
　　　　見《甲骨文字釋林》〈釋具有部分表音的獨體象形字〉。此轉引自《甲骨文字
　　　　詁林》〈198 天〉（北京：中華書局出版社，1996.5），頁 212。

因而與『大』實同義。卜辭中凡稱『大』者多可作天，如大雨作天雨……大邑商作天邑商……，大牢可作天牢……，大戊可作天戊……，大庚可作天庚……等等，均是其例。」〔註61〕

（3）霖亡也，从亡霖聲。无，奇字無也。通於元者，虛无，道也。王育說天
　　屈西北爲无。（十二篇下　四十六）

　　按：《易緯·乾坤鑿度》：「天數一，一者，無也。」韓康伯曰：「道者，无之稱也，寂然无體，不可爲象，必有之用極而无之功顯，故至乎神无方，而易无體。」徐鍇《說文繫傳》云：「无爲萬物之始，未始有有始也。道者象帝之先，道者始初爲之也，實無也，無則不容立言，故強名之曰道。」〔註62〕

　　奇字无通於元者，是從字形而得義。蓋元之丿在二之下，无之丿通於二之上；元是道，《易·繫辭上》「神无方，而易无體」无也是道，元无並爲道，以无字之丿上貫於元，證其爲從元；又以虛无之說，黏合元无皆爲道，此謂无字從元也。〔註63〕又以页无形相似，无則一足屈，乃言天亦有屈，猶亣而偏曲之成亢，页而屈之，豈不爲无乎，是以天屈西北之意與无之屈足相黏合，是又謂无字從天也。〔註64〕

　　本類字元、天、無三個字相較之下，天是天元之始較具體可理解的概念，爲天道、天體的可見形象；元與無則是這可見形象的形上意義，《易·乾》象曰：「大哉乾元！萬物資始，乃統於天。」《老子》一章：「無，名天地之始；有，名萬物之母。」奇字无與元、天二字在字形上皆有二與人的形象，二爲上，指在上的廣袤之天；元的古文奇字亣在二之下；无的人形通於二且屈足；天篆形从大一，甲文天亦有从二从大，大爲正面人形，一樣指人之上至高的天，故《說文》以顛爲訓。

　　（二）地載之厚

字　例	地
篇　卷	13 下 16

〔註61〕陳煒湛，〈甲骨文同義詞研究〉《古文字學論集》初編，頁129-131。此轉引自同註60。

〔註62〕徐鍇，《說文繫傳·通釋》卷第二十四（北京：中華書局，1998.12），頁248。

〔註63〕參考王筠，《說文句讀》、《說文釋例》，見楊家駱主編，《說文解字詁林正補合編》第十冊，頁10-381。

〔註64〕同註63。

坤元气初分，輕清易爲天，重濁仌爲地，萬物所陳列也，从土也聲。（十三篇下　十六）

按：《淮南子‧天文》：「天墜未形，馮馮翼翼，洞洞灟灟，故曰太昭。道始於虛霩，虛霩生宇宙，宇宙生氣，氣有涯垠，清陽者薄靡而爲天，重濁者凝滯而爲地，清妙之合專易，重濁之凝竭難，故天先成而地後定。」《易緯‧乾鑿度》：「清輕者爲天，濁沉者爲地。」《河圖括地象》：「易有太極，是生兩儀，兩儀未分，其氣混沌，清濁既分，仰者爲天，偃者爲地。」《論衡‧談天篇》：「元氣未分，渾沌爲一，及其分離，清者爲天，濁者爲地。」《黃帝內經‧素問‧陰陽大論》曰：「黃帝問於岐伯曰：地之爲下否乎？岐伯曰：地爲人之下，大虛之中者也。黃帝曰：馮乎？岐伯曰：大氣舉之也。按：地之重濁而包舉乎輕清之氣中，是以不墜。……地以土生物故从土。坤道成女，元牝之母爲天地根，故其字从也。」以上文獻諸說，皆以清陽爲天，濁陰爲地。《說文》云：「也，女侌也。从乁，象形，乁亦聲。」故「地」所从的「也聲」兼有「女侌」義，是以《素問‧陰陽大論》云：「坤道成女，元牝之母爲天地根，故其字从也。」《老子》六章：「谷神不死，是謂玄牝。玄牝之門，是謂天地根。綿綿若存，用之不勤。」玄牝、谷神說的就是「女侌」，是偉大母親的象徵，具有生成萬物的崇高哲學意義，《易‧說卦傳》：「坤爲地，爲母。」大地之母孕生萬物，由此可證。

元氣初分，重濁陰爲地，《國語‧越語》：「唯地能包萬物以爲一，其事不失生萬物，容畜禽獸，然後受其名而兼其利。」《洪範五行傳》：「地者，成萬物者也。」《釋名‧釋地》：「地者，底也。其體底下載萬物也。」《易‧說卦傳》：「坤爲地、爲母」，《易‧坤》象曰：「至哉坤元！萬物資始，乃承順天，坤厚載物，德合无疆，含弘光大，品物咸亨。」大地厚載萬物，正是大地之母的自然原始屬性。

（三）人道之理

字　　例	帝	王	皇	士	人	儒	大	夫
篇　　卷	1 上 3	1 上 18	1 上 38	1 上 39	8 上 1	8 上 3	10 下 4	10 下 19

（1）帝諦也。王天下之號，从二朿聲。帝古文帝，古文諸上字皆从一，篆文皆从二，二古文上字。辛、示、辰、龍、童、音、章皆从古文上。（一篇上　三）

按：《管子‧兵法篇》：「明一者皇，察道者帝。」《孝經援神契》《春秋元命包》皆云：「帝者，諦也。」《春秋運斗樞》：「帝之言諦也。」《白虎通‧號》：「何帝者，諦也，象可承也。」許慎以諦釋帝的聲訓方式，是漢代普遍存在的訓詁形式。帝之為諦，乃帝能審諦，《獨斷》卷上：「帝者，諦也，能行天道，事天審諦。」《春秋運斗樞》：「五帝修名立功，修德成化，統調陰陽，招類使神，故稱帝。帝之言諦也。」鄭玄注云：「審諦於物色也。」《尚書大傳》：「天立五地以為相，四時施生，法度明察，春夏慶賞，秋多刑罰，帝者任德設刑，以則象之，言其能行大道，舉錯審諦。」《尚書‧堯典》序：「昔在帝堯」正義云：「言帝者，天之一名，所以名帝，帝者，諦也。言天蕩然無心，忘於物我，言公平通遠，舉事審諦，故取其名。」

《白虎通‧號》：「帝王者何？號也。號者，功之表也，所以表功明德，號令臣下者也。」《尚書緯‧刑德放》：「帝者，天號也，王者，人偁也。天有五帝以立名，人有三王以正號。」與許慎「王天下之號」之義相同。

（2）王天下所歸往也。董仲舒曰：「古之造文者，三畫而連其中，謂之王。三者，天地人也，而參通之者王也。」孔子曰：「一貫三為王。」盂古文王。（一篇上　十八）

按：《穀梁傳‧莊公三年》：「其曰王者，民之所歸往也。」《易緯‧乾鑿度》上：「王者天下所歸往。」「天下歸往之，莫不美命為王。」《春秋元命包》：「王者往也，神之所輸向，人所歸樂。」（《初學記》卷 9 引）《白虎通‧號》：「土者，往也，天下所歸往。」《太平御覽》引《韓詩外傳》：「王者，往也。天下往之，贍養生人者也，故人尊之；善辯治人者也，故人安之；善顯設人者也，故人親之；善粉飾人者也，故人悅之。四德具而天下往之，四德無一而天下去之，往之謂王，去之謂亡。」《春秋繁露‧滅國》：「王者，民之所往。君者不失其群者也，故能使萬民往之，而得天下之群者，無敵於天下。」王以聲訓字「往」釋之，知「王」之稱名所以然，是經籍普遍使用的訓詁方式。

《說文》引述孔子的話，未詳所出，但引述董仲舒的話，也等於在詳解「一貫三為王」之意。董仲舒原文出自《春秋繁露‧王道通》，其曰：「古之造文者，三畫而連其中，謂之王。三畫者，天地與人也，而連其中者，通其道也。取天地與人之中，以為貫而參通之。非王者孰能當？」徐鍇《說文繫傳‧通論》：「王者則天之明，因地之義，通人之情，丨而貫之，丨，一也，一以貫之，故於文丨貫三為王，丨者居中也，皇極之道也。三者，天地人也，

天曰柔克，地曰剛克，人曰正直，王者抑剛法柔，體於正直，故王之位居中而高，三之中，王者之位也，上附者居中而高也。《詩》曰：『載色載笑，匪怒伊教。』夫登山者必下瞭焉，在谷者必仰窺焉，地使之然也。王者，人中之高也，則天以臨民，故曰聖人之大寶曰位也。」〔註65〕王之三畫，由上而下依次爲天人地，連中者通其道，王者取天地與人之才而參之，必法天以天仁覆育萬物，既化而生之，又法地厚養而成之，從一貫三才去參通王道。

（3）皇大也，从自王，自，始也，始王者，三皇大君也，自讀若鼻，今俗目作始生子爲鼻子是。（一篇上　十八）

　　按：文獻中對三皇的說法不一。《尚書大傳》：「燧人爲燧皇，伏羲爲羲皇，神農爲農皇。燧人以火紀，火，陽也，陽尊故託遂皇於天；伏羲以人事紀，故託羲皇於人。天非人不因，人非天不成，神農悉地力耕種穀，故託農皇於地，天地人之道備，而三五之運興矣。」《禮緯·含文嘉》也是燧人、伏羲、神農。《春秋運斗樞》：伏羲女媧神農。《白虎通·皇》：伏羲、神農、祝融。《通鑑外紀》：伏羲、神農、共工。《帝王世紀》：伏羲、神農、黃帝。

　　《說文》：「自，鼻也。」楊雄《方言》卷十三曰：「鼻，始也。嘼之初生謂之鼻，人之初生謂之首。」《洪武正韻》：「鼻者，始也，人之胚胎鼻先受形，故謂使祖爲鼻。」自（鼻）有始義，故皇从自王爲始王。

（4）士事也，數始於一，終於十，从一十。孔子曰：「推十合一爲士」。（一篇上　三十九）

　　按：《孟子·滕文公下》：「士無事而食，不可也。」《禮記·禮運》：「禮無列則士不事也。」《白虎通·內爵》曰：「士者，事也，任事之稱也，故傳曰：通古今辯，然不謂之士。」士在經籍中多以事爲訓。

　　許慎將「士」拆解成十與一，以數始一終十之理釋形。《說文》出現一與十之處，部首的編纂「始一終亥」，其屬字也起於「一」；釋「十」爲「數之具也」，「章」从「十」爲「數之終也」。許慎引「孔子曰：推十合一爲士」與王字的「孔子曰：一貫三爲王」道理一樣，在釋形裡闡發其思想，徐灝《說文解字注箋》云：「按庶事多端，故从十，綜理之，故从一。推十合一爲士，與一貫三爲王同例。」〔註66〕《韻會》《玉篇》皆作推一合十，鉉本及《廣韻》皆作推十合一。推一合十乃因數始於一終於十，似有一以貫之之義；推十合

<hr />

〔註65〕徐鍇，《說文繫傳·通論》卷上第三十三（北京：中華書局，1998.12），頁306。
〔註66〕楊家駱主編，《說文解字詁林正補合編》第二冊，頁2-418。

一乃因十居「士」字形之上，一居其字形之下，似有由博返約之義。饒炯《說
文解字部首訂》云：「其文从十，即《論語》所謂多學而識之意，从一，即《論
語》所謂一以貫之意，合言之，即《孟子》所謂博學而詳說之，將以反說約
也之意。」〔註67〕「士」的「十爲數之具，一爲東西，｜爲南北，則四方中
央備矣。」故有博學之義，「士」的一，猶一貫之返約。吳文起〈釋士〉一文
也說明「推十合一」精要：

> 案許君作《說文》以一建首云：「惟出太極，道立於一，造分天地，
> 化成萬物。」又云：「十，數之具也，一爲東西，｜爲南北，則四方
> 中央備矣。」蓋士以能事其事爲名，則天地萬物皆士人所有事也，
> 天地萬物又極乎四方中央之間矣。一者數之始事，十者數之終極，
> 聞一知十，顏子之因端而竟委也。推十合一，學者之由博以反約也，
> 通古今辯然，不即天地萬物之事也。數之具也，推數之具以合乎數
> 之始，又即《中庸》所謂達道五行之者一也。士从一从十，其義最
> 爲精奧，概言士之名，則任事之儔也，析言士之用，則推十合一之
> 義也。王子墊問士何事，孟子對以尚志，又言志在居仁由義，大人
> 之事備，是極乎士事之能矣。孟子又言，一者仁也，是存乎中爲仁，
> 行乎外爲義，一貫之詣也。《大戴記·哀公問五義篇》所謂「士者知
> 不務多而務審，其所知行不務多而務審，其由言不務多而務審。」
> 其所謂此即返約合一之愲也。〔註68〕

「士」的字形由「一」、「十」組合而成，代表「士」的學識氣格，既可如「數
始於一，終於十」那樣博問廣學，又可如「推十合一」那樣由博返約，博學
審問愼思明辨篤行，惟以求其至。若一以貫之，則聖人之極致矣。拆解過後
的士字形如「數始於一，終於十」，由一推到十，又如孔子說的「推十合一」，
從十推到一。因此，一與十從哪方推皆通，無所謂終始問題，能博也能返約，
本末兼全，圓道自生，潘任《說文粹言疏證》剖析更詳細：

> 推一合十者，以數始于一終于十，即由博返約之旨，亦即一貫之道。
> 說者每謂因聖人一呼之下，即一旦豁然貫通，乃釋氏之頓悟，非聖人
> 傳道之意。夫子曰：「博學于文，約之以禮。」又問賜曰：「女以予爲
> 多學而識之者與？」曰：「然，非與？」曰：「非也，予一以貫之。」

〔註67〕 同註66，頁 2-420。
〔註68〕 同註66，頁 2-420、421。

－132－

多學而識即博學于文，一以貫之即約之以禮。夫子非斥子貢多學而識
之非，因子貢但知多識，不知多者可貫以一，故又告以一貫耳。多識
即推十也，一貫者即合一也。《爾雅》：「貫，事也。」一貫猶言一事，
貫訓事，則推十合一主於行事。曾子聞一貫之道，出告門人則云：「夫
子忠恕而已。」忠恕爲行事之本，阮氏元云：「孔子之道於行事見之。」
極合是旨。推十合一猶言士爲萬事，而道必歸于一理，士讀萬卷而學
必守於一家，《中庸》云：「博學之，審問之，慎思之，明辨之，篤行
之。」此皆士之事，然推而行之，方能求其至是至博，而約之至精，
故必由博反約，始精粗兼備，本末兼全也。〔註69〕

「數始於一，終於十」、「推十合一」不僅對「士」字有釋形作用，更賦予了
「士」至博、至約、一貫之道的意義。易言之，這樣的釋形方式是《說文》
思想表現的一種壓縮檔，透過吳文起、潘任二人對《說文》「士」字的剖析，
讓我們更清楚壓縮在「士」字形筆畫中的深層涵義爲何，由此從釋形中解壓
縮釋放出來。

（5）𡰥天地之性冣貴者也。此籀文象臂脛之形。（八篇上　一）

　　按：《孝經・聖治章》：「天地之性人爲貴。」注云：「貴其異於萬物也。」
《尚書・泰誓》：「惟天地，萬物父母，惟人，萬物之靈。」傳云：「天地所生，
惟人爲貴。」人之所以爲天地萬物之最貴者，乃因人受陰陽純粹之精而生，《禮
記・禮運》：「故人者，其天地之德，陰陽之交，鬼神之會，五行之秀氣也。」
又云：「故人者，天地之心也，五行之端也，食味、別聲、被色而生者也。」而
這陰陽純粹之精即是天地之心，謂之人能與天地合德。禽獸艸木皆天地所生，
而不得爲天地之心。天地以生物爲心，此天地之仁，因而人心之有生意者亦謂
之仁。《春秋繁露・人副天數》云：「天地之精所以生物者，莫貴於人。人受命
乎天也，故超然有以倚。物疢疾莫能爲仁義，唯人獨能爲仁義；物疢疾莫能偶
天地，唯人獨能偶天地。」故「人有三百六十節，偶天之數也；形體骨肉，偶
地之厚也。上有耳目聰明，日月之象也；體有空竅理脈，川谷之象也；心有哀
樂喜怒，神氣之類也。」「天以終歲之數，成人之身，故小節三百六十六，副日
數也；大節十二分，副月數也；內有五臟，副五行之數；外有四肢，副四時數
也，乍視乍瞑，副晝夜也；乍剛乍柔，副冬夏也；乍哀乍樂，副陰陽也。」

　　籀文人「𡰥」象臂脛之形，側立見一臂一脛，作屈背彎腰之形，廖廷相〈釋

人〉說：「蓋下象脛，上象俯首，乃鞠躬致敬形也。人非禮不立，鞠躬致敬者所以明禮。」〔註70〕尺部中夂、夊、久皆取脛爲義，惟仞取伸臂一尋八尺。古文奇字「𠈇」象脛形，而「𠤎」象人初生之全體，古文「𡗏」象成人之全體，戴天履地爲「𡗡」，故从人在地上。人一字多變形，各有不同的意義展現。

（6）儒柔也，術士之偁，从人需聲。（八篇上　三）

按：《說文》釋儒爲柔，不作「柔弱」或「柔輭」解，《爾雅·釋詁》：「豫、寧、綏、康、柔，安也。」《詩·大雅·民勞》：「柔遠能邇，以定我王。」傳云：「柔，安也。」《詩·大雅·抑》：「敬爾威儀，無不柔嘉。」箋云：「柔，安；嘉，善也。」訓「安」的「柔」字，經典上常與「擾」字互用，如《尚書·皋陶謨》：「寬而栗，柔而立。」《史記·夏本紀》「柔」作「擾」，應劭云：「擾音柔，擾，馴也。」《周禮·地官·司徒》：「使帥其屬而掌邦國教，以佐王安擾邦國。」鄭注：「教所以親百姓，訓五品；擾亦安，言饒衍之。」鄭玄《禮記目錄》的〈儒行篇〉云：「名曰儒行者，以其記有道德所行，儒之言優也、柔也，能安人，能服人。」能「安人」的叫作儒，而儒之意義爲「柔」，「柔」的意義即是「安」。《說文》訓儒爲「柔」，和鄭玄、《爾雅》一樣也作「安」。

漢碑多把「儒」字寫成「濡」，如《魏方碑》「少以濡術」，《堯廟碑》「馮術之宗」。《詩·周頌·時邁》：「懷柔百神，及河喬嶽。」《經典釋文》「柔」本作「濡」，郝懿行《爾雅義疏·釋詁下》云：「某氏引詩云『懷柔百神』，定本作柔，集注作濡，是濡柔通。」〔註71〕馬瑞辰《毛詩傳箋通釋》云：「柔濡雙聲，故通用。《宋書·樂志·明堂歌》『懷濡上靈』，正本此。《詩》柔通濡，猶《說文》訓儒爲柔也。」〔註72〕《說文》以柔訓儒，是聲訓之法，其義當爲「安」，而非柔弱或柔軟。

術士的「術」指道術或方術，本泛指百家道藝學說，《莊子·天下篇》：「天下之治方術者，多矣，皆以其有爲不可加矣。古之所謂道術者，果惡乎在。曰，無乎不在。」《管子·君臣下》：「道術，德行，出於賢人。」《墨子·非命下》：「今賢良之人，尊賢而好功道術，故上得其王公大人之賞，下得其萬

〔註70〕楊家駱主編，《說文解字詁林正補合編》第七冊，頁 7-6。

〔註71〕（清）郝懿行，《爾雅義疏》第一冊（四部刊要／經部·爾雅類）（臺北：漢京文化事業有限公司，民國 74.9（1985.9）），頁 236。

〔註72〕（清）馬瑞辰，《毛詩傳箋通釋》二十八，（重編本）《皇清經解續編》卷 443（清·王先謙編刊，民國·王進祥重編，臺北：漢京文化事業有限公司），頁 2726。

民之譽。」《荀子・堯問》：「孫卿不遇，時也。德若堯禹，世少知之。方術不用，為人所疑。」《韓非子・外儲說》：「知治之人不得行其方術，故國亂而主危。」《關尹子・一宇》：「方術之在天下多矣，或尚晦，或尚明，或尚強，或尚弱。執之，皆事。不執之，皆道。」有時亦可單以「方」、「術」稱之，如《莊子・田子方》：「莊子見魯哀公，哀公曰：『魯多儒士，少為先生方者。』」《莊子・天下》：「惠施多方，其書五車。」《管子・形勢》：「羿之道，非射也，造父之術，非馭也。」《管子・明法》：「所謂亂國者，臣術勝也。」《荀子・富國》：「儒術誠行，則天下大而富，使有功。」陳槃說：

> 於古，凡一切道藝學說皆曰「道」，曰「術」，曰「方」，曰「道術」，曰「方術」，其人即因以為稱，是廣義。戰國秦漢以後，乃以名「迂怪」方士，是為狹義。〔註73〕

「方術」、「道術」原為百家行能道學，簡稱「道」、「方」、「術」。「方術士」、「道術之士」簡稱得曰「道士」、「方士」、「術士」，本自百家通名，不獨儒有是稱，亦不獨方士矣，厥後乃為方士「迂怪」專名。漢儒多與方士同化，方士以儒學文飾，兩者皆雜學，《說文》所謂的「術士」應包括方士化的儒生和儒學化的方士兩者，儒生與方士的區別沒有截然的界線。《周禮・天官・大宰》：「儒以道得民。」《禮記・儒行》：「營道同術」，《漢書・司馬相如傳》：「列僊之儒。」顏注云：「儒，柔也，術士之稱也，凡有道術皆為儒。」《法言・君子篇》：「通天地人曰儒。」漢代人稱儒為術士，重要的還是要通天地人之道術。

（7）大天大地大人亦大焉，象人形，古文亣也。（十篇下　四）

　　按：《說文》三下云：「天地人之道也。」《易・繫辭下》：「《易》之為書也，廣大悉備。有天道焉，有人道焉，有地道焉。」《老子》二十五章：「故道大，天大，地大，人亦大。域中有四大，而人居其一焉。人法地，地法天，天法道，道法自然。」《淮南子・墜形》：「天一地二人三。」《大戴禮・曾子大孝篇》：「天之所生，地之所養，人為大矣。」戴侗《六書故》：「天以氣覆乎上，地以形載乎下，人立乎其中，獨以心知，故人者，天地之心而氣之帥也，能盡其心則可以與天地參，與天地參則可以為天地萬物之主宰矣，斯之謂大人。」〔註74〕按

〔註73〕陳槃，〈戰國秦漢間方士考論〉，收錄於《古讖緯研討及其書錄解題》（臺北：國立編譯館，民國80.2（1991.2）），頁198。
〔註74〕戴侗，《六書故》卷十三〈人六〉心（任繼愈，傅璇琮總主編，《文津閣四庫全書》第七十冊〈經部・小學類〉，北京：商務印書館，2005），頁688。

天地人三才之道，大人者與天地合其德，故曰人亦大，《易‧乾卦》：「夫大人者，與天地合其德，與日月合其明，與四時合其序，與鬼神合其吉凶。」

（8）夶 丈夫也，从大一，一目象先，〔註75〕周制八寸爲尺，十尺爲丈，人長八尺，故曰丈夫。（十篇下　十九）

按：夫者，成人之稱。《公羊傳‧定公八年》：「如丈夫。」何休注：「丈夫，大人之稱也。」《大戴禮‧本命篇》：「男子者，言在天地之道，如長萬物之義也，故謂之丈夫。丈者，長也。夫者，扶也。言長扶萬物也。」《論衡‧氣壽篇》：「譬猶人形一丈正形也，名男子爲丈夫，……不滿丈者失其正也，雖失其正，由乃爲形也，夫形不可以不滿丈之故，謂之非形。」成年男子即稱丈夫，其身高以丈爲基準，表示體型的成熟，象徵心智成熟、剛健負責。

「从大一，一以象簪」，《太平御覽》引云：「從一大，象人形也，一象簪形，冠而既簪，人二十而冠，成人也，故成人曰丈夫。」男子二十而冠，冠而既簪，故一以象簪。

十尺爲丈，人長八尺，即可謂丈夫。《說文》咫下云：「八寸謂之咫，周尺也。」丈下云：「十尺也，从又持十。」《周禮‧考工記》：「人長八尺，崇於戈四尺，殳長尋有四尺，崇於人四尺。」《淮南子‧天文》：「古之爲度量輕重，生乎天道黃鐘之律，修九寸，物以三生，三九二十七，故幅廣二尺七寸，音以八相生，故人修八尺。尋自倍，故八尺而爲尋。」〔註76〕人長八尺爲尋，《說文》尋下云：「度人之兩臂爲尋八尺也。」半伸兩臂之長等於身長，同爲八尺。義大利達文西的人體結構圖，即畫有人直立平伸兩臂，與大字人形合併圖，即是古希臘人的「霍姆正方形」（Homo guadratus）。古之中西對人體長度的體認有異曲同工之妙。

〔註75〕各本作「从大一，以象簪。」

〔註76〕《淮南鴻烈集解》卷三〈天文訓〉：「王引之云：此文多不可通。『人修八尺，尋自倍』，則丈六尺矣，而云『人修八尺，尋自倍』，故八尺爲尋，其不可通一也。音以八相生，音即聲也，何須更云：『有形則有聲』，其不可通二也。匹長四丈，人之長安得有此，而云『匹者，中人之度』，其不可通三也。蓋寫者誤舛失次，兼有脫文。宋書已與今本同，則後人以誤本淮南改之也。今更定其文，而釋之如下：**有形則有聲，音以八相生，故人臂修四尺，尋自倍，故八尺而爲尋，尋者中人之度也。**……云有形則有聲者，有形，謂上文黃鐘之律修九寸也。有聲，謂音以八相生也。云人臂修四尺者，《一切經音義》卷十七引《淮南》云：人臂四尺，尋自倍，故八尺曰尋。是也。云尋者，中人之度也者，《考工記》曰：人長八尺。是也。」（臺北：文史哲出版社，民國74.9（1985.9）），頁76。

1. 從直立平伸兩臂人形部分看，由於身高等於平伸兩臂之長，故成正方形。

2. 從大字人形部分看，肚臍到手指尖的距離等於肚臍到腳趾的距離，以肚臍為圓心，到指尖或腳趾的距離為半徑，可成一圓。

3. 「霍姆正方形」圖通過人體的中心點——肚臍，可畫兩等長對角線作乂，橫直等長交叉線作十。

本類《說文》字例是天地人三才的印證，與一「惟初太極，道立於一，造分天地，化成萬物」同為本源思想，元气始於子，繼而為天地之性最貴者的人，故天大、地大，人亦大。術士之儒為柔，士者推十合一，王者參通天地人，一貫三為王，為天下所歸往；帝者，審諦號令天下。

二、三才思想釋義

許慎自言《說文》編次原則有所謂「方以類聚，物以群分」，9353 個篆文以形類歸納，分為 540 部；所謂「同條牽屬，共理相貫」，即每部首之下，言「凡某之屬皆从某」，部中之字又牽連貫串有次；所謂「雜而不越，據形系聯」，言部與部間各有界限，且依其形以相連次。然而細究之下，天地人三才之理才是《說文》編次原則的更高指導哲理，包括部首次序的安排、部中之字相連次的道理、六書次第的依歸，無不展現這樣的思維哲理。

（一）「一」、「元」相次原理

《說文》開宗明義起於「一」，其曰：「惟初太極，道立於一，造分天地，化成萬物。」小徐（鍇）本作「太極」，大徐（鉉）作「太始」，《易緯・乾鑿度》云：「太極者，未見其氣；太初者，氣之始；太始者，形之始；太素者，質之始。」又云：「太易始者太極成。太極成，乾坤行。」鄭玄注：「太易者，無也；太極，有也，太易從無入有。」在天地未分之前，道體的一，就是太極，而太極的氣、形、質之始，分別為太初、太始、太素，意謂宇宙形成的過程分為兩個階段，一是太易無極而太極，氣未產生的階段，一是形氣質具備的階段，包括太初、太始、太素。大徐本用「太始」，是想藉著「形之始」的形上內涵，嫁接於「一」作為文字的初始筆畫，故特重於太始之「形」。小徐用「太極」，則想強調「一」是道體之源，乃萬有之始，萬物因此而得以化生，猶如《說文》也是由「一」孳生文字而構成的字書。《老子》四十二章云：

「道生一，一生二，二生三，三生萬物。」「道」有「無」「有」兩種性質，「天下萬物生於有，有生於無。」（《老子》四十章）無形無狀的「道」爲混沌，有形有狀的「道」爲「一」。「道」是自根自生，「道」產生自己；而「一」是「道」的本體，也是「道」所派生出來。《老子》所說的「道生一」（四十二章），是道從「無」的本體狀態生成爲「有」的狀態，但這個「一」兼含兩層意蘊：其一是有形萬物之始，而其本身仍是無形，《淮南子‧原道》：「所謂無形者，一之謂也。」其二是本體「無」（或「道」）的外用，而其本身已屬於「有」。所以，「道生一」，可以說成爲「無」中生「有」，〔註77〕或道體外用爲一。故「道」和「一」合言之爲「道」爲「大」，〔註78〕分別體用言之則爲「道（大）」、「無」和「一」、「有」。

　　戰國秦漢間的道論提出新的天道觀念，與《老子》代表的早期道家思想已有差別，「道」與「一」合稱，其意義趨向於「一」。如《韓非子‧解老》：「道者，萬物之所以然也，萬理之所稽也……天得之以高，地得之以藏，維斗得以成其威，日月得以恒其光，五常得之以常其位，列星得之以端其行，四時得之以御其變氣，軒轅得之以擅四方，赤松得之與天地統，聖人得之以成文章。」這裡的「道」就是《老子》的「一」。〔註79〕《韓非子‧揚權》：「道無雙，故曰一。」《呂氏春秋‧大樂》直稱「一」爲「太一」，曰：「萬物所出，造於太一，化於陰陽。」又曰：「太一出兩儀，兩儀出陰陽。」〈圓道〉云：「一也者至貴……而萬物以爲宗。聖王法之，以令其性，以定其止，以出號令。」「太一」在《易傳》作「太極」，〈繫辭上〉云：「易有太極，是生兩儀。兩儀生四象，四象生八卦。」所以，《說文》云：「道立於一」同《老子》「道生一」的意涵。許慎將《老子》「道」與「一」與《易》學貫通，明白指出「一」爲「太極」，然後造分天地，而爲陰陽爲二。故天地、乾坤、陰陽皆肇於一元，歸本於一，天地萬物因「一」而生，即所謂「萬物資始於乾元，資生於坤元，故得一以生。」〔註80〕所以，《說文》的「一」融合了道家的「道生一」說，

〔註77〕　《老子》四十章：「天下萬物生於有，有生於無。」
〔註78〕　《老子》二十五章：「有物混成，先天地生，寂兮寥兮，獨立而不改，周行而不殆，可以爲天下母。吾不知其名，字之曰道，強名之爲大。」
〔註79〕　《老子》三十九章：「天得一以清，地得一以寧，神得一以靈，谷得一以生，侯王得一以爲天下貞。」
〔註80〕　《易‧乾象》曰：「大哉乾元！萬物資始，乃統天。」《易‧坤象》曰：「至哉坤元！萬物資生，乃順承天。」

與《周易》的太極生兩儀說。

　　不過，許慎對「一」作如此的詮釋，在秦漢諸家之說相當普遍，如《呂氏春秋‧論人》：「知神之謂得一。凡彼萬形，得一後成。」高誘注：「一，道也。道生萬物，萬物得一，乃後成也。」《淮南子‧原道》：「道者一立而萬物生矣。」〈天文〉：「道曰規始于一，一而不生，故分而爲陰陽。陰陽合和而萬物生。」〈精神〉：「一生二，二生三，三生萬物。」高誘注：「一謂道也，二曰神明，三曰和氣也。或說一者元氣也，生二者乾坤也。二生三，三生萬物，天地設位，陰陽通流，萬物乃生。」〈詮言〉：「一也，萬物之本也。無敵之道也。」許慎對「一」會作如此的認知，應是當時盛行的想法，易言之，「一」在秦漢之際的思想意涵早已融合《易》、《老》二家爲一體。

　　惠棟指出「一亦作壹，古壹從壺吉」，〔註81〕蓋源於《說文》云：「壺，嫥壹也，從壺吉，吉亦聲。」又《說文》云：「壹，壹壺也，從凶從壺，壺不得渫也。《易》曰：天地壹壹。」「《易》曰：天地壹壹」爲《易‧繫辭下》之文，今作「天地絪縕」，指天地之氣交密之狀，所以，「壹壹」、「氤氳」、「絪縕」爲元氣之狀，氣化宇宙的本源樣態。以「道」一，造分天地，陰陽氣化，「一」爲元氣之所，陰陽二氣之本體。故緊接著「一」而後的是「元」字，《說文》釋其義爲「始」，釋其形爲「從一，兀聲。」等於是在佈線「元」與「一」的關連，意謂「元」指稱道體一之始。漢代以「元」爲宇宙本原論說者肇端於董仲舒，其《春秋繁露》曰：

　　　　唯聖人能屬萬物於一，而繫之元也。……是以《春秋》變一謂之元，元猶原也，其義以隨天地終始也。……故元爲萬物之本，而人之元在焉。安乎在？在天地之前。〈重政〉

　　　　《春秋》何貴于元而言之，元者始也。言本正也。〈王道〉

　　　　謂一，元者，大始也。知元年志者，大人之所重，小人知所輕。〈玉英〉

　　　　《春秋》謂一元之意，一者，萬物之所以始也；元者，辭之所謂大也。謂一爲元者，視大始而欲正本也。《春秋》深探其本，而反自貴者始。〈舉賢良對策〉一

董仲舒以「元」詮釋道家的「一」，並在孔子作《春秋》用「元年」上大作文章，打著《春秋》的旗號，爲自己「變一謂之元」的思想背書，不過卻爲漢代思想帶出理論上的創造與影響，將道家的「一」、《易》之「太極」、《春秋》之「元」三者視爲一體，成爲漢代的共識思想，如：劉歆《三統歷》就明言《春秋經》的「元」即《易》之「太極」，《易緯・乾鑿度》：「故《易》者，天地之道也，乾坤之德，萬物之寶。至哉《易》，一元以爲元紀。」《春秋元命包》曰：「元年者何？元宜爲一。謂之元何？曰君之始年也。」何休《公羊傳・隱公元年》注曰：「變一爲元，元者氣也，無形以起，有形以分，造分天地，天地之始也。」董仲舒藉由「一」的根本之性，作爲宇宙的律則，天地人爲三要素，「相爲手足，合以成體，不可一無也。」（《春秋繁露・立元神》）以類合之，天人一也。並且將元氣視爲天地萬物的原質，也就是陰陽中和之氣，「天地之氣，合而爲一，分爲陰陽，判爲四時，列爲五行。」（《春秋繁露・五行相生》）宇宙的化生，從相合爲一的元氣，分而爲陰陽二氣、四時、五行，而化生萬物，爲氣化宇宙觀。所以《說文》緊接著「一」、「元」之後就是「天」，「一」、「元」爲天地之始，完全是順著董仲舒的理路而來，《太平經》也有類似的說法：「夫一者，乃道之根也，氣之始也，命之所繫屬，眾心之主也。」（〈脩一却邪法〉）〔註82〕「一者，數之始也；一者，生之道也；一者，元氣所起也；一者，天之綱紀也。故使守思一，從上更下也。」（〈五事解承負法〉）〔註83〕《太平經》是黃老思想的後期轉化爲道教，連這部書也吸收了「一」「元」道根氣始的思想，可見這思想在漢代已根深蒂固，且廣爲盛行。

（二）三才字例理路之解析

作爲大道的「元」，既是天地的根本，也是人的根本。人承天地之氣所生，隨四時而有生死，然人之所以爲人的道理，在天地之間與天地同功，《說文》大下云：「天大，地大，人亦大焉。」所以在董仲舒的思想中，一元之中含有天元和人元，人的地位與天地同等，《春秋繁露・立元神》：「天地人，萬物之本。天生之，地養之，人成之。」三才思想如同「一」、「元」之說，源於先秦，且爲漢代普遍的共識思想，故董氏之說與《呂氏春秋》、《易傳》、《淮南

〔註82〕（漢）于吉編撰，《太平經合校》（臺北：鼎文書局，民國 68.7（1979.7）），頁 12。

〔註83〕同註82，頁 60。

子》之說並不相牴觸。而許愼的三才思想也自有一套邏輯，試從其字例的安排與解說，可窺得其理。

（1）天置於第一篇上，人置於第八篇上，地置於第十三篇下，如《易》卦六爻三才之理，人居天地之間。

（2）《說文》以「三」之三畫表示天地人，故於「王」下引董仲舒與孔子之語，能參天地人之道，通一貫三，致使天下歸往者，方謂之王。易言之，「王」承自於天命，君權神授，並位居中原，盡順德業者。陳師道《正統論》云：

> 正之說有三，而其用一。三者，天、地、人也。天者，命也；天與
> 賢則賢，天與子則子，非人所能爲也，故君子敬焉。地者，中國也，
> 天地之所合也；先王之所治也，禮樂刑政之所出也，故君子慕焉。
> 人者，德功焉；德者，化也，功者，事也，故君子尚焉。〔註84〕

王者順應天地人之道，自能敬天知命、中道治國、立德建功，民心歸往，樹立正統王道之位。

（3）許愼的「一」兼採道家與《周易》系統，而「一」、「元」、「天」的相次順序，當是受了董仲舒學說的啓迪。其次於「無」下云：「无奇字無也，通於元者，虛无，道也。」許愼釋「无」（無）通於元者，意謂「无」與「元」皆可指稱道體「一」，《易·乾》象曰：「大哉乾元！萬物資始，乃統於天。」《老子》一章：「無，名天地之始；有，名萬物之母。」故《說文》「无」、「元」同道，也如同「一」兼採道家與《周易》系統。所以，許愼釋「一」爲太極、道、无、元、始，等於融合了《周易》、《老子》、董仲舒的《春秋》學。

（4）《說文》釋「地」爲「元气初分，輕清昜爲天，重濁会爲地，萬物所敶列也。」可見「造分天地」的太極道體一，就是一種元气，《公羊傳·隱公元年》何休注：「元者氣也。」徐彥疏云：「元爲氣之始，如水之有泉，泉流之原，無形以起，有形以分，窺之不見，聽之不聞，……有形與無形皆生乎元氣而來，故言造起天地，天地之始也。」徐復觀說：「在仲舒心目中元年的元，實際是視爲元氣之元。……認定《春秋》的元字即是元氣，即是天之所自始的『端』。」〔註85〕不惟董氏，早在先秦就有「元」與「氣」同出之例，

〔註84〕（宋）陳師道，《後山先生集》卷第十六〈論〉（民國·張鈞衡輯《適園叢書》24，臺北：藝文印書館），頁1。

〔註85〕徐復觀，《兩漢思想史》第二卷〈先秦儒家思想的轉折及天的哲學的完成〉（上海：華東師範大學出版社，2004.2），頁219。

《呂氏春秋・應同》:「與元同氣。」《鶡冠子・泰錄》:「天地成於元氣,萬物乘於天地。」《淮南子・天文》:「天墜未形,馮馮翼翼,洞洞灟灟,故曰太昭。道始於虛霩,虛霩生宇宙,宇宙生氣,氣有涯垠,清陽者薄靡而爲天,重濁者凝滯而爲地,清妙之合專易,重濁之凝竭難,故天先成而地後定。」「宇宙生氣」,《太平御覽》天部一引作「宇宙生氣,氣有涯垠」,王念孫認爲當云:「宇宙生元氣,元氣有涯垠」,今本脫去兩元字。〔註86〕「元氣」也是漢代思想的通語。如董仲舒因講天人感應,故人體之元氣猶道之元氣,王政和則元氣順,自然調暢,百姓得其所。

> 一國之君,……布恩施惠,若元氣之流皮毛腠理也,百姓皆得其所,若血氣和平,形體無所苦也。《春秋繁露・天地之行》

> 王正則元氣和順,風雨時,景星見,黃龍下。王不正則上變天,賊氣並見。《春秋繁露・王道》

緯書中也見「元氣」,如《河圖緯》:「元氣闓陽爲天,積精爲日。」《春秋說題辭》:「元清氣以爲天,渾沌無形體。」《論衡・談天》:「說《易》者云:『元氣未分,混沌爲一。』……《儒書》云:『溟涬濛澒,氣未分之類也。及其分離,清者爲天,濁者爲地。』」所以,《說文》釋「地」既前有所承,也爲漢代的通識思想。

　　(5)《說文》人下云:「天地之性最貴者也。此籀文象臂脛之形。」既然人爲天地之性最貴者,何以从籀文「冗」象脛臂之形,作屈背彎腰之形,廖廷相〈釋人〉說:「蓋下臂脛,上象俯首,乃鞠躬致敬形也。人非禮不立,鞠躬致敬者所以明禮。」〔註87〕人幸得載天履地,非驕態傲睨,而是要虛懷仁心,謙卑明禮,會通天地之道,和善共生,互利相助,以不負天地之性最貴者的本質。故人受陰陽純粹之精而生,以天地之心而存,《尚書・泰誓》:「惟天地萬物父母,惟人萬物之靈。」傳云:「天地所生,惟人爲貴。」《禮記・禮運》:「故人者,其天地之德,陰陽之交,鬼神之會,五行之秀氣也。」又云:「故人者,天地之心也,五行之端也,食味、別聲、被色而生者也。」人之有別於禽獸草木,是因得天地之心,與天地合德,故爲天地之性最貴者,大下云:「天大地大人亦大焉。」《易・乾卦》:「夫大人者,與天地合其德,

---

〔註86〕《淮南鴻烈集解》卷三〈天文訓〉,(臺北:文史哲出版社,民國74.9(1985.9)),頁52。
〔註87〕楊家駱主編,《說文解字詁林正補合編》第七冊,頁7-6。

與日月合其明，與四時合其序，與鬼神合其吉凶。」人當法天地之道，《老子》二十五章：「故道大，天大，地大，人亦大。域中有四大，而人居其一焉。人法地，地法天，天法道，道法自然。」《管子・內業》：「人能正靜，皮膚裕寬，耳目聰明，筋信而骨強，乃能戴大圓而履大方。」宇宙天體圓圓，居至高無上之位；人之頭顱亦為圓形，俗稱天靈蓋，居人體結構至上，所以，人類個體可視為天父地母造出的小宇宙模型，《文子・十守》就說過兩者間的類通：「頭圓象天，足方象地；天有四時、五行、九曜、三百六十日，人有四肢、五藏、三百六十節」，《春秋繁露・人副天數》：「唯人獨能偶天地。人有三百六十節，偶天之數也；形體骨肉，偶地之厚；上有耳目聰明，日月之象也；體有空竅理脈，川谷之象；……足布而方，地形之象也。」人體結構可與大自然宇宙互擬，也是出自於天人合一、大小宇宙互滲的觀念。而古人的外在裝束，有時也符合此說，《莊子・田子方》：「儒者冠圓冠者，知天時；履句屨者，知地形。」圓冠是圓帽，句屨是方鞋，正是天圓地方的表現。因此，人戴大圓而履大方，象天地；耳目，日月之象；人體副天數：四肢、五藏、三百六十節猶四時、五行、三百六十日諸說，皆是人為天地之性最貴者的體現，天人合一，自成一個小宇宙。

（三）三才字學綜述

《說文》說解天地人三才之道，不僅可據之以字例，成為其思想內核，而且也反映在部首編纂、六書與文字的取譬方式。

首先，部首「始一終亥」的編排包含著天地人三才的思想。「一」部是《說文》的開頭部首，以「一」據形系聯的部首和屬字，其義與天密合；「人」部為第八篇，恰好居於《說文》十五篇之中間；「土」部及其相關字和數字、干支字居篇末，象徵地義，干筠《說文句讀》曰：「其序字也，前七篇首一部，放《易》上經首《乾》、《坤》；後七篇首人部，放《易》下經首《咸》、《恆》也；《易》終於《未濟》，以見其無窮盡，《說文》終於亥，亥而生子，復從一起，以見其循環無端，亦所以放之也。太史公放《春秋》而作《史記》；許君放《周易》而作《說文》，皆宗述而不作之義。」〔註88〕《說文》「始一終亥」部首排序是倣《周易》六十四卦排列而來。

許慎「一」部開宗明義即說：「惟初大極，道立於一，造分天地，化成萬

〔註88〕楊家駱主編，《說文解字詁林正補合編》第十一冊，頁11-966。

物。」可見許愼將「一」視爲《說文》這部書的道體究竟，爲最根源性之總體（存有義），也是這部文字生命總體之根源（活動義）。許愼認爲「亥」乃十月微陽上升與盛陰交接的表徵，一人男，一人女，「亥而生子」，《易‧繫辭下》：「男女構精，萬物化生」，故可「知化窮冥」，每一次新的起點都比前一個起點上升。「畢終於亥」是《說文》這部文字生命總體的終點，但也是新生的孕育與誕生。因此，「立一爲耑，畢終於亥」是圜式道體的上升，也就是呈螺旋式上升，「一」同時涵攝道體的源頭與根本，「亥」同時涵攝道體的終與始，深富哲學辨證。《說文》云：「圜天體也。从口睘聲。」部首「始一終亥」具圜式道體的循環義理，是天人類同相應之體現。

　　其次，《說文‧敘》對「文」、「字」的定義分別爲：「依類象形謂之文」、「文者物象之本」；「其後形聲相益，即謂之字」、「字者孳乳而寖多也」；鄭樵《通志》亦云：「獨體爲文」、「合體爲字」。〔註89〕那麼，六書中的指事、象形偏向「文」，形聲、會意爲「字」，而轉注、假借則是在前四書的基礎上，談文字之間孳乳、變易現象，功能與前四書有別，不能並列等同視之。所以，六書便可兩兩成組，畫歸爲「指事、象形」、「形聲、會意」、「轉注、假借」三組，每一組的組合都有相對的互補之理，如指事虛，象形實；形聲偏聲，會意偏義；轉注重文字的縱向衍生，假借重文字的橫向變易。又許愼言六書定義，各舉兩個字例，指事者，上下；象形者，日月；形聲者，江河；會意者，武信；假借者，令長；轉注者，考老。日月屬天，江河屬地，武信、令長、考老屬人事，上下方位指出，而中亦隨之定矣，所以也仿似天地人，人居天地之中的道理。此理恰似《易‧說卦》云：「《易》六畫而成卦，分陰分陽，迭用柔剛，故《易》六位而成章。」六書猶六爻，每組相對的互補之理猶「分陰分陽，迭用柔剛」，故六書因「文」、「字」之別分爲三組，猶六爻「兼三才而兩之」，分爲天地人三才之道，「立天之道曰陰與陽，立地之道曰柔與剛，立人之道曰仁與義。」

　　至於文字的取譬，《說文‧敘》一開始引用《易‧繫辭下》「古者庖羲氏」章的內容，來說明文字與「象」的密切關係，通過「仰觀象於天，俯觀法於地，視鳥獸之文與地之宜」的「觀象」，來獲得意象；以「近取諸身，遠取諸物」爲「取象」，賦諸書寫材料爲之構形。所以，漢字的創構，是站在人的立

〔註89〕（宋）鄭樵，《通志》總序、卷三十一〈六書一‧指事第二〉（臺北：新興書局，民國48年（1959）），頁2、491。

場來感知外在事物，姜亮夫說：

> 整個漢字的精神，是從人（更確切一點說，是人的身體全部）出發
> 的，一切物質的存在，是從人的眼所見、耳所聞、手所觸、鼻所嗅、
> 舌所嘗出發的（而尤以「見」為重要）。故表聲以殸、以簫管（即音），
> 表聞以耳（聽、聞、聰等），表高為上視，表低為下視，畫一個物也
> 以與人感受的大小輕重為判，牛羊虎以頭，人所易知也，龍鳳最祥，
> 人所崇敬也。總之，它是從人看事物；從人的官能看事物。〔註90〕

人們對外部客觀事物的感知，就是在感知「象」，文字的象藉著筆畫對客觀事物
方貌賦形，或喻於聲，擬於心，譬於事，以執簡馭繁的形象有效掌握錯綜複雜
的天地人萬物訊息。《說文》的數術字例不乏以同一個「象」兼容數個意涵。

　　如果以「一貫三為王」來看待天地人三才部首，「王」的三橫畫由上往下
分別為天、人、地，而中間豎畫就是「吾道以一貫之」的「道」，那麼，許慎
的這部《說文》就是通天地人三才之道的「王」書，以「人」為圓心，「人—
—天」或「人——地」為半徑所畫出來的圓，意謂天人合一的圓滿境界，「王」
在其中。「人」、「大」、「天」三字皆取象於人，而有形態上正側與表意上的不
同：「人」以「𠙵」象側身俯首曲脛，鞠躬致敬之形，表明人非禮不立。「大」
以「天大，地大，人亦大」包含著天地人貫通之思想。「天」以人形大標示頭
上的一片天，以表抽象的顛義。大與天都是以人的形象，寓含自身以外的界
域，易言之，以人形去轉類、兼類渾然共通的事物，天人合一觀為其內在的
聯系意識。

　　以干支字為例，一方面反映出萬物孕育、萌生、壯大、衰亡、再生的生
長之週期，隨著陰陽二氣消長生息；另　・方面，也以人體部位比況，如十天
干採《太一經》之說，甲為頭，乙為頸，丙為肩、丁為心，戊為脅，己為腹，
庚為齊，辛為股，壬為脛，癸為足；十二地支子既訓十一月陽動，而必謂人
以為偊象形，象其首與手足之形也。丑既訓紐云云，而必謂象手之形。申訓
神云云，而必謂體自申束，从臼自持。亥訓荄云云，而必謂从乚，象裹子咳
咳之形，且引二首六身之說，皆以人為主。〔註91〕十干為天，十二支為地，《說
文》言天干地支又兼比附人體，蓋萬物人為貴，可參天地，善言天地者，必

〔註90〕姜亮夫，《古文字學》（昆明：雲南人民出版社，1999.11），頁56。
〔註91〕《說文》干支字的詳細論述，請見第四章第四節《說文》干支說》之「干支
　　　　部首字義闡釋」單元。

有驗於人，也是天地人三才思想所起的作用。換言之，三才思想主導著許慎在解釋干支時，以萬物生長、陰陽消長說天地之理，以人體比附說人理。所以干支有著看似突兀、矛盾的說解，其實是當代三才思想氛圍影響所致，知其理路，茅塞頓開。

　　文字的創制猶八卦「遠取諸物，近取諸身」之取象，人體雖非度量衡的標準，但尺度之長短，可以取象於人體，所謂「布指知寸」、「布手知尺」、「舒肘知尋」。《說文》有關長度單位的字，如寸、尺、咫、尋、仞、丈、匹諸字逕以人體為法：寸為「人手卻一寸動脈」的寸口；尺是十倍於寸口的長度距離，是為尺澤，「从尸从乙，乙所識也」，尸為手臂之形，乙是指示尺澤所在；咫，「中婦人手長八寸」；尋，「度人之兩臂為尋八尺」；仞，是以「伸臂一尋八尺」為準，定為七尺；〔註92〕丈，「十尺，从又持十」尺取法人體，丈為尺之十倍，亦是以人體為法，从又可知；匹，「四丈也，从匚八，八揲一匹，八亦聲」，布帛以人之兩臂度之為八尺，連續五次則為四十尺，四十尺即四丈為一匹。度量以人體為法，表示人體構造的長度有一種先天的標準，《淮南子·天文》：「古之為度量輕重，生乎天道。……故人修八尺，尋自倍，故八尺而為尋，……故四丈而為匹，匹者，中人之度也。」度量衡本於黃鐘，而黃鐘又源於候氣說，是一種氣論哲學，人秉天地陰陽之氣而生，與天地合德，人副天數，彷若一個小宇宙，人體就是天道的一種化身，所以，度量可以取法人體，三才之理於焉見矣。

第三節　《說文》象數思想

　　古人盛行的卜筮活動，開啟後來《易》學象數觀念的產生。卜，指龜卜；筮，指蓍占，《月令章句》：「龜者，龜甲，所以卜也；筴者，蓍草，所以筮也。」每逢大事，「決定諸疑，參以卜筮，斷以蓍龜。」（《史記·龜策列傳》）龜與筮所代表的意義，《左傳·僖公十五年》有言：「龜，象也；筮，數也。物生而後有象，象而後有滋，滋而後有數。」杜注：「龜以象告，筮以數告，象數相因而生，然後有占，占所以知吉凶，不能變吉凶。」殷人在龜甲或獸骨上

〔註92〕「仞」下云：「伸臂一尋八尺」仍是說「尋」，語尚未完，此下或奪「七尺曰
　　　　仞」四字，或奪「仞七尺也」四字，詳細論述請見第五章《說文》天文律曆
　　　　思想〉第四節〈律度量衡說〉，頁 419-425。

鑿出小孔，用火灼燒，燒出的紋理稱「象」，根據「象」呈顯的意義來預知吉凶。周人用一定數量的蓍策，經過一定的程序，得到若干個數，並按陰陽成組排列以貞知未來，這個蓍策之數即「象數」之「數」，可見象數由龜卜之象和占筮之數而來，卜筮與象數有著內在的聯繫。

象數觀念產生於卜筮，沒有卜筮活動，就不會有象數，象數是卜筮的兩大要素。一般認爲，商人尙卜，龜卜有兆象，故重象；周人尙筮，占筮以蓍草之數而求卦，故重數；從龜卜到占筮，也就先有象而後有數。但其實卜和筮在商周時代是彼此不分軒輊的。像寫作「∧」的六字在殷墟甲骨第一期中以大量出現。另外武丁到帝辛時期的甲骨文有許多「╋」字，楊樹達《積微居金文餘說》認爲「╋」爲「巫」，〔註93〕運用筮法占卜，早在商代即有。周人同樣也有占筮與占卜的記錄，有關占筮的記載見於《詩·大雅·文王有聲》、《尙書》中的〈大誥〉、〈召誥〉、〈洛誥〉等文；周原卜甲的出土，證明周人也占卜活動。所以，商周二代，「象」（卜兆紋理）和「數」（蓍策之數）皆已俱存。龜卜並不是只有兆象，必須加上計算兆數，然後定吉凶，《韓非子·飾邪篇》：「鑿龜數筮，兆曰大吉，而以攻燕者，趙也。鑿龜數筮，兆曰大吉，而以攻趙者，燕也。」《小屯》所出大龜腹甲除現兆辭外，還記著許多數字，證明數因乎兆，龜卜亦有數，筮法揲蓍的「兩儀」分法源於龜數的對貞，饒宗頤說：

> 筮法揲蓍的手續，以《周易》求卦的手續而論，是（一）分、（二）挂、（三）揲、（四）歸，第一個步驟的「分兩」，據說是效法兩儀，其實龜甲上數的排列，隨著辭的左右對貞，已分而爲兩。同時辭、數、兆左右相對，具有正負陰陽的意義，所以認爲筮法的分兩，在區別陰陽，是從龜數對稱法而生，這是「兩儀」說很古的數理根據。筮數與龜數，基本上同以「兩儀」爲出發點，可知兩者本是同源，故筮法可能出於龜卜，無疑地筮數是龜數進一步的推衍。〔註94〕

〔註93〕 楊樹達，《積微居金文餘說》卷二〈史懋壺跋〉云：「按甲骨文有╋字，即今巫字也。知者，《殷虛書契後編》上卷五葉云：『其用╋桼且戊，若？』此卜用巫桼且戊也。文云用巫，猶《易·巽卦》九二爻辭言用史巫紛若也。又下卷四二葉云：『癸酉卜，╋罤鳳』此卜巫寧風也。知╋之爲巫，异爲古文巫，則筭之爲筮乃確實無可疑矣。……古人用蓍爲筮，即稱蓍爲筮。」（臺北：台灣大通書局，民國 63.3（1974.3）），頁 247。

〔註94〕 饒宗頤，〈由卜兆記數推就殷人對於數的觀念——龜卜象數論〉《饒宗頤二十世紀學術文集》卷四（經術、禮樂）（臺北：新文豐出版股份有限公司，民國 92.10（2003.10）），頁 93。

　　筮占的蓍，《說文》云：「蓍，蒿屬，生千歲三百莖，《易》以為數。」《易·繫辭上》所謂：「極數知來之謂占」即是此意。卦畫是由蓍草之數而所得的「象」，《漢書·律曆志上》：「伏羲畫八卦，由數起。」王先謙《漢書補注》云：「劉攽曰：〈志〉言卦起於數，顏（按：顏師古）云：數起於卦，非也。」〔註95〕就蓍數得卦而言，是先有數再有象，蓍數的作用是定卦象，即所謂的「極數定象」；象的作用是斷吉凶之理，即所謂「因象明理」。而後經由八卦重卦為六十四卦，從六十四卦卦爻（象）求得萬物之數，顏師古曰：「言萬物之數，因八卦而起也。」則是從象求數。所以，象與數的先後關係有不同的情形可言：說到卜與筮，一重象，一重數，彷若先有象後有數；說到蓍草求卦，是先數後象；說到六十四卦求萬物之數，是先象後數。

　　龜卜蓍筮作為占術形成象數，實質上就是數術，故蓍龜在《漢書·藝文志》列入「數術略」，《四庫全書總目》卷108·「子部」十八·「術數類」（一）云：「術數之興，多在秦漢以後。要其旨，不出乎陰陽五行生剋制化，實皆《易》之支流，傅以雜說耳。物生有象，象生有數，乘除推闡，務究造化之源者，是為數學。」〔註96〕《易》的卦象與爻數源於卜筮，吸收主要的象數特質，也等於已包含數術在其中。《易傳》開始用理性、哲學的語言解釋《易經》，同時也保留著筮法的內容，正如朱伯崑所說：「《易傳》中有兩套語言：一是關於占筮的語言，一是哲學語言。」〔註97〕占筮的內容屬於「數術」，哲學的內容則是對卦爻辭「象數」的理性解讀。所以，《易傳》也兼具象數、數術的特色，秦漢以後多與陰陽五行相結合，吸收諸子百家的思想精華。

　　漢代象數《易》學繼承了先秦《易》的象數精神，與節氣、物候、律曆、天文等結合，借助卦爻符號探討宇宙萬物變易的總體規律，有解釋《周易》經傳象數的理論，也有以象數步算、預測吉凶的數術應用，《漢書·藝文志》將象數理論歸入「六藝略」易類，占筮吉凶的歸入「數術略」，「象數」與「數術」自此分途。名稱分途不代表絕然無關，漢代象數《易》學運用易學的符號、數理及圖式，探求宇宙生命規律的哲學，也具有非理性的神秘色彩，其解釋卦爻辭以卦氣、五行、飛伏、世應、納甲、爻辰、五星、六親等方法，

〔註95〕（清）王先謙，《漢書補注》（上）（北京：中華書局，1993.11），頁388。
〔註96〕《文淵閣四庫全書》總目三·子部（臺北：臺灣商務印書館，民國 75.3（1986.3）），頁 3-330。
〔註97〕朱伯崑，《易學哲學史》卷一（臺北：藍燈文化事業公司，民國 80.9（1991.9）），頁 55。

不但是建立爻辭和爻象之間的邏輯聯繫，而且還將《周易》筮法引入占候、陰陽災異之中，是神秘「數術」的理論基礎。

前文討論《說文》與《易》之關係，皆是從點狀的線索去連結、勾勒《說文》的《易》學思想。本節則是從《說文》的群組結構和「易」的釋義上著墨。這裡的群組結構是指「始一終亥」部首編排和干支字而言。「始一終亥」在標示《說文》部首的始末中，其實是闡述著文字在部首的統屬下，有如道一「太極」的初始和「亥」十歲終生生不息的往復象徵。而居《說文》部首之末的二十二干支字，則自成一個群組，藉著干支的次序與釋義陳述著卦氣思想。至於，《說文》「易」字則是理解其納甲說最直接的「字證」與「自證」。透過《說文》的群組結構和「易」字自證，可以擴大《說文》的《易》學理論，獲得更深的認知。

一、「始一終亥」部首論

《說文》共五百四十部首，「立一爲耑，畢終於亥」，「一」是太極，天地萬物之始；「亥」是十月，周正歲終，又象懷子之形，終而復始，蘊藏新的生命元氣。文字在部首的統領下，既是變化、暫告結束，又是新生再起的循環往復，五百四十部首的《易》理數式如下：

540 部首＝1（始一，太極）×6（老陰）×9（老陽）×10（終亥，十月）

《說文》的部首原則在〈敘〉曰：「其建首也，立一爲耑，方以類聚，物以群分，同條牽屬，共理相貫，雜而不越，據形系聯，引而申之，以究萬原，畢終於亥，知化窮冥。」部首相次基本依「據形系聯」爲主，但是並非從「一」部一氣呵成連貫到「亥」部，之間會形成「類聚」「群分」的群組段分形式，每個群組之間再依「同條」「共理」來牽屬相貫。段玉裁以爲「凡部之先後，以形之相近爲次；凡每部中字之先後，以義之相引爲次。」〔註98〕此說每每被奉爲圭臬，事實上，段氏也只是說其大略。仔細推敲《說文》部首的系聯方式類型如下：〔註99〕

〔註98〕（清）段玉裁，《說文解字注》一篇二「文五　重一」下注文（經韻樓藏版，臺北：黎明事業文化股份有限公司，民國74.9（1985.9）），頁1。

〔註99〕參考李良達，〈《說文》部首次序及其「始一終亥」思想來源的探究〉，《古文字學論集》（1983 年），頁 538-539；陳平，〈「據形系聯」、「雜而不越」——《說文》部首間相互系聯方式試析〉，《北京教育學院學報》第 17 卷第 1 期（2003.3），頁 24-27。

一、各部首有直接的形體相成關係，眞正符合「據形系聯」，如一、二、示、三、王、玉、气部，段玉裁注十五卷上「部首表」曰：「二部蒙一而次之」，「示部蒙二而次之」，「三部蒙示有三垂而三次之」，「王部蒙三而次之」，「玉部亦蒙三而次之」。又如：丨屮艸蓐茻，段注：「屮部蒙引而上行之丨也」，「艸部蒙屮而次之」，「蓐部蒙艸而次之」，「茻部蒙艸而次之」。有時據形系聯的部首群組之間，也會有銜接的過渡性部首，如：士部爲一部群組與丨部群組的銜接過渡性部首，士部兼具「一」和「丨」的形體，援圖如下：

一二示三王玉玨气　　士　　丨屮艸蓐茻
⎵＿＿＿＿＿＿＿⎴　　　　⎵＿＿＿⎴
　　　一　　　　　　　　　　丨

二、隔部相承，如「是」部與「齒」部同從「止」，相隔五部後再相承。口部與品部相隔十九部後再系聯，段注：「遠蒙口而次之」。爪部、又部與受部，相隔五十餘部，段氏在受部下說：「遠蒙爪蒙又」。此乃據形系聯的部首群組被另外的群組分隔成前後相離的兩段，有時會有銜接兩段的過渡性部首，如：兩段止部群組被彳部群組分隔，辵（从彳止）部成爲止部與彳部之間的過渡部首，而後才與第二段的止部群組系聯，辵部兼有止部與彳部的形體，援圖如下：

走止址步此正是　　辵　　彳廴言行　　齒足疋
⎵＿＿＿＿＿⎴　　　　⎵＿＿⎴　　⎵＿⎴
　　止　　　　　　　　　彳　　　　止

三、形似、形近相承，如：盾部與自部，段氏在自部下云：「字形略與目字形相似故次之」。玄部與予部，段氏在予部下曰：「形略與幺相似，故次於此。」

四、事物相同、相近的相承，如：齒部與牙部，段氏在牙部下云：「牙之形無所蒙，而其爲物齒屬也，故次於此。」又如：卜部與爻部，段氏在爻部下云：「卦爻之事與卜相近，故次於此。」

五、同類相承，如：く部至雨部共十部，段氏在く部下曰：「以下十部皆水之類」。又如：十干十二支部首，段氏曰：「甲部不蒙上」，「乙部十干爲類」，「子部以下十二支爲類」，自甲部至亥部二十二部自成一類。

六、形、義不相干的相承，如：后、勹、鬼、長、冄等部，段氏說：「不蒙上」。

綜觀上述六類，除了第六類以外，第三類屬「據形系聯」，以字形爲相承；

第四類以字義爲相承；第一、二類屬形義相承，第五類屬「方以類聚，物以群分」，以類相承，尤其，如干支部首類聚，是受陰陽五行思想影響所致，爲《說文》部首特殊案例。所以，《說文》部首並非機械性的據形系聯，在字形、字義原則的交替使用下，如果還不能解決例外或特殊系聯，許愼便另闢蹊徑以紓解困境，其中文化因素就成了支配《說文》部首排序的特異原則。許愼「據形系聯」的多方彈性原則，正可由五百四十部所涵攝的陽九陰六的活躍變化性來彰顯，五百四十部的《易》學理趣由是知其半矣。

「始一終亥」是許愼《說文》部首的哲學內核，賴貴三先生說：

> 「立一爲耑」表道體究竟，爲根源性之總體，總體之根源，重存有
> 與活動義，實爲開啓「上、下、示、三、王」多元存有的時空知解
> 而設；「畢終於亥」，以陰陽消長的「十二月消息卦」爲「時間」的
> 流轉，終而復始──「亥而生子，復從一起」，強調「一元復始，萬
> 象更新」的生生氣象而說，體現《周易》「時、位」一體流行的重要
> 義涵，令人印象深刻！〔註100〕

許愼「一」部開宗明義即說：「惟初大極，道立於一，造分天地，化成萬物。」可見許愼將「一」視爲《說文》這部書的道體究竟，爲最根源性之總體（存有義），也是這部文字生命總體之根源（活動義）。換言之，以「一」爲《說文》的總源頭，開啓後面的屬字或部首（活動義），故可「以究萬原」，同時也是這些屬字或部首最根本的道體（存有義）。因此表面上看似以字形、字義相承的屬字或部首，其實有這樣的道體內涵交感著。「畢終於亥」，是《說文》這部文字生命總體的終點，但也是新生的孕育與誕生，許愼認爲「亥」乃十月微陽上升與盛陰交接的表徵，一人男，一人女，「亥而生子」，《易・繫辭下傳》：「男女構精，萬物化生」，故可「知化窮冥」，每一次新的起點都比前一個起點上升，因此，「立一爲耑，畢終於亥」是圓式道體的上升，也就是呈螺旋式上升，「一」同時涵攝道體的源頭與根本，「亥」同時涵攝道體的終與始，

〔註100〕賴貴三，〈符號與思維──由《周易》卦爻象反思文字意義的詮釋深度〉，《第九屆中國文字學全國學術研討會》（國立台灣師範大學國文學系主辦民國87.3.21-3.22），頁170。賴貴三引用林安梧〈「道」與「言」〉之義，而爲之申說。林安梧原說：「『道』乃根源性之總體、總體之根源，前者偏就其存有義而說，後者偏就其活動義說，實者存有不外活動，活動不外存有，於道而言，兩者通括。」《揭諦》發刊詞──「道」與「言」，《揭諦》創刊號（嘉義：南華管理學院，1997.6），頁2。

深富哲學辨證。

「始一終亥」深富《易》學之理，但許慎所說的「道立於一」、「亥而生子，復從一起」、「畢終於亥」，並不見於《易》，但在《太平經》中可獲得解答。茲舉證說之：

《太平經‧五事解承負法》：

> 一者，數之始也；一者，生之道也；一者，元氣所起也；一者，天之綱紀也。故使守思一，從上更下也。〔註101〕

《太平經‧分解本末法》：

> 天數迺起於一，終於十，何也？天初一也，下與地相得為二，陰陽具而共生，萬物始萌於北，元氣起於子，轉而東北，布振於角，轉在東方，生出達，轉在東南，而悉生枝葉，轉在南方而茂盛，轉在西南而向盛，轉在西方而成熟，轉在西北而終。物終當更反始，故為亥，二人共抱一為三皇初。是故亥者，核也，乃始凝核也，故水始凝於十月也。壬者，任也，已任必滋日益巨。故子者，滋也，三而得陰陽中和氣，都具成而更反初起，故反本名為甲子。〔註102〕

《太平經‧三合相通訣》：

> 十者，數之終也，故物至十月而反初。天正以八月為十月，故物畢成；地正以九月為十月，故物畢老；人正以亥為十月，故物畢死。三正竟也，物當復生。故乾在西北，凡物始核於亥，天法從八月而分別之，九月而究竟之，十月實核之，故天地人三統俱終，實核於亥。〔註103〕

以上所引三段《太平經》文字，與許慎之說比對：「一者，生之道也」，「天初一也，下與地相得為二，陰陽具而共生，萬物始萌於北，元氣起於子」與「道立於一，造分天地，化成萬物」相通；「十者，數之終也，故物至十月而反初。」「物終當更反始，故為亥，二人共抱一為三皇初。」，「十月實核之」與「一人男，一人女也。從乚，象裹子咳咳之形……亥而生子，復從一起」之義相通，雖然許慎訓釋「亥」不作「核」解，但《太平經》的「二人共抱一」的「一」與「十月實核之」的「核」，其實也就是許慎「亥而生子，復從一起」的「一」

〔註101〕同註82，頁60。
〔註102〕同註82，頁76-77。
〔註103〕同註82，頁153-154。

與「子」，核爲果實中包藏的生之源，「凡物始核於亥」，猶如子「孕毓根核」（《漢書・五行志》），是生命的根源「一」，也是生命的起點「一」，故「物至十月而反初」。「是故亥者，核也，乃始凝核也，故水始凝於十月也。」「人正以亥爲十月，故物畢死」與「畢終於亥」皆是說萬物生命凝結終止於十月。

　　許說與《太平經》之說甚爲相通，《太平經》出現時間在漢順帝（公元 126～145），〔註 104〕而許愼卒年，或以爲卒於安帝延光三年（公元 124），〔註 105〕或以爲卒於桓帝建和元年（公元 147）。〔註 106〕如果是前者，許愼未睹《太平經》；如果是後者，許愼有可能看過《太平經》。無論許愼有無親睹過《太平經》一書，以上所列舉《太平經》的說法其實早見於《易緯》中，茲舉證如下：

《易緯・乾坤鑿度》卷上：

　　　天本一，而立一爲數源。

《易緯・乾鑿度》卷上：

　　　一者，形變之始，清輕者，上爲天，濁重者，下爲地。

　　　《易》始於一，分於二，通於三，口於四，盛於五。

　　　孔子曰：乾坤，陰陽之主也，陽始於亥，形於丑，乾位於西北，陽
　　　祖微據始也。

　　　乾者，天也，終而爲萬爲始，北方萬物所始也，故乾位在十月。

比對以上舉證，《易緯》的「天本一，而立一爲數源」，即《太平經》的「天數起於一」，以及《說文》的「惟初太極，道立於一」；《易緯》的「陽始於亥」，

〔註 104〕《後漢書》〈郎顗襄楷列傳〉：「初，順帝時，琅邪宮崇詣闕，上其師干吉於曲陽泉水上所得神書百七十卷，皆縹白素、朱介、青首、朱目，號《太平清領書》。其言从陰陽五行爲家，而多巫覡雜語。有司奏崇所上妖妄不經，迺收藏之，後張角頗有其書焉。」李賢注曰：「神書，即今道家《太平經》也」。

〔註 105〕此種說法蓋始於唐，根據許沖上表說「今許愼病矣」，臆想許愼不久人世。惠棟《後漢書補注》引張懷瓘《書斷》云：「安帝末年卒。」宋洪適亦謂許愼生於光武建武末，卒於安帝末（建武最後一年爲公元 55，安帝最後一年爲公元 125）。清錢大昕《二十二史考異》說：「沖上表在安帝建元元年（公元 121）九月，其時愼已病，當卒於安帝之末也。」今採此說者，如新《辭源》「許愼」條下標其生卒年爲（公元 30-124 年）。

〔註 106〕此種說法出於清人，嚴可均《許君事蹟考》推斷許愼生於明帝永平年間（公元 58-75），陶方琦《許君年表》、諸可寶《許君疑年錄》略同此說。該說主要根據《後漢書》〈夜郎傳〉記載：桓帝（公元 147-167）時，牂柯人尹珍從學於汝南郡許愼，學成後曾任荊州刺史一事。今採此說者，如新《辭海》許愼條下標（約公元 58 年-約 147 年）。

與《太平經》「物終當更反始,故爲亥」,《說文》「十月微陽起」「亥而生子,復從一起」三說密合。以至高點觀此抽象存在,其實儒道是殊途同歸的,像《易緯》、《太平經》這類亦儒亦道天然渾融的著作,實在很難精確辨析其思想歸趨的輕重比例,《說文》以道體哲學釋「一」,應該說是儒道形上思想精華的融貫。許慎具有古文家身分,卻不爲之所限,眼界開闊,思想包容,於「一」可見矣。

　　許慎作《說文》的思想淵源多來自《易》,「孔子作《易》,其辭皆象,而根於數理,象數之傳,必得之夏殷西周以來諸術數家……。古時必有卜辭及筮法等記載,爲孔子所依據與採用,但加以修正,而另賦以新義,遂成其一家之學耳。……卦爻則羲畫文演,辭則依據夏殷西周以來諸術數家之卜辭及筮法等記載。其義則孔子所創發也。」﹝註107﹞孔子作《易傳》雖本夏殷周卜筮數術,但又寓以新義,與數術家意思不同,「漢世易家,大都承術數家之遺緒」,﹝註108﹞似乎有違孔子之意,但是孔子作傳不脫數術基因,漢世《易》學多雜數術,也並非一定脫離孔子之意,就如許慎的《易》學思想既有《易傳》傳統,也融合《易緯》數術,何況當時讖緯思想又當道,許慎的學術涵養包容廣博,對數術完全充耳不聞,置身事外,恐非竟然。

　　《易緯》「始一終亥」思想可援四正四維圖說解如下:

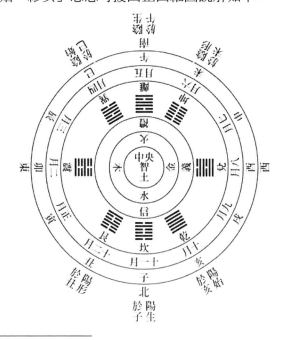

﹝註107﹞熊十力,《讀經示要》卷三(臺北:明文書局,民國76.9(1987.9)),頁538。
﹝註108﹞同註107,頁548。

　　1. 圖中的「子」「北」「陽生於子」位置，也就是「道立於一」的開端，《太平經》〈分解本末法〉：「天初一也，下與地相得爲二，陰陽具而共生，萬物始萌於北，元氣起於子」說之具詳。

　　2. 圖中的「乾」「十月」「亥」「陽始於亥」位置，與《易緯》所說的「陽始於亥，形於丑，乾位於西北，陽祖微據始也」，「乾位在十月」，《太平經》的「十者，數之終也，故物至十月而反初。」「物終當更反始，故爲亥」，許愼的「十月微陽起」「亥而生子，復從一起」完全相符。許愼解釋十二地支亦順此理路。

　　《說文》分部末取干支，依照許愼「據形系聯」的編次原則，二十二個干支字全部集中一起，安排在分部之末，並因之至亥以終，是深具特殊意義。當二十二個干支字形成部首群中的子集合，代表許愼不依部首之間的形似做爲排列，而是依干支順序爲考量。《說文》五百四十個部首因這個特殊的子集合，自成一個場域，並且也因之作了結束。是以，二十二干支字對《說文》的部首排序起了不同的作用意義。其釋義亦具數術之觀，高明認爲：「《說文》以干支殿末，蓋亦本古人治曆明時之意。」〔註109〕又說：

　　　夫天地未分之前，元氣混而爲一，《易繫辭》稱之爲「太極」，亦即老子所謂「有物混成，先天地生」，「道生一，一生二，二生三，三生萬物」者也。道者，天人之理也。宇宙間生生不息，皆原於道。道始生於太極之一；太極生兩儀，造分天地而爲二矣；人生於天地之間爲三才；由天地之和合，益以人之靈明，而萬物化成矣。許君之撰《說文》，開宗明義，即闡明天人之理如此。《說文》以干支終篇，下言天之理，支言地之理，言天地間之事物既畢，乃以言天地之理者結之，此亦自然之勢也。其言「畢終於亥」，尤具至理。……一人男，一人女，男女即「乾道成男，坤道成女」之謂。《易》言「有天地然後有萬物，有萬物然後有男女，有男女然後有夫婦，有夫婦然後有父子」（見《序卦傳》），亥從二人，夫婦之象也。又從ㄣ，象裏子之形，而子尚未生，則包藏萬物始萌之機焉。人之初生，如天地之開闢，是亦一太極也，故曰「亥而生子，復從一起」；而天人一理、循環無端、孳生不息之妙義，亦於是乎見。許君之撰《說文》，

〔註109〕高明，《高明小學論叢》（臺北：黎明文化事業有限公司，民國 77.10（1988.10）），頁 99。

結尾收篇，又闡明天人之理如此。由此可知，許君所撰，雖爲說文
解字之書，實亦知化窮冥之作。〔註110〕

依高明先生所言，《說文》「始一終亥」天人一理、循環無端、孳生不息、知
化窮冥的哲學精神，更突顯《說文》立書思想的博采淵源與特色，其說甚允。

二、卦氣說

《說文》以陰陽之氣消長釋訓干支字，其理蓋源於卦氣說的十二消息卦。
漢代卦氣說以孟喜爲宗，但其專著現僅存輯佚。卦氣說是以六十四卦與四時、
十二月、二十四節氣、七十二候有機結合，而有所謂四正卦、六日七分法、
十二消息卦、七十二候之說，說明《易》本於曆法中的節氣，形成了一套《易》
與曆法相融的象數《易》理論，故稱卦氣。

（一）卦氣原理

四正卦分主四時，坎居北，主冬；震居東，主春；離居南，主夏；兌居
西，主秋。《易·說卦傳》：「震，東方也。」「離也者，……南方之卦也。」「兌，
正秋也。」「坎者，……正北方之卦也。」《易緯·稽覽圖》：「坎、震、離、
兌，以上四卦者，正四卦，爲四象。」又曰：「冬至日在坎，春分日在震，夏
至日在離，秋分日在兌。四正之卦，卦有六爻，爻主一氣。」四正卦二十四
爻主二十四節氣，《新唐書·曆志》僧一行「卦議」引述孟喜之說：「坎、震、
離、兌，二十四氣，次主一爻：其初則二至二分也。」坎初六主冬至，震初
九主春分，離初九主夏至，兌初九主秋分，即「其初則二至二分也」，但其說
法偏重在四正卦的陰陽消長，與筮數九六七八之說，沒有明示四正卦與二十
四節的配置情形。〔註111〕倒是《易緯·乾元序制記》、鄭注《易緯·通卦驗》

〔註110〕同註109，頁18-19。
〔註111〕《新唐書·曆志》僧一行「卦議」引述孟喜之說：「坎、震、離、兌，二十四
氣，次主一爻：其初則二至二分也。坎以陰包陽，故自正北，微陽動於下，
升而未達，極於二月，凝固之氣消，坎運終焉。春分出於震，始據萬物之元，
爲主於內，則群陰化而從之，極於南正，而豐大之變窮，震功究焉。離以陽
包陰，故自南正，微陰生於地下，積而未章，至於八月，文明之質衰，離運
終焉。仲秋陰形於兌，始循萬物之末，爲主於內，群陽降而承之，極於北正，
而天澤之施窮，兌功究焉。故陽七之靜始於坎，陽九之動始於震，陰八之靜
始於離，陰六之動始於兌。故四象之變，皆兼六爻，而中節之應備矣。」坎
卦正北，象徵冬至十一月，內爲陽爻，陰爻包於外，「以陰包陽」，此陽爻爲
七，少陽不變而靜。陽氣由靜之少陽，漸漸變化到陽動的狀態，歷時正月而

有詳細的訊息可查，〔註112〕茲逕以表列方式呈現如下：

坎卦䷜		震卦䷲		離卦䷝		兌卦䷹	
上六	驚蟄	上六	芒種	上九	白露	上六	大雪
九五	雨水	六五	小滿	六五	處暑	九五	小雪
六四	立春	九四	立夏	九四	立秋	九四	立冬
六三	大寒	六三	穀雨	九三	大暑	六三	霜降
九二	小寒	六二	清明	六二	小暑	九二	寒露
初六	冬至	初九	春分	初九	夏至	初九	秋分

漢《易》卦氣以坎震離兌爲四正卦，主四時；餘六十卦主一年之期，將$365\frac{1}{4}$日除以60，一卦相當於$6\frac{7}{80}$日，每個月爲五卦（60÷12＝5），《易緯·稽覽圖》：「甲子卦氣起中孚，六日八十分日之七。」「每歲十二月，每月五卦，卦六日七分，每期三百六十五日四分之一。」鄭玄注：「六以候也，八十分爲一日；之七者，一卦六日七分也。」而六十卦相承次序，鄭玄注《易緯·稽

值於二月春分，「極於二月，凝固之氣消，坎運終焉」，由震卦據萬物之元，一陽動於下，主於內，陽九，「群陰化而從之」，「陽九之動始於震」，春分陽氣動生萬物，一直到了四月陽氣最盛，「而豐大之變窮，震功究焉」。進入五月由離卦主事，正南，陽爻居外，陰爻居內，「以陽包陰」，陰八少陰，不變主靜，「陰八之靜始於離」。離卦一陰微生，「主於內，群陽降而承之」，陰生主進，陽衰而退，「至於八月，文明之質衰，離運終焉」，陰氣積蓄成勢，轉由兌卦主事。兌卦一陰動於上，，「陰六之動始於兌」，以陰六之老陰而變，象徵秋分陰氣主殺主止，「仲秋形於兌，始循萬物之末」，萬物臻於成熟。至十月陰氣鼎盛，天地澤被窮極而入於冬藏之時，「兌功究焉」。

〔註112〕《易緯·乾元序制記》：「坎初六，冬至，廣莫風；九二，小寒；六三，大寒；六四，立春，條風；九五，雨水；上六，驚蟄。震初九，春分，明庶風；六二，清明；六三，穀雨；九四，立夏，溫風；六五，小滿；上六，芒種。離初九，夏至，景風；六二，小暑；九三，大暑；九四，立秋，涼風至；六五，處暑；上九，白露。兌，初九，秋分，閶闔風，霜下；九二，寒暑；六三，霜降；九四，立冬，始冰，不周風；九五，小雪；上六，大雪也。」鄭注《易緯·通卦驗》：「冬至，坎始用事，而主六氣，初六交也；小寒於坎，直九二；大寒於坎，直六三；立春於坎，直六四；雨水於坎，直九五；驚蟄於坎，直上六。春分於震，直初九；清明於震，直六二；穀雨於震，直六三；立夏於震，直九四；小滿於震，直六五；芒種於震，直上六。夏至於離，直初九；小暑於離，直六二；大暑於離，直九三；立秋於離，直九四；處暑於離，直六五；白露於離，直上九。秋分於兌，直初九，寒露於兌，直九二；霜降於兌，直六三；立冬於兌，直九四；小雪於兌，直九五；大雪於兌，直上六。」

覽圖》〈小過〉至〈臨〉六十卦，於每五卦標示「寅」至「丑」十二支，次第
與孟喜、京房相同。《魏書・律曆志》載〈正光曆・求四正術〉也有每月五卦
的六十卦次序，茲迻以表列如下：

月　份	卦　　　　　　　名
十一月	未濟、蹇、頤、中孚、復
十二月	屯、謙、睽、升、臨
正月	小過、蒙、益、漸、泰
二月	需、隨、晉、解、大壯
三月	豫、訟、蠱、革、夬
四月	旅、師、比、小畜、乾
五月	大有、家人、井、咸、姤
六月	鼎、豐、渙、履、遯
七月	恒、節、同人、損、否
八月	巽、萃、大畜、賁、觀
九月	歸妹、无妄、明夷、困、剝
十月	艮、既濟、噬嗑、大過、坤

　　根據《易緯・稽覽圖》：「甲子卦氣起中孚」一語，冬至中孚卦為卦氣之
始，應為六十卦之首。因此，十一月的五卦中，中孚、復在年前的十一月，
未濟、蹇、頤在該年的十一月。

　　七十二候是一年十二月風雨寒溫規律反映於各類物候的總稱。《易緯・乾
鑿度》云：「天氣三微而成一著，三著而成一體。」鄭玄注：「五日為一微，
十五日為一著，故五日有一候，十五日成一氣。」孟喜以六十卦配七十二候，
主要是將六十卦析為五組，各以辟、公、侯、卿、大夫為稱，是以每組十二
卦。〔註113〕六十卦配六十候，不足的十二候，以十二候卦來相配，其法就是
將候卦每卦分為「內」、「外」，每個候卦內卦主上月中氣之末候，外卦主下一
個月節氣之初候。因此，十二候卦各跨「末」、「初」兩候，而兼「終」、「始」

〔註113〕

公	中孚	升	漸	解	革	小畜	咸	履	損	賁	困	大過
辟	復	臨	泰	大壯	夬	乾	姤	遯	否	觀	剝	坤
侯	屯	小過	需	豫	旅	大有	鼎	恒	巽	歸妹	艮	未濟
大夫	謙	蒙	隨	訟	師	家人	豐	節	萃	无妄	既濟	蹇
卿	睽	益	晉	蠱	比	井	渙	同人	大畜	明夷	噬嗑	頤

兩卦之用，七十二候得以與六十卦對應配合。《新唐書・曆志》僧一行所述孟喜卦配七十二候，表列如下：

常氣	月中節 四正卦	初　　候 始　　卦	次　　候 中　　卦	末　　候 終　　卦
冬至	十一月中 坎初六	蚯蚓結 公〈中孚〉	麋角解 辟〈復〉	水泉動 侯〈屯〉（內）
小寒	十二月節 坎九二	雁北鄉 侯〈屯〉（外）	鵲始巢 大夫〈謙〉	野雉始雊 卿〈睽〉
大寒	十二月中 坎六三	雞始乳 公〈升〉	鷙鳥厲疾 辟〈臨〉	水澤腹堅 侯〈小過〉（內）
立春	正月節 坎六四	東風解凍 侯〈小過〉（外）	蟄蟲始振 大夫〈蒙〉	魚上冰 卿〈益〉
雨水	正月中 坎九五	獺祭魚 公〈漸〉	鴻雁來 辟〈泰〉	草木萌動 侯〈需〉（內）
驚蟄	二月節 坎上六	桃始華 侯〈需〉（外）	倉庚鳴 大夫〈隨〉	鷹化爲鳩 卿〈晉〉
春分	二月中 震初九	玄鳥至 公〈解〉	雷乃發聲 辟〈大壯〉	始電 侯〈豫〉（內）
清明	三月節 震六二	桐始華 侯〈豫〉（外）	田鼠化爲鴽 大夫〈訟〉	虹始見 卿〈蠱〉
穀雨	三月中 震六三	萍始生 公〈革〉	鳴鳩拂其羽 辟〈夬〉	戴勝降于桑 侯〈旅〉（內）
立夏	四月節 震九四	螻蟈鳴 侯〈旅〉（外）	蚯蚓出 大夫〈師〉	王瓜生 卿〈比〉
小滿	四月中 震六五	苦菜秀 公〈小畜〉	靡草死 辟〈乾〉	小暑至 侯〈大有〉（內）
芒種	五月節 震上六	螳螂生 侯〈大有〉（外）	鵙始鳴 大夫〈家人〉	反舌無聲 卿〈井〉
夏至	五月中 離初九	鹿角解 公〈咸〉	蜩始鳴 辟〈姤〉	半夏生 侯〈鼎〉（內）
小暑	六月節 離六二	溫風至 侯〈鼎〉（外）	蟋蟀居壁 大夫〈豐〉	鷹乃學習 卿〈渙〉
大暑	六月中 離九三	腐草爲螢 公〈履〉	土潤溽暑 辟〈遯〉	大雨時行 侯〈恆〉（內）

常氣	月中節 四正卦	初　　候 始　　卦	次　　候 中　　卦	末　　候 終　　卦
立秋	七月節 離九四	涼風至 侯〈恒〉（外）	白露降 大夫〈節〉	寒蟬鳴 卿〈同人〉
處暑	七月中 離六五	鷹祭鳥 公〈損〉	天地始肅 辟〈否〉	禾乃登 侯〈巽〉（內）
白露	八月節 離上九	鴻雁來 侯〈巽〉（外）	玄鳥歸 大夫〈萃〉	群鳥養羞 卿〈大畜〉
秋分	八月中 兌初九	雷乃收聲 公〈賁〉	蟄蟲培戶 辟〈觀〉	水始涸 侯〈歸妹〉（內）
寒露	九月節 兌九二	鴻雁來賓 侯〈歸妹〉（外）	雀入大水爲蛤 大夫〈无妄〉	菊有黃華 卿〈明夷〉
霜降	九月中 兌六三	豺乃祭獸 公〈困〉	草木黃落 辟〈剝〉	蟄蟲咸俯 侯〈艮〉（內）
立冬	十月節 兌九四	水始冰 侯〈艮〉（外）	地始凍 大夫〈既濟〉	雉入水爲蜃 卿〈噬嗑〉
小雪	十月中 兌九五	虹藏不見 公〈大過〉	天氣上騰地氣下降 辟〈坤〉	閉塞而成冬 侯〈未濟〉（內）
大雪	十一月節 兌上六	鶡鳥不鳴 侯〈未濟〉（外）	虎始交 大夫〈蹇〉	荔挺生 卿〈頤〉

　　十二辟卦之「辟」猶言「君」、「主」，在卦氣說的六十卦體系爲主體卦，以配合一年十二月的月候，喻示自然界萬物「陰陽消息」的意義，故又稱「十二月卦」、「十二消息卦」。《新唐書‧歷志》僧一行解釋「卦議」曰：「十二月卦出於孟氏章句，其說《易》本於氣，而後以人事明之。」孟喜卦氣圖以公、辟、侯、大夫、卿，分當六十卦。十二消息卦皆值辟位，故又名十二辟卦。京房及《易緯‧乾鑿度》皆踵其說。《易緯‧通卦驗》：「春三月候卦炁」，「夏三月候卦炁」，「秋三月候卦炁」，「冬三月候卦炁」，鄭玄注：「春三月候卦炁者，泰也、大壯也、夬也」，「夏三月候卦炁者，乾也、姤也、遯也」，「秋三月候卦炁者，否也、觀也、剝也」，「冬三月候卦炁者，坤也、復也、臨也」。《易‧繫辭上》：「變通配四時。」唐人李鼎祚《周易集解》引虞翻曰：「變通趨時，謂十二月消息也。〈泰〉、〈大壯〉、〈夬〉配春，〈乾〉、〈姤〉、〈遯〉配夏，〈否〉、〈觀〉、〈剝〉配秋，〈坤〉、〈復〉、〈臨〉配冬。謂十二月消息鄉變通而周於四時也。」〔註114〕

〔註114〕　（唐）李鼎祚《周易集解》卷十三（《中國古代易學叢書》第二卷，北京：中

乾初九爻辭,《周易集解》引干寶曰:「陽在初九,十一月之時,自〈復〉來也。」九二,曰:「陽在九二,十二月之時,自〈臨〉來也。」九三,曰:「陽在九三,正月之時,自〈泰〉來也。」九四,曰:「陽氣在四,二月之時,自〈大壯〉來也。」九五,曰:「陽在九五,三月之時,自〈夬〉來也。」上九,曰:「陽在上九,四月之時也。」〔註115〕坤初六爻辭,《周易集解》引干寶:「陰氣在初,五月之時,自〈姤〉來也。」六二,曰:「陰氣在二,六月之時,自〈遯〉來也。」六三,曰:「陰氣在三,七月之時,自〈否〉來也。」六四,曰:「陰氣在四,八月之時,自〈觀〉來也。」六五,曰:「陰氣在五,九月之時,自〈剝》》來也。」上六,曰:「陰在上六,十月之時也。」〔註116〕可證十二卦所言爲陰陽二氣消長的變化。十二消息卦配十二支、四時、月份列表如下:

十　二　消　息　卦											
陽　息　卦						陰　消　卦					
復	臨	泰	大壯	夬	乾	姤	遯	否	觀	剝	坤
䷗	䷒	䷊	䷡	䷪	䷀	䷫	䷠	䷋	䷓	䷖	䷁
子	丑	寅	卯	辰	巳	午	未	申	酉	戌	亥
冬	冬	春	春	春	夏	夏	夏	秋	秋	秋	秋
十一月	十二月	正月	二月	三月	四月	五月	六月	七月	八月	九月	十月

　　陽息爲盈,陰消爲虛,屈萬里說:「陽息坤則由復,而泰,而大壯,而夬,以至於乾。陰消乾則由姤而遯,而否,而觀,而剝,以至於坤。故消息之卦,凡十有二。」〔註117〕息卦由復始而乾終,皆陰變陽,柔變剛。消卦自姤而坤,皆陽變陰,剛變柔,一切皆在陰陽之變,惠棟藉《易·繫辭》:「往來不窮謂之通。」引荀爽曰:「十二消息,陰陽往來無窮已,故通也。」〔註118〕惠棟引《禮記·月令》正義明消息卦的陰陽進退升降:

　　　　天地之氣,謂之陰陽,一年之中,或升或降,故聖人作象,各分爲

　　　　六爻,以象十二月。陽氣之升,從十一月爲始,至四月六陽皆升、

　　　　國書店,1992.7),頁209。
〔註115〕同註114,卷一,頁6-8。
〔註116〕同註114,卷二,頁23-25。
〔註117〕屈萬里,《先秦漢魏易例述評》(臺北:學生書局,民國73.7(1984.7)),頁79。
〔註118〕(清)惠棟,《易漢學》一〈十二消息〉(《惠氏易學》下,臺北:廣文書局,民國60.1(1971.1)),頁1066。

六陰皆伏；至五月一陰初升，至十月六陰盡升，六陽皆伏。今正月
云，天氣下降，地氣上騰者，陽氣；五月之時，爲陰從下起，上嚮
排陽；至十月之時，六陽退盡，皆伏於下；至十一月，陽之一爻始
動地中；至十二月，陽漸升，陽尚微，未能生物之極。正月三陽既
上，成爲乾卦，乾體在下，三陰爲坤，坤體在上，是陽氣五月初降，
至正月爲天體，而坤在下也。十一月一揚初生，而上排陰；至四月
陰爻伏盡，六陽在上，五月一陰生，六月二陰生，陰氣尚微，成物
未具；七月，三陰生而成坤體，坤體在下，三陽爲乾而體在上，所
以十月云地氣下降，天氣上騰。〔註119〕

十二消息卦以陰陽二氣升降之象，陰變而化爲陽爻，陽進而陰退；陽變而化
爲陰爻，陰進而陽退。

　　後人根據孟喜、京房及《易緯》卦氣說，製作了「卦氣圓圖」，體現四正
卦、十二辟卦、六十卦（五爵位卦）主管四時、十二月、二十四節氣、七十
二候、三百六十五日的特點。以六十卦當周天三百六十五又四分之一度，每
卦值六日七分。坎、離、震、兌爲後天四正，分管二十四氣，不入六十卦之
內。六十卦中有十二辟卦，分領十二月，每月約五卦。始爲公卦，次爲辟卦，
次爲候卦，次大夫卦，次卿卦。五卦主六日，以畢一月，卦氣起於冬至，爲
中孚卦至屯內卦。約十五爻當十五日，約兩卦半當一氣，中孚爲六日七分，
至復爲十二日十四分，餘類推。至頤卦爲三百六十五日二十分，爲一年。周
而復始，生生不息。茲援圖如下：

卦氣圓圖

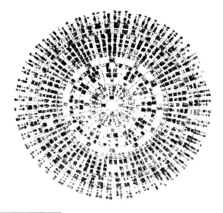

（二）《說文》干支之十二消息說

今依十二月卦次序，合併相同消息卦理的《說文》的干支字，可清楚對照彼此的釋義，以明陰陽消長之道。〔註120〕其中，天干字偶有橫跨兩個月份的情形。茲說明如下：

1. 正月泰卦

甲東方之孟，陽气萌動。从木戴孚甲之象。

寅髕也。正月陽气動，去黃泉，欲上出，陰尙彊。象宀不達，髕寅於下也。

按：春天陽氣萌動，相當十二消息卦正月泰卦（䷊），泰卦上坤（地）下乾（天），陽氣處下，陰氣居上，陽氣有上升之勢，陰氣有下降之性，陰陽交通，天地和同，觸動草木萌發生機，萬物皆解孚甲而出。

正月之時，陰氣尙強，陽氣不能徑，故寅字上覆宀，有所阻礙，更象陽氣離黃泉欲上出，卻受擯斥。《易緯·乾鑿度》：「泰者，正月之卦也，陽氣使通，陰道執順。」正月寅，立春，三陽開泰。

2. 二月大壯卦

乙象春艸木冤屈而出。侌气尙彊，其出乙乙也，與丨同意。

卯冒也。二月萬物冒地而出，象開門之形。故二月爲天門。

按：乙次於甲，位東方之仲，象艸木離孚甲，乘陽欲出見，自正月泰卦之後，大壯卦（䷡）的陽爻由下往上漸增，陽氣漸強，然大壯卦尙有二陰，故曰：「侌气尙彊」，剛柔始交而難生，其形乙乙然，陰陽之氣相交，「萬物剖符甲而出」，萬物萌芽，衝破種子的殼而出，萌發的新芽呈屈軋的形狀。

二月，植物生機繁茂，從土裡冒出來，陽氣漸壯，施生萬物，陰氣漸微，不能障閉陽氣。《說文》的「二月爲天門」還是指春門，與緯書西北方的天門不同。

3. 三月夬卦

乙象春艸木冤屈而出。侌气尙彊，其出乙乙也，與丨同意。

辰震也。三月易气動，靁電振，民農時也，物皆生。

按：自正月泰卦之後，夬卦（䷪）的陽爻由下往上漸增，陽氣漸強，然

〔註120〕本文第四章〈《說文》陰陽五行思想〉第四節詳論《說文》干支字例，請互見參照頁 294-317。

夬卦尚有一陰，故曰：「夅气尚彊」。陽氣震動，萬物生機振發，房星正為農事所瞻仰，故為進行農事之佳時。

4. 四月乾卦

丙位南方，萬物成炳然，夅气初起，易气將虧。从一入門，一者易也。

𢆶巳也，四月易气巳出，陰气巳藏。萬物見，成彣章。故巳為它，象形。

按：丙五行為火，方位為南，季節為夏，陽氣強盛，為十二消息卦乾卦（䷀），陽極則必反，一陰初出，為十二消息卦的五月姤卦（䷫），故曰：「易气將虧」。陽氣入門，陰陽之氣將有所轉換，陰氣初起，全盛之陽將虧。

四月陽氣盡出，陰氣已藏，萬物已盛實盡見。凡蟄物驚蟄而起，蛇蟄最久，陽盛始出，故取而象之。

5. 五月姤卦

丙位南方，萬物成炳然，夅气初起，易气將虧。从一入門，一者易也。

↑夏時萬物皆丁實。象形。

屮稆也。五月夅气稆屮易，冒地而出。

按：丁次於丙，五行屬火，為盛夏，花落跗見將成實，故說萬物皆丁實。生物剛盛成實之際，也有摯斂之陰隱藏其中，五月姤卦（䷫）五陽一陰六月遯卦（䷠）四陽二陰，蓋指生物最茂盛、剛強之刻，正意謂由盛入衰、轉剛守柔之始，也因為衰柔乃見，才反襯方盛方剛。

五月，物長滿遍布，陽氣看似旺盛，但已有陰氣要從地裡干擾。

6. 六月遯卦

↑夏時萬物皆丁實。象形。

未味也。六月滋味也。五行木老於未，象木重枝葉也。

按：六月，萬物果實生成而有滋味。遯卦（䷠）四陽二陰，蓋指生物由盛入衰、轉剛守柔之始。五行生壯墓，木生於亥，壯於卯，死於未。

7. 七月否卦

庚位西方，象秋時萬物庚庚有實也。

申神也。七月夅气成，體自申束。

按：七月否卦（䷋），秋時萬物成熟、收穫之季，天地不交，陽氣伏藏，

由此遞減，萬物的生長機制將因陰氣遞增，而肅然變更，所謂春仁而秋剛。陰氣至申而成體，從此陰氣日盛一日。

8. 八月觀卦

丣位西方，象秋時萬物庚庚有實也。

辛秋時萬物成而孰。金剛味辛，辛痛即泣出。

酉，就也。八月黍成，可為酎酒。象古文酉之形。丣古文酉从丣。丣為春門，萬物已出；丣為秋門，萬物已入。

按：八月觀卦（☷☴），秋時萬物成熟、收穫之季，也是陰氣更萬物之時，秋氣常肅殺，故人感秋氣而悲，辛酸泣出。

萬物將老，陽內收則物成，果熟蒂落。酉為仲秋八月，萬物搖落，西方也。古文酉字為丣字加一，為閉門之象，象徵元一陽內收。

9. 九月剝卦

辛秋時萬物成而孰。金剛味辛，辛痛即泣出。

戌威也。九月陽气微，萬物畢成，陽下入地也。五行土生於戌，盛於戌。

按：九月剝卦（☷☶），「五陰一陽，故陰道始成」，一陽以象萬物收成，而後漸更轉為由陰氣主導。五陰方盛，一陽將盡，陽下入地，指九月萬物的成長即將滅絕，剩一陽碩果僅存。戌位處土盛，而義主乎滅，如土之生物，土氣極而物滅矣。

10. 十月坤卦

壬位北方也。侌極易生，故《易》曰：龍戰於野。戰者，接也。象人裏妊之形。承亥壬以子，生之敘也。

亥荄也。十月微易起，接盛侌。从二，二古文上字。一人男，一人女也。从乚，象裹子咳咳之形。……亥而生子，復從一起。

按：五行為水，方位為北，季節為冬，十月（亥）消息卦為坤卦（☷☷），六爻皆為陰爻，陰極陽生，而壬之裏妊，正象陽孕於陰之內，故象人裏妊之形以孕育，是壬承亥以生子。

荄，艸根也，謂十月陽氣根於下也，指萬物的生機活力已復歸於地，微陽從地中起接盛陰。亥象男女構精，萬物化成，故亥而生子，託始於一，亥終則復始一。

11. 十一月復卦

壬 位北方也。侌極昜生，故《易》曰：龍戰於野。戰者，接也。象人裹妊之形。承亥壬以子，生之敘也。

水 冬時水土平，可揆度也，象水從四方流入地中之形。

子 十一月昜气動，萬物滋。人以爲偁，象形。

按：龍戰於野，微陽起接盛陰，是爲十一月（子）消息卦復卦（☷☳）一陽初生，萬物此時斂其陽氣活力，蘊藏於中。癸五行爲水，方位爲北，季節配冬，冬時大地萬物凋殘，不相親附，惟水得陽之餘氣，生於地中，流於地上。

子在正北方，配仲冬十一月，一陽在下，陽氣萌動。又象人首與手足之形，人以爲偁，蓋十一月夜半子時，陽气初起，人承陽，本其初。

12. 十二月臨卦

水 冬時水土平，可揆度也，象水從四方流入地中之形。

丑 紐也。十二月萬物動用事。

按：雖然冬天大地嚴寒，但冬至過後，陰中微陽生，大地之中又孕育新的生機，十二月消息卦臨卦（☷☱）居下兩個陽爻，象徵陰懷陽胎的種子，撲然萌芽。十二月陰氣之固結已漸解，但寒氣屈紐，萬物未敢出，大寒氣過，農事將起也。

孟喜的十二消息卦，是許慎的干支釋義之重點，蔣慶元〈《說文》始一終亥說〉云：

> 《説文》爲字書，而因字達義，以周知天下之情狀。自序所云：「萬物咸覩，靡不兼載」是也。顧善究物情之變者，莫如《易》。庖羲以一畫開天，天下之數起於一，字之必以一始，固《易》理也。其知許宗孟《易》者，則以許書分部末取干支而終之以亥也。《説文》亥下云：「荄也」。又子下云：「十一月陽氣動，萬物滋。」按：《漢書·儒林傳》：趙賓以《易》「箕子明夷」，爲萬物荄滋。云受孟喜，喜爲名之。〔註121〕則許君荄滋之說，即採諸孟《易》，確有明徵矣。且攷唐大衍議云：十二月卦出於孟氏章句，其説《易》本於氣，而後人以人

〔註121〕《漢書·儒林傳》：「又蜀人趙賓好小數書，後爲《易》，飾《易》文，以爲『箕子明夷，陰陽氣亡箕子；箕子者，萬物方荄茲也。』賓持論巧慧，《易》家不能難，皆曰「非古法也」。云受孟喜，喜爲名之。」

事明之，則許書以十二支分部，其意又從十二月卦氣推出。〔註122〕

高明認爲：許慎言稱引《易》孟氏，是指其文字概依孟氏本；始一終亥，未稱引《易經》原文，自無取於孟氏，蔣氏所謂「得諸孟喜《易》學之意」，殆係傅會之詞，未足信也。〔註123〕但是，由上文論述可證明許慎的《易》學思想不脫孟喜，是《說文》的思想主幹之一。因此，漢代《易》學是解開許慎《說文》密碼的鑰匙。治《說文》，尚兼通，已勢在必行。

另外，《說文》物下云：「萬物也，牛爲大物，天地之數起於牽牛，故從牛勿聲。」漢代象數《易》的卦氣說，卦氣起中孚，爲冬至十一月（子），在星爲牽牛，是以太初曆、三統曆爲準，〔註124〕在卦爲復，復之初九乾元，起於中孚「窈冥無形，其中有精」的生機所在。卦氣以中孚卦爲首，以一陽始生的復卦爲十二消息卦之首，同六十四卦序以乾坤爲首，一樣都是萬物化生本源之義，故曰「天地之數起於牽牛」。本文將於下節次〈《說文》筮數系統〉有詳細的分析。

三、納甲說

> 易 蜥易，蝘蜓，守宮也，象形。祕書說曰：「日月爲易，象会易也。」一日從勿。（九篇下　四十四）

按：《說文》蝘下云：「在壁日蝘蜓，在草曰蜥蜴。」許慎析言之，於易下則統言之。守宮者，能變化之蟲，形如所謂今俗腳蛇，亦曰壁虎，任昉《述異記》十二辰蟲，每日十二易其形，即指守宮。易篆體上象首，下象四足，故《說文》云「象形」。

段玉裁、桂馥、王筠均認爲《說文》的祕書是緯書，惠棟更認爲祕書就是《周易參同契》，〔註125〕丁福保則有不同的看法，其云：「攷《慧琳音義》六卷七頁《易》注引《說文》賈祕書說日月爲易，始知二徐本脫賈字。攷《後漢書・賈逵傳》：『逵兩校祕書』，賈祕書即賈逵也。許君古學正從逵出，故《說

〔註122〕楊家駱主編，《說文解字詁林正補合編》第一冊，頁 1-972。

〔註123〕高明，《高明小學論叢》（臺北：黎明文化事業有限公司，民國 77.10（1988.10）），頁 99-100。

〔註124〕以卦氣圖而言，冬至星在「虛」，太初曆、三統曆才是星在「牽牛」，那是歲差的緣故。

〔註125〕（清）惠棟，《惠氏讀說文記》，見楊家駱主編，《說文解字詁林正補合編》第八冊，頁 8-366。

文》引師説或稱賈祕書,或稱賈侍中而不名也。」〔註126〕賈逵既然兩校祕書
而被稱之爲賈祕書,可見祕書還是指緯書。

大自然四時之推移、晝夜之循環,與日月之運行有直接關係,在天成象者,
惟日月爲最著,《易·繫辭上》:「日月運行,一寒一暑。」「陰陽之義配日月。」
「懸象著明莫大乎日月。」《易·繫辭下》:「日往則月來,月往則日來,日月相
推而明生焉;寒往則暑來,暑往則寒來,寒暑相推而歲成焉。」兩漢時期,習
慣以日月詮釋《易》的象理或易理,《易緯·乾坤鑿度》云:「易名有四義,本
日月相銜。」鄭玄注:「日往月來,古日下有月爲易。」惠棟以復原漢《易》爲
首要,其《九經古義》就提到《説文》、《周易參同契》「日月爲易」之説:

> 《説文》曰:祕書説日月爲易,象陰陽也。虞仲翔《易》注引《參
> 同契》亦云:字從日下月。《參同契》曰:易謂坎離。又曰:日月爲易。祕
> 書者,《參同》之類也。〔註127〕

《易漢學》中也提到:

> 坎戊月精,離己日光,日月爲易。《繫辭下》云:易者,象也。仲翔云《易》
> 謂日月懸象著明,莫大日月也。〔註128〕

日月合象而爲易的重要古意,惠棟一貫主張「月體納甲説」就是「日月爲易」
的思想基礎。陸秉也指出「易字篆文日下從月,取日月交配而成,迭相爲易
之義。」〔註129〕在緯書或《周易參同契》皆以「日月爲易」象徵月體納甲的
意涵。《周易參同契》月體納甲説源於京房易學和《易緯·乾鑿度》,虞翻還
爲《參同契》作注。京房、魏伯陽、虞翻,以各具特色的納甲説出現在兩漢
時期,説明當時的易學成就。

納甲是以八卦配十干,而舉十干之「甲」括而論之,故稱納甲。納甲是
觀日月運行,配以八卦,以反映月亮朔望晦弦整個盈虧週期的陰陽消息之象,
從而顯示八卦「不失其時,如月行天」的動態變化功能。其中,坎離二卦,《易·
説卦傳》云:「離爲日。」「坎爲月。」《京氏易傳》卷下:「乾坤者,陰陽之
根本;坎離者,陰陽之性命。」《易緯·乾鑿度》云:「離爲日,坎爲月,日
月之道,陰陽之經,所以終始萬物,故以坎離爲終。」鄭玄注:「言以日月終

〔註126〕同註125,「易」下丁福保案語,頁 8-366。
〔註127〕見《九經古義》卷一(臺北:臺灣商務印書館,民國 54.12(1965.12)),頁 1。
〔註128〕見《易漢學》三〈虞仲翔易〉同註118,頁 1117。
〔註129〕轉引自(宋)胡一桂《周易啓蒙翼傳》上篇〈天地自然之易〉(《四庫全書》
　　　　第二十二冊,臺北:臺灣商務印書館),頁 201。

天地之道。」日月運行，反映出歲時之交替推移，與天地陰陽的交感與消長，萬物的終始，皆因日月之往復與升降，所以坎離也象徵天地的變化之道。《周易參同契·乾坤設位章第二》云：「天地者，乾坤之象；設位者，列陰陽配合之位，《易》謂坎離。坎離者，乾坤二用。」又云：「坎戊月精，離己日光，日月為易，剛柔相當，土旺四季，羅絡始終，青赤黑白，各居一方，皆稟中宮戊己之功。」月體納甲的「日月」主要是就「坎離」而言，坎離出於乾坤，乾坤二五變而為坎離。易上從日象陽，下從月象陰，言日月交會之象，古《易》家之遺說，非六書之體。所以，《說文》引用祕書云：「日月為易，象會易也。」是漢代象數易學常用的月體納甲術語。

　　月體納甲表示日月交會，月體受日光的變化之象。以在地球的觀察視線而言，日月的升降方向皆是東升西落，但古人多言日月升降方向相反，日西而月東，是就日月天體的相對位置而言。月本無光，受日映處則有光，月的盈虧是日月相對位置改變所致，月體光亮的部分永遠朝向日的方向，這是日月相對的照射原理。光生於日之所照，魄生於日之所不照，月體在望月十五之前，載魄在西方（月缺部分在西方），至晦朔之交，日月同宮。月體為日所包，其半邊之光全向於天，半邊之黑全向於地，故謂之晦。月去日二十五度，人間乃見微光，謂之哉生；明月去日九十餘度，人間乃見光一半，謂之上弦；及至日月纏度相對，其光相望而圓滿徧照，半邊之光全向人間，故謂之望。望後相對漸側，月距日二十五度，人間始見微黑，謂之哉生魄。月距日九十餘度，人間只見光一半，謂之下弦。從此其光漸斂漸微，至於體伏光盡則晦矣。月體本無圓缺，惟受日光所映以為圓缺。故「日月為易」，指月體受日光的圓缺變化，月相形成的本體，也就是月體納甲說。朱震《周易卦圖》卷下云：「納甲何也？舉甲以該十日也。乾納甲壬，坤納乙癸，震巽納庚辛，坎離納戊己，艮兌納丙丁，皆日自下生。聖人仰觀日月之運，配之以坎離之象，而八卦十日之義著矣。」〔註130〕這種以八卦納十干的納甲說法，是由西漢京房正式提出。京房納甲說的內容，是將當時盛行的陰陽五行、干支納入《易》卦系統中，使易卦與天文曆數融為一體，《京房易傳》卷下云：

　　　分天地乾坤之象，益之以甲乙壬癸，震巽之象配庚辛，坎離之象配
　　　戊己，艮兌之象配丙丁，八卦分陰陽六位五行，光明四通，變異立

〔註130〕（宋）朱震，《周易卦圖說》卷下〈日月〉（《叢書集成續編》第 1 冊·經部，
　　　　　上海：上海書店，1994.6），頁 270。

節。〔註131〕

根據《易‧繫辭下》「陽卦多陰，陰卦多陽」與〈說卦傳〉所言乾坤父母卦生六子之說，〔註132〕合八卦有陰陽之分，乾、震、坎、艮爲陽卦，坤、巽、離、兌爲陰卦。京房據此以陽卦納陽干，陰卦納陰干。乾坤兩卦以卦的形式，體現了陰陽之根本，甲壬、乙癸以數的形式，體現了陰陽之終始，甲壬爲陽干之終始，乙癸爲陰干之終始。京房的納甲說用的是重卦，其中又將乾坤二卦分內外卦，乾內卦納甲，外卦納壬；坤卦內卦納乙，外卦納癸，其餘六卦，即震納庚、巽納辛、坎納戊、離納己、艮納丙、兌納丁。〔註133〕如此一來，既合乎陰陽終始之義，也解決了十天干與八卦不等的相配，爲一套便於占筮災異、推測吉凶的《易》學新制。

　　繼京房之後，東漢魏伯陽《周易參同契》，以京房納甲爲基本的框架，雜糅月體運動變化的天文知識，配以月向的晦朔弦望，是爲月體納甲說，其目的在於建立煉丹的理論體系。《周易參同契‧聖人不虛生章第四》云：

> 三日出爲爽，震庚受西方，八日兌受丁，上弦平如繩，十五乾體就，
> 盛滿甲東方。蟾蜍與兔魄，日月氣雙明，蟾蜍視卦節，兔魄吐精光，
> 七八道已訖，屈折低下降，十六轉受統，巽辛見平明，艮直於丙南，
> 下弦二十三，坤乙三十日，東北喪其朋，節盡相禪與，繼體復生龍，
> 壬癸配甲乙，乾坤括始終。〔註134〕

魏氏認爲月的盈虛圓缺與所處方位，有一定的規律性，這種規律的月象，與京房所說的卦象極爲相似。不過，京房用的是重卦，魏氏用的是三畫卦。魏氏的月體納甲說，如下圖所示：

〔註131〕（漢）京房撰、（吳）陸績注，《京氏易傳》卷三（《四庫全書薈要》子部第19冊‧數術類，臺北：世界書局，民國77.2（1988.2）），頁264-27。

〔註132〕《易‧說卦傳》：「乾，天也，故稱乎父；坤，地也，故稱乎母；震一索而得男，故謂之長男；巽一索而得女，故謂之長女；坎再索而得男，故謂之中男；離再索而得女，故謂之中女；艮三索而得男，故謂之少男；兌三索而得女，故謂之少女。」

〔註133〕乾卦的方位，在《易‧說卦傳》「天地定位，山澤通氣，雷風相薄，水火不相射，八卦相錯」的先天八卦方位，乾爲正南，若配天干，當爲丙丁。另在《易‧說卦傳》的「帝出乎震」後天八卦方位，乾爲西北之卦，則不出西方的庚辛或北方的壬癸。但是京房的納甲，卻以乾卦納甲壬。

〔註134〕（東漢）魏伯陽、（清）董德寧（元眞子），《周易參同契正義》（文山遯叟蕭天石主編，《道藏精華》第一集之一，臺北：自由出版社，民國78.7（1989.7）），頁21-22。

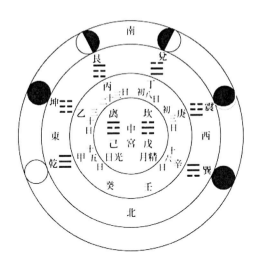

　　初三一線月牙，陰極生陽，如一陽二陰的震象☳，出於西方庚位。八日月亮上弦平如繩，陽由震初進到二，即一陰二陽的兌象☱，出於南方丁位。至十五日，月盛滿，是純陽無陰的乾象☰，出於東方甲位。「七八道已訖，屈折低下降」七八為十五，十五過後，陽極生陰，圓月將缺。十六日陽退陰進，陰始用事，一陰初生，是為巽象☴，見於西方之辛位。二十三日，月缺下半為下弦，二陰生於一陽下，是為艮象☶，見於正南丙位。至三十日，月隱而不見其明，是為極陰之坤象☷，在東北乙位。

　　至於坎離二卦，《周易參同契·天地設位章第二》云：「天地設位，而《易》行乎其中矣。天地者，乾坤之象。設位者，列陰陽配合之位。《易》謂坎離，坎離者，乾坤二用。」又云：「坎戊月精，離己日光，日月為易，剛柔相當，土旺四季，羅絡始終，青赤黑白，各居一方，皆稟中宮，戊己之功。」〔註135〕《易·說卦》云：「乾為天」、「坤為地」、「坎為月」、「離為日」，在《易》為坎離者，其象則為日月，在《易》為乾坤者，其象則為天地。《易》上經首以乾坤，終以坎離，坎離相交之卦，天地之體立而後日月之用行。乾坤定位於上下，處於「列陰陽配合之位」，而坎離以「坎離匡廓」運行升降於其間。乾坤二卦在此只是觀念上的邏輯意義，真正萬物的生化由坎離主導，因為「乾純陽，牡卦也；坤純陰，牝卦也。坎陰中有陽，離陽中有陰，牝牡相交之卦也。」〔註136〕一陰入乾為離，離為陽中之陰；且離為日，日秉太陽火精，本體光明洞達，中間一點黑處即是太陰之水，陽中藏陰，外白內黑，故取離象

〔註135〕同註134，頁15-16。
〔註136〕俞琰，《周易參同契發揮》上篇，同註134，頁139。

（☰）。一陽入坤爲坎，坎爲陰中之陽；且坎爲月，月秉太陰之水精，本體純黑無光，中間一點白處，即是太陽之火，陰中藏陽，外黑內白，故取坎象（☵）。坎離二卦呈現陰陽交錯的狀態，不僅象徵陰陽二氣在宇宙上下升降的運動，同時也蘊藏著萬物存在的特質。而「坎，月也；離，日也。日月行於黃道，晝夜往來，循環無窮，如匡郭之周遭也。轂猶身，軸猶心，欲轂運必正其軸。」〔註137〕坎離二卦象徵日月轂轉，一進一退，有一定規律與周期。而且日月居於中宮戊己土位，月相的晦朔弦望變化，皆因日月之動而成。在魏伯陽看來，坎離二卦儼然爲天道的樞紐，內丹爐火應循此天道而行。

虞翻在京房「納甲」說與魏伯陽《周易參同契》的基礎下，對月體納甲說又有所發揮。惠棟制作「八卦納甲之圖」，並闡述其內容：

坎離，日月也。戊己，中土也。晦夕朔旦，坎象流戊；日中則離，離象就己。三十日會于壬，三日出于庚，八日見于丁，十五日盈于甲，十六日退于辛，二十三日消于丙，二十九日窮于乙，滅於癸。乾息坤成。震三日之象，兌八日之象。十五日而乾體成，坤消乾成。巽，十六日也；艮，二十三日也；二十九日而乾體就，出庚見丁者，指月之盈虛而言，非八卦之定體也。甲乾乙坤，相得合木，故甲乙在東；丙艮丁兌，相得合火，故丙丁在南；戊坎己離，相得合土，故戊己居中；庚震辛巽，相得合金，故庚辛在西；天壬地癸，相得合水，故壬癸在北，此天地自然之理。〔註138〕

月體「乾盈于甲」爲十五望，坤二十九日窮于乙，皆位於東方。巽辛爲十六

〔註137〕同註136。
〔註138〕見《易漢學》三〈虞仲翔易〉，同註118，頁1107-1109。

日始退，震庚三日始生，位在西方。兌丁為八日上弦，艮丙二十三日為下弦，位在南方。虞氏之說與魏伯陽說法相近。以八卦納十干的月體納甲法，只能符合月體運動變化的粗略概況，還不到周密精確的地步。

清代胡煦《周易函書約存》認為納甲源於上古聖人所作，其云：

> 納甲之法，上古聖人，仰以觀于天文，因設之以明《易》，非術數家所能作也。見於卦辭曰「先甲後甲」，是文王之前，已有納甲矣。見於爻辭，曰「先庚後庚」，是周公之前，已有納甲矣……蠱雖無乾，而陰終陰始，所以言甲。巽雖無震而取義於伏（巽之伏象為震）所以言庚。又如革之己日，為離而言。此皆聖人借日月交光，以明《易》者也。〔註139〕

胡氏列舉《易》蠱、巽、革卦中的「甲」、「庚」、「己」，皆有日月相推、日月交光之義。其他再如：《易・小畜卦》上九爻辭：「月幾望。」帛書作「既」，小畜卦巽上乾下（☴），十五日夜乾象，月盈甲。十六日平明巽象，月退辛，上九處巽之終，正既望也。又如《易・明夷》上六爻辭：「不明，晦。」明夷卦離下坤上（☷），中互坎、震，坤為三十晦象，坎為月，離為日，日月交會於晦。又《易・坤象》云：「西南得朋，乃與類行；東北喪朋，乃終有慶。」虞氏注云：「此指說《易》道陰陽消息之大要也，謂陽月三日變而成震出庚，至月八日成兌見丁，庚西丁南，故西南得朋，謂二陽為朋。……《象》曰『乃與類行。』二十九日消乙入坤，滅藏於癸，乙東癸北，故東北喪朋。」〔註140〕可證《易》卦爻辭早已有月體納甲法的觀念。《說文》引祕書「日月為易，象會易也」之語雖簡，然其中卻蘊含月體納甲說的思想。

《說文》「易」的第三個釋義「一曰從勿」，王筠《說文句讀》云：「不言從日者，承上文也。」〔註141〕段注云：「從旗勿之勿。」《說文》云：「勿，州所建旗，象其柄，有三游，雜帛，幅半異，所以趣民。故遽稱勿勿。㫃，勿或從㫃。」「易」除了可以作全體象形的蜥蜴，上下拆成日月之外，第三種方式就是拆成上日下勿。吳楚比對《說文》同有「日」與「勿」的其他字義，說明太陽和旗子的關係作用。他說：

〔註139〕（清）胡煦，《周易函書約存》卷首上（《中國古代易學叢書》第四十三卷，北京：中國書店，1998.3），頁31-32。

〔註140〕（漢）虞翻，《易注》（嚴一萍選輯，《叢書集成三編》之16《黃氏逸書考》（一），臺北：藝文印書館，民國61.6），頁7。

〔註141〕楊家駱主編，《說文解字詁林正補合編》第八冊，頁8-367。

> 當與日部督篆互看，督篆云：「尚冥也，从日勿聲。」勿者，州里所
> 建旗也，旗能掩物，義取日出而勿掩之，故曰：「尚冥」。督亦作昒，
> 古督、昧通用，則督猶昧也。然日之升最速，由督篆轉注而升日於
> 勿上，則倏忽改變，有變易之義焉，又有便易之義焉，此易之本惛
> 也。日部又有暍篆云：「日覆雲暫見也。」此乃易篆後出之字義，亦
> 不甚相遠。又勿部有昜篆云：「開也。从日一勿。當云从旦从勿。一
> 曰飛也。一曰長也。一曰彊者眾貌。」昜即昜陽本字。觀昜、易二
> 篆上俱从日，下俱从勿，製字之惛大同，則易篆不得因蜥易而製，
> 而从日勿，會意斷可知矣。〔註142〕

吳楚從督的形義說明，「督」是「日」被上面的「勿」（旗子）遮住，故「尚
冥」，但太陽會爬升到旗子的上方，變成「日」在「勿」上，故有變異之義，
符合三易（變易、不易、簡易）之義。因此，凡是「日」在「勿」上的字義，
皆有日出天開之義，如「暍」、「昜」皆是。吳楚雖略解「易」从「勿」的意
義，但卻未真正揭示旗子「勿」的用意。旗子於古代用在軍事上，有趣民聚
眾「立表」作用，立表定時就是要測量日影，故从㫃、勿之字多與日光有關。
〔註143〕測日影隨著時間的變化，影子也有長短變化，變易之義於焉可得。

第四節　《說文》筮數系統

　　《易》本來多被視為卜筮之書，「數術略」著龜類有《周易》三十八篇，
〔註144〕《大筮衍易》二十八卷，〔註145〕或即筮人所保留筮辭記錄的匯編。《說
文》筮下云：「易卦用蓍也，从竹羿。羿古文巫字。」《禮記‧曲禮》曰：「龜

〔註142〕吳楚，《說文染指》，見同註141，頁 8-376。
〔註143〕關於建旗立表測日影之說，請參見第四章〈《說文》陰陽五行思想〉第二節〈五
　　　　行說〉之「五方」的「中」字。頁 248-251。
〔註144〕《周禮‧大宗伯‧太卜》：「太卜掌三易之灋，一曰《連山》，二曰《歸藏》，
　　　　三曰《周易》，其經卦皆八，其別皆六十有四。」
〔註145〕《周禮‧大宗伯‧簭人》：「簭人掌三易，以辯九簭之名，一曰巫更，二曰巫
　　　　咸，三曰巫式，四曰巫目，五曰巫易，六曰巫比，七曰巫祠，八曰巫參，九
　　　　曰巫環。以辯吉凶，凡國之大事，先筮而後卜。」鄭玄注：「此九巫讀當為筮
　　　　字之誤也。更謂筮遷都邑也。咸猶僉也，謂筮眾心歡不也。式謂筮制作法式
　　　　也。目謂事眾筮其要所當也。易謂民眾不說，筮所改易也。比謂筮與民和比
　　　　也。祠謂筮牲與日也。參謂筮御與右也。環謂筮可致師不也。當用卜者先筮
　　　　之，即事有漸也，于筮之凶則止，不卜。」

爲卜，策爲筮，策者蓍也。」《易》卦之象由蓍筮而得，非普通的算籌，其「近於巫」的色彩中，實有天運與曆數的客觀模擬，《春秋緯說題辭》云：「《易》者，氣之節，含五精，宣律曆。上經象天，下經計曆。」所以，《易》利用天象的科學知識來計算曆日，是古代的曆法書，不能簡單地視爲占卜之書。象、數是《易》學的基本內容，《易》的筮占系統已有早期陰陽數度的科學內容，筮數由數抽象爲奇偶概念，再畫爲陰陽爻象▬、▬▬，而後滋生陰陽哲理，「一陰一陽之謂道」（《易・繫辭上》），「立天地之道曰陰與陽」（《易・說卦》），「陰陽合德，而剛柔有體」（《易・繫辭下》），可以「範圍天地之化而不過，曲成萬物而不遺。」（《易・繫辭上》）。筮占是巫史的占卜工具，巫史又是古代傳天數的人。〔註146〕「數」是「先天地而已存，後天地而已立」的神靈訊息，「神雖非數，因數而顯」（《周易正義》引顧懽語），數是人與神之間相互溝通的訊息之一，「萬物莫逃乎數也」，數可掌握一切事物的法則。所以，《周易》的「筮數」是用來探知萬物變易規律或天神意志，爲數理和哲理的結晶，含有數理邏輯，是古代數學的胚胎。易言之，《周易》卜筮構架在抽象的哲學思維中，有天文曆法數術之學的科學基因。天地之數、大衍之數、萬物之數和九宮之數是重要的《易》筮數。天地之數 55、大衍之數 50、萬物之數 11520，三者俱出於《易・繫辭上》；〔註147〕九宮之數見於《易緯乾鑿度》，〔註148〕是《大戴禮記・盛德》：「二九四，七五三，六一八」明堂建築和洛書的數字關係。《說文》的編纂體例與數字釋義富有數術特色的部分，絕大多數深受《易》學筮數的影響。

一、《說文》編纂體例之數理

　　《說文》的數字釋義《說文》第十五卷下〈後敘〉云：「此十四篇，五百

〔註146〕《史記・天官書》：「昔之傳天數者，高辛之前，重、黎。于唐虞，羲和。有夏，昆吾；殷商，巫咸。周室，史佚、萇弘。于宋，子韋。鄭則裨灶。在齊，甘公。楚，唐眛。趙，伊臯。魏，石申。」

〔註147〕《易・繫辭上》：「天一，地二；天三，地四；天五，地六；天七，地八；天九，地十。天數五，地數五，五位相得而各有合。天數二十有五，地數三十，凡天地之數，五十有五。」「大衍之數五十，其用四十有九。分而爲二，以象兩，掛一以象三，揲之以四以象四時，歸奇於扐以象閏，五歲再閏，故再扐而後掛。」《乾》之策，二百一十有六：《坤》之策，百四十有四。凡三百有六十，當期之日。二篇之策，萬有一千五百二十，當萬物之數也。」

〔註148〕《易緯乾鑿度》：「太一，取其數以行九宮。」

四十部，九千三百五十三文，重文一千一百六十三。」十四篇各分上下，第十五卷〈敘〉也分上下，所以共三十篇。以上這些數字，可以列其筮數之理的式子如下：〔註149〕

1〈敘〉＋14（篇）＝15＝1（太極）＋2（兩儀）＋4（四象）＋8（八卦）

《易・繫辭上》：「是故《易》有太極，是生兩儀，兩儀生四象，四象生八卦，八卦定吉凶，吉凶生大業。」《說文》十四篇加〈敘〉一篇，其數十五，用此《易》數式子相加而成，代表《說文》的生成猶如八卦生成次序的完美之作。

30（上下篇）＝（6＋9）（老陰老陽，變數）＋（7＋8）（少陽少陰，不變數）

30（上下篇）＝2＋4＋6＋8＋10（地數之合）

《說文》十五篇分上下，共三十篇，剛好為「大衍之數五十，其用四十有九」（《易・繫辭上》）演蓍經過三變後的卦扐之餘策，所得的老陽（9）、老陰（6）、少陽（7）、少陰（8）之總和，代表《說文》的篇卷安排具有變與不變的雙軌定律。一至十，《易・繫辭下》以奇數為天數，偶數為地數，「天數二十有五，地數三十」（《易・繫辭上》），《說文》上下分三十篇代表天垂憲象於地的化身，恰是地數之總和。

540 部首＝1（始一，太極）×6（老陰）×9（老陽）×10（終亥，十月）

文字在《說文》540 部首的貫串下，漢字的個體生命集結為群體，再從群體秩序的串連，展現漢字王國。《說文》部首「立一為耑」、「畢終於亥」，陽九陰六皆是活躍變化之數，象徵部首的立部與統御屬字在天地陰陽兩氣的陶鑄、交感下變化、作用、合一，體現「始一終亥」循環的圓道思想。

10516＝9353（正文數）＋1163（重文數）

《易・繫辭下》說乾坤二篇之策，「萬有一千五百二十，當萬物之數也。」《說文》蒐羅的字數總數接近萬物之數 11520。

總而言之，《說文》篇卷字數和部首數，是《易》學象、數、理的表現，由象的把握，還原為數，進而推究出理。〔註150〕

〔註149〕參考賴貴三，〈許慎《說文解字》引《易》補釋與《易》理蠡探〉，《春風煦學集——黃慶萱教授七秩華誕受業論集》（民國 90.4.8（2001）），頁 98-100。

〔註150〕姚淦銘，〈《說文》編纂的《易》哲學視界〉，《辭書研究》2001 年第 5 期，頁

二、《說文》天地之數之理詮

從《易》學角度分析《說文》的篇卷字數、「始一終亥」部首編排義理，獲知許慎以《易》數來統合組織他的《說文》世界。《易》學是《說文》的核心結構構成法則，《易》數則是這些法則運作的筮數元素。《說文》運用最充分的當爲《易・繫辭上》「天地之數」章中的筮數，許慎對「一」至「十」、「物」字的釋義，不僅符合「天數」、「地數」與「萬物之數」，更見其中的《易》數機趣。

（一）「一」至「十」之密意

《易・繫辭上》曰：「天一，地二；天三，地四；天五，地六；天七，地八；天九，地十。」「一」到「十」以天地之數作區別，除了是奇偶之分，最重要的是要說明陰陽筮數之理。《說文》對數字「一」至「十」的釋義，並未單純視之爲紀數而已，其最大的特色就是以《易》學的陰陽筮數思想來解釋這一連串的數字。其中，五和十分別作五行、數之具（盈數）解，而古文五「㐅」和「十」的形制又是九宮數的符號密碼。在這裡，我們不難想見這十個數字的豐富思想，是陰陽筮數、五行、九宮數的大融合。

字例	一	三	八	十	二	四	五	六	七	九
篇卷	1上1	1上17	2上1	3上5	13下14	14下14	14下15	14下16	14下16	14下16

（1）一惟初太極，道立於一，造分天地，化成萬物。弌古文一。（一篇上　一）

按：多數文字學者認爲「一」是紀數的一，〔註151〕《說文》的古文弌，就是紀數說法的遺跡。〔註152〕《說文》的釋義已超出文字學的領域，較少深

77。

〔註151〕于省吾〈釋一至十之紀數字〉：「以一爲首之一二三三積畫紀數字。……由於語言與知識之日漸開展，因而才創造出一與二三三之積畫字，以代結繩而備記憶。」（《甲骨文字釋林》頁 96-97）；李孝定：「紀數名之自一二三三爲指事，皆以積畫爲數目。」（《甲骨文字集釋》，頁 3965），于、李二氏之說皆轉引自《甲骨文字詁林》第四冊（于省吾主編，北京：中華書局，1996.5），頁 3570、3571。魯實先《珍本文字析義》真蹟：「數名之一二三四，於卜辭彝銘并積畫作一二三三，乃象籌算紀數之式而爲文。」（臺北：魯實先全集編輯委員會印行，1993.6），頁 831；徐中舒《甲骨文字典》卷一：「卜辭由一至四，字形作一、二、三、三，以積畫爲數，當出於古之算籌。」（成都：四川辭書出版社，1998.10），頁 1。

〔註152〕徐鍇《說文解字繫傳・通釋》卷一：「弌者，物之株概義，主於數，非專一之一。若言一弌、二弌、三弌，如今人言一箇、二箇、一枚、二枚，故曰：枚卜也。簡從竹，枚從木：弌，杙也，杙亦木也。」（北京：中華書局，1998.12），

究其理，或者視爲許愼個人的穿鑿附會，不合紀數之本義。〔註153〕小徐（鍇）本作「太極」，大徐（鉉）作「太始」。關於「太極」的性質，孔穎達《周易正義》云：

> 太極，謂天地未分之前，元氣混而爲一，即是太初、太一也。故《老子》云「道生一」，即此「太極」是也。又謂混元既分，即有天地，故曰「太極生兩儀」，即《老子》云「一生二」也。〔註154〕

惠棟在釋《易・繫辭上》：「顯道神德行，是故可與酬酢，可與右神矣。」時指出：

> 太極，一也。據道其一，故道謂太極也。一尚微，太極生兩儀，剖判分離，故顯也。〔註155〕

惠氏在釋《老子》「一生二，二生三，三生萬物」時，謂「太一」爲：

> 愚謂一，太一，天也。二，陰陽也。太一分爲兩儀，故一生二，二與一爲三，故二生三，三合然後生，故三生萬物。〔註156〕

《老子》「一生二」之前爲「道生一」，「道」彷若比「一」更具根源性，但惠棟以「太極」爲「一」、「太一」、「道」，「道謂太極」則使「道」的位階同於「太極」。至於「太極」的本質，惠棟視之爲「氣」，一種未發未分之氣，此氣尚微未顯，故「一尚微」，直至太一判分陰陽兩儀時，才眞正顯發。不管是未分的「一」、「太一」、「太極」，或已分的陰陽天地，皆以「氣」爲本質。

　　《易緯乾鑿度》云：「太易者，未見其氣；太初者，氣之始；太始者，形之始；太素者，質之始。」又云：「太易始者太極成。太極成，乾坤行。」鄭

頁 1。丁山〈數名古誼〉：「弌、弍、弎疑即一個、二個、三個合文。」其説本徐鍇《説文繫傳》，轉引自《甲骨文字詁林》第四冊，頁 3570。何琳儀《戰國古文字典》（下冊）據西周金文𢦏（召伯簋）、春秋金文𢦏（國差𦉢），以爲弍弎弌本當从戉，戰國文字戉或省爲戈形，《説文》又省作弋形。（北京：中華書局，1998.9），頁 1080。

〔註153〕魯實先《文字析義》：「自一至四，雖皆取形籌算，然於六書則一爲指事，二三三皆爲會意，固無道體與陰陽之義。猶之籌算之弌，而無道體與陰陽之義。《説文》云：『惟初太極，道立於一』，是援後世之説，以釋紀數之名。《説文》以地數釋二，以天地人之道釋三，以會數四，是皆未得字義。」同註151，頁831。

〔註154〕見孔穎達，《周易正義・繫辭上》第七。引自十三經注疏本《周易正義》（臺北：藝文印書館），頁 156。

〔註155〕惠棟，《周易述》〈繫辭上傳〉，（《惠氏易學》上，臺北：廣文書局，民國 60.1（1971.1）），頁 435。

〔註156〕惠棟，《易微言》上〈一〉，同註 155，頁 688。

玄注：「太易者，無也；太極，有也。太易從無入有。」「一」、「元氣」雖爲天地萬物之根本，然非究竟根本，《易緯》「未見其氣」的「太易」乃最根本之竟。「太易」屬「無」的階段，「弗形弗法」，虛壑寂寞，不可視聽。「太初」以下三始屬於「有」的範疇，乃萬物相渾成而未相離之狀，總名曰「渾淪」，也就是兩漢時期普遍稱說的「元氣」。「太極」是氣而爲有，處於未分天地之狀，似乎涵攝「太初」、「太始」、「太素」三始。小徐言「太極」，大徐言「太始」，一爲萬有之根，一爲萬形之始，皆在「太易」之下，三者雖然名實不同，但深具密切的相因關係。清代的席世昌有云：

> 蓋形氣未生之前渾然者，此生形生氣之理耳，有理而後有氣，有氣而後有形，有形而後有質，然後三才備而萬物具焉。文字之作原於伏義作八卦以垂憲象，而倉頡繼之造書契以易結繩，蓋所以窮盡萬物之形，所謂依類象形，故謂之文，其後形聲相益即謂之字，而十四篇五百四十部成焉，故許君追惟上古造文之初，以推文字之本。不言太極、太初而言太始者，理與氣不可以形象也，自氣生形，然後可得而象之，而文於是乎始矣，所以明文之義起于形也。道者，萬事萬物通行之道，道雖萬變而使立於一，一即伏義所畫。一，奇之畫也，有此一畫而文字之原實立于此一者。天也，至大者莫如天，故一大爲天，由是分之爲耦以象地。《禮運》云：禮必本于太一，分而爲天地。《易》曰：易有太極，是生兩儀。《老子》曰：一生二，二生三，三生萬物。故曰：造分天地，化成萬物。〔註157〕

太初、太始、太素是太極一體三面的形式，太極氣、形、質渾然一體，以太初說其氣、太始說其形，太素說其質，三者皆是「道立於一」之「一」的形上內涵，而「一」的形下之義，又是做爲文字之原的初始筆畫，大徐本用「太始」，是想藉著「形之始」的形上內涵，嫁接於文字筆畫之形，故特重於太始之「形」。小徐用「太極」，言道體「一」的總體，乃化生萬物最原始的開端，猶如「一」爲文字筆畫之本。是謂大小徐本文字雖異，但並無矛盾衝突。

徐鍇《說文繫傳・通釋》曰：「一者，天地之未分，太極生兩儀，一，旁薄始結之義，是謂無狀之狀，無物之象必橫者，象天地人之氣，是皆橫屬四極。《老子》曰：道生一。今云道立於一者，得一而後道形無欲，以觀其妙。

〔註157〕 （清）席世昌，《席氏讀說文記》，見《說文解字詁林正補合編》第二冊，頁 2-3。

故王弼曰：道始於無，無又不可以訓，是故造文者起於一也，苟天地未分則無以寄言，必分之也則天地在一之後，故以一爲冠首，本乎天者親上，故曰：凡一之屬皆從一。」〔註158〕《易緯乾鑿度》：「易變而爲一，一變而爲七，七變而爲九，九者氣變之究也，乃復變而爲一。」鄭玄注：「此『一』則元氣形見而未分者。」「一」就是元氣，主北方，陽氣漸生之始；七主南方，陽氣壯盛之始；九主西方，陽氣所終究之始也。因此，《說文》以氣、形、質俱存的「太極」說解「一」，此「道」爲天地之先，應該是溶入了道家的觀點來看這個天地的。郭店本的《老子》講「有道混成」，而不講「有物混成」，可以幫我們瞭解「道」這個字的重要性。道在天地之前，也等於禮家講的「太一」，它是「禮」之前的「理」一樣，具象的化生形成，總有抽象的根源道理在前，這一點儒與道是完全一致的。

　　《說文》古文弌，席世昌說：「一二三古文皆从弋，弋，橛也。指木之橛以爲數，猶俗之指竹而言，一箇二箇也。弌爲古文一者，非以一爲非古文也。一天也，二天地也，三天地人之道也，故古文一字與天字、上字同義，其後借以爲數目之名，而特加弋以別之也。」〔註159〕古文「弋」不是說其形必古於「一」，甲文皆作「一」，「弌」之「弋」，在西周春秋金文本从「戈」，如召伯簋貳作𢍏，國差𦉜作𢎷。戰國文字「戈」或省作弋形，如：弌作𢍏（襄安君鈹），弍作𢎥（陶彙五‧一一五），戈形在《說文》古文又省作弋形，即弌、弍、弎，一、二、三的上古字形本就作一、二、三，《說文》的古文字形只能說是一、二、三的繁文，記數之專用，多出現在春秋戰國時期。〔註160〕

（2）弎數名，天地人之道也，於文一耦二爲三，成數也。弎古文三。（一篇上　十七）

　　按：許愼釋「三」之形，「於文一耦二爲三」，三的字形中包含「一」與「二」；一是陽數，爲天，二是陰數，爲地，三兼陰陽之數一、二，故以「天地人之道也」釋其義也。《左傳‧昭公三十二年》云：「不及三十年。」服虔注：「三者，天地人之數。」《易‧繫辭下》：「《易》之爲書也，廣大悉備。有天道焉，有人道焉，有地道焉。兼三才而兩之，故六，六者，非他也，三才之道也。」《易‧說卦傳》：「立天之道，曰陰與陽；立地之道，曰剛與柔；立

〔註158〕徐鍇，《說文繫傳‧通釋》卷第一（北京：中華書局，1998.12），頁1。
〔註159〕同註157。
〔註160〕參考何琳儀，《戰國古文字典》（下冊）（北京：中華書局，1998.9），頁1080。

人之道，曰仁與義。兼三才而兩之，故《易》六畫而成卦。」《史記・律書》：「數始於一，終於十，成於三。」《黃帝內經素問・三部九候論篇》：「歧伯曰：『天地之至數，始於一，終於九焉。一者天，二者地，三者人。』」《文子・上禮》：「昔者之聖人王仰取象於天，俯取度於地，中取法於人。」《說文》以天地人之道說解字例者尚有：「王，古之造文者，三畫而連其中謂之王。三者，天地人也。」「大，天大地大人亦大。」其他諸如部首的次第安排也深具此理，據此可知，三才思想在《說文》的重要性。

（3）八別也，象分別相背之形。（二篇上　一）

　　按：徐灝《說文解字箋注》云：「六部曰：『《易》之數，陰變於六，正於八。』八爲陰之正，故於數爲偶，而於文象分別相背之形。」〔註161〕饒炯《說文部首訂》云：「許書九數字，惟八不以數立說，非也，當云：『陰之正也，象分別相背之形。』蓋八爲陰數之極，陰極則陽生，象二畫相背指事者，別陰入陽，窮極反本之意也，訓別者，乃八之引借界義。」〔註162〕《易》數六爲老陰，八爲少陰，老陰變而少陰不變，陰數之極當是六，而非八，饒炯說「八爲陰數之極」，應該指八是一至九當中的偶數最大者，其所說的陰陽是奇偶，而非眞正的《易》數陰陽。一至九中，八是最大的偶數，九是最大的奇數，從最大的偶數到最大的奇數，是爲「別陰入陽，窮極反本」。《說文》解釋「八」並未從《易》數之義解釋，而是就八的小篆字形去說，故其「別也」之義是就「象分別相背」的字形而言。

（4）十數之具也。一爲東西，丨爲南北，則四方中央備矣。（三篇上　五）

　　按：《說文》章下云：「十，數之終也。」士下云：「數始於一，終於十。」《左傳・莊公十六年》：「不可使共叔無後於鄭，使以十月入曰良月也，就盈數焉。」杜注：「數滿於十。」十爲盈數，至十而終止，故《說文》云「數之具也」。至於「一爲東西，丨爲南北，則四方中央備矣。」東西、南北二繩呈十字形相交點爲中央，十字形圖像布列，則五方俱備，是就「十」的字形釋義，桂馥《說文義證》云：「所謂縱橫十萬里也。本書（按：指《說文》）表下云：『南北曰表，東西曰廣。』」〔註163〕徐灝《說文解字注箋》引用戴侗、錢坫之說，加上按語說明「十」巧合太乙九宮之四正：

〔註161〕楊家駱主編，《說文解字詁林正補合編》第二冊，頁 2-981。
〔註162〕同註 161。
〔註163〕楊家駱主編，《說文解字詁林正補合編》第三冊，頁 3-449。

戴氏侗曰：十，數之成也，從衡相乘以明數之備也。上古結繩而治，
未有文字，先契以紀數，一二三各如其數，自五以上不可勝數，故
變而爲乂，以爲小成之識，變而爲十，以爲大成之識，數始於一成
於十，自是以往十十爲百，十百爲千，十千爲萬，當自十而乘之。
錢氏坫曰：於文十爲全，乂爲半，十得四正，乂得四隅。灝按：太
乙九宮之法，戴九履一，左三右七，二四爲肩，六八爲足，四正四
隅相對，皆得十數，正用其全故爲十，隅用其半故爲乂，乂古文五
也。許云：一爲東西，丨爲南北義正相合。〔註164〕

徐灝自認這樣的說法「傷於巧」，但是我們還是配合九宮圖以明其說。《大戴
禮記・明堂圖》：「明堂者，古有之也，凡九室。……二九四，七五三，六一
八。」茲援引「明堂九室圖」，以作爲《呂氏春秋》十二紀或《禮記・月令》
敘述明堂的圖式，其圖式如下：

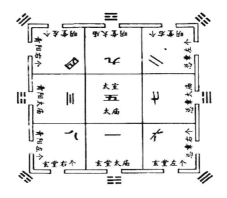

　　明堂圖即是九宮八位圖的一種形制，其中八、四、二、六室各有兩門，
非當月所居之門則要關閉，例如：正月居青陽左个，東門要打開，玄堂右个
的北門則要關上，依此類推。〔註165〕而所屬的月份也從青陽左个開始，繞一
圈到玄堂右个剛好值十二個月，青陽從正、二、三月，爲春；明堂爲四、五、

〔註164〕同註163。
〔註165〕四方正中爲太廟，四角爲「个」，每個「个」爲兩個時段共用。三爲東方正堂，
青陽太廟，仲春所居。九爲南方正堂，明堂太廟，仲夏所居。七爲西方正堂，
總章太廟，仲秋所居。一爲北方正堂，玄堂太廟，仲冬所居。四爲東南側室，
青陽右个，季春所居；明堂左个，孟夏所居。二爲西南側室，明堂右个，季
夏所居；總章左个，孟秋所居。六爲西北側室，總章右个，季秋所居；玄堂
右个，孟冬所居；八爲東北側室，玄堂右个，季冬所居；青陽左个，孟春所
居。關於九宮明堂之制，本節之三「九宮說闡微」有詳細說明，頁 202-205。

六月,爲夏;總章爲七、八、九月,爲秋;玄堂爲十、十一、十二月,爲冬。太廟中室則是每季末月各撥 18 天居之,四季共是 72 天,一年十二月份皆可配居明堂九室。此形制應是宋代《洛書》「戴九履一,左三右七,二四爲肩,六八爲足」的雛形。《易緯乾鑿度》:「太一取其數以行九宮,四正四維皆合於十五。」九宮圖的配置數字,不論是縱向或橫向,猶如十字(四正)「一爲東西,丨爲南北」累加都是十五;而兩對角線(四隅)如乂交叉,其數總和也各爲十五。太乙行九宮圖:東西南北橫縱四正方向猶十字形,四隅對角交叉方向猶乂字形,這就是徐灝要表達的觀念。王筠《說文釋例》亦作如此發揮,並言十個數字的質性與字形的對應性:

> 許君以十字爲會意,是也,然恐是從五之古文,正之以會意,非四方中央之說也。天數五,地數五,故數至十而畢,然謂數始於一,耦於二,成於三,而終於九者,何也?三三而九,故終於九,九者究也,許君云:屈曲究盡是也。算數至九而止,十則進於前位而爲一,蓋天一地二天三地四天五,是爲生數,合天一天三天五是爲九,合地二地四是爲六,用九用六之數也,合九於六,是爲十五。洛書縱橫之數也,惟數成於三,故一二三同體,至四則變,變則分別矣,故從八以見別義,然八而有包其外者,四冂之形皆然包之則合併矣,併八爲四,且四與六閒一五,五位居中,折轉觀之,四六正相對,故冂中形相似也。自一至九,五數居中,五者午也,故古文乂象其四通八達之狀也。《周禮‧壺涿氏》「五貫」鄭注:「故書午爲五。」賈疏云:「十字爲之。」是足明乂十同體矣。五貫者蓋本作乂,後人以小篆㐅易之,其意遂不可見,故鄭君依杜子春改爲午,然後存故書五字,使後人得緣以用心。是知乂篆最古,必如是乃足象陰陽交午之形。至於十則從乂而正之者,二五爲十,是以同體,且十進而爲一,故字從一從丨,是反於一之義也。〔註166〕

王筠的說法有幾個重點:(一)一至五五個生數,天數之和:1+3+5=9,用九;地數之和:2+4=6,用六,9+6=15。(二)數始於一,成於三,故橫畫成字最多至三,自三以後,數字的字形有改變,而五因居九數之中,以五爲基準點,又可看出數字字形的對應性:1. 位於基準點(中心點)前後的四與六,其小篆字形相似,仿似內包一個「八」,故小篆字形自四以後,與三有所別矣(「八,別也」)。2. 五的古文乂象四通八達之狀,爲斜體之十,而十則爲正體。五居中,

---

〔註166〕同註 163,頁 3-449、450。

十則又進位爲一。（三）一至十共有三組同體字，茲援圖如下：

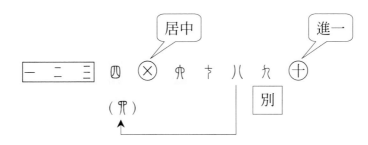

註：1. □→橫畫同體。　2. ■（灰色網底）→包「八」於內，與橫畫同體相別矣。
　　3. ○→正斜同體，五居中，十進一。

（5）二地之數也，从耦一。弍古文二。（十三篇下　十四）

　　按：《易・繫辭上》：「天一，地二；天三，地四；天五，地六；天七，地八，天九，地十。天數五，地數五。」天數始於一，地數始於二，惟初大始，道立於一，有一而後有二，元气初分，輕清易爲天，重濁会爲地。宋育仁《說文部首箋正》：「惟初大始，道立於一，造分天地。《易》曰：天一地二。《老子》曰：一生二，二生三。元气爲無極，陰陽既判陽奇陰耦，天圓地方，圓度徑一而圍三，方度徑一而圍四，故一爲天數，二爲地數，惟地配天，故从偶一，三下說：天地人之道也。𠀠下說：二，天地也。匀下說：二，耦也。然二上之一亦天也，言耦則有奇。」〔註167〕二不僅是地數之始，在字形上从耦一，亦表示「二」從道之「一」而來。

（6）四陰數也，象四分之形。𦉭古文四如此。三籀文四。（十四篇下　十四）

　　按：《易・繫辭上》：「天三地四」，《易緯乾鑿度》：「孔子曰：陽三陰四，位之正也。」鄭玄注：「三者，東方之數，東方日所出也，又圓者徑一而周三。四者乃西方之數，西方日所入也，又方者徑一而匝四也。」《漢書・律曆志上》：「天以三生木，地以四生金。」《說苑》：「發於一，成於二，備於三，周於四。」故四爲陰數。孔廣居《說文疑疑》云：「三爲數之小成，自一絫加，至三而止。籀文三非正體也。四字外囗而中儿，囗象方形，儿象兩大指分物形。方之隅四數，方之圍亦四數，故四之中二畫，但象分方形，非八數之八，蓋四爲母，儿爲子，儿从四省爲意，四非从儿加也。」〔註168〕四之外框「囗」象四隅，

〔註167〕楊家駱主編，《說文解字詁林正補合編》第十冊，頁10-1072。
〔註168〕楊家駱主編，《說文解字詁林正補合編》第十一冊，頁11-553。

四之內「儿」象分的動作，非數字之八，許謂「四分之形」代表四方空間被
分割之狀。

(7) 𠄡五行也。从二，会易在天地閒交午也。乂古文五如此。(十四篇下　十
　　五)

　　按：《尚書・洪範》：「五行，一曰水，二曰火，三曰木，四曰金，五曰土。」
《漢書・律曆志上》：「天以一生水，地以二生火，天以三生木，地以四生金，
天以五生土。」宋育仁《說文部首箋正》云：「五者所以宣陰陽之氣，盡天地
之藏也。」〔註169〕古文乂象陰陽之氣交午，交午於天地間，故小篆从二表天
地也。宋育仁《說文部首箋正》又云：「五者，中央之數，土居中央，運四方
而五行備，故制五字象五行也，从二，上一天也，下一地也，重文作乂，說
古文五如此，然篆文从古文加二也，陰陽者，五行也，五行往復，互相生克，
一陰陽之相乘而已，乂交也，古文象陰陽交午，小篆从而加二，明陰陽交午
常在天地之間也。」〔註170〕饒炯《說文部首訂》云：「生數以四爲周，九爲極，
故四取圍匝均分，九象究竟曲屈，一陰一陽相爲對待，五數居中，則上承四
下啓六，有交迕之象，其貞臥正變之機，皆伏於此，然則五者數之中也，古
文但象交形，篆文加二爲轉注，二者天地，亦即陰陽，五爲天地陰陽之交
數。……鄭注〈大射儀〉曰：『一縱一橫曰午。』《子華子》曰：『五居中宮，
數之所由生，一縱一橫，數之所由成。』皆謂此也。」〔註171〕五居九數之中，
爲天地陰陽之交數，同時也伏藏正變之機。

　　古文乂與小篆十皆作交叉狀，乂居中，使前四後六的字形有對應性，十
則是進一。在太乙九宮圖中，兩對角線交叉形似古文乂，兩對角線的數字合
各爲十五；作東西南北交叉者形似十，其數字合也各爲十五。而乂、十一斜
一正的形體，毛際盛《說文解字述誼》云：「乂爲陽數，天數也。十爲陰數，
地數也。惟天以陽常動，故邪其形成乂，以象左旋，地以陰常靜，故必正其
形以成十，此古人制字精義也。宗涑謂十與二同意也，地道無成有終，故地
數必兼天數言，虞翻《易》所謂兼於陽是也。《易》曰天數五，地數五。《說
文》：『十，數之具也。一爲東西，丨爲南北，則四方中央備矣。』此地數止
五，而十兼天數言之，確證於文二从偶一，以乂十竝象交午者，十以四正兼

〔註169〕宋育仁，《說文部首箋正》，見於同註168，頁11-569。
〔註170〕同註169。
〔註171〕同註169，頁11-567。

四隅，乂藏於十也。」〔註172〕陳瑑〈五十音義〉云：「縱橫交午之邪者謂之五，縱橫交午之正者謂之十。……然則交午之形何以邪者爲五，而正者爲十乎？曰：此陰陽奇偶之義也。五者，天數也，天體圓邪，其交午之形以象天之左旋。十者，地數也，地體方乃正，其交午之形以象地之四平。故五之古文象四維，而十之篆文象四正，即五與十之字形觀之，而四維四正畢舉，非天下之至聖，其孰能與於制字之義哉。」〔註173〕綜合毛氏、陳氏之說法，五爲天數，故乂天體左旋，並指四維、四隅；十爲地數，故十靜止地平，並指四正，四正又兼四隅。安陽阜陽雙古堆漢墓 M1 出土漆木式，天盤一九、三七相對呈十字形，二八、四六相對呈乂字形，地盤的正面與反面也有呈十、乂形的四正四隅。這正說明方位體系由四方，而五位，而八方，而九宮的遞變與完善。其圖如下：

1. 天盤	2. 地盤正面與剖面	3. 地盤背面
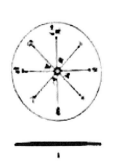	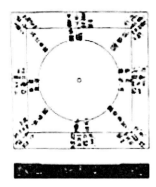	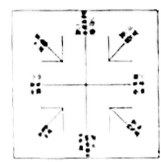

所以，《說文》釋五、十的字形，是太乙九宮、杙盤這類圖式的簡化標誌符號。藉助引證《說文》學者的觀點，使我們對《說文》如此這般的解釋有了更深刻的認識。

（8）𢆶 易之數，陰變於六，正於八，从入从八。（十四篇下　十六）

　　按：《易緯・乾鑿度》：「陽變七之九，陰變八之六。」鄭玄注：「陽動而進，變七之九，象其氣息也。陰靜而退，變八之六，象其氣消也。」《易》之陽數有七有九，陰數有六有八，七爲少陽，八爲少陰，質而不變，九爲老陽，六爲老陰，文而從變。《易・繫辭傳下》：「道有變動，故曰爻。」七九、八六

〔註172〕同註171。
〔註173〕同註169，頁 11-569。

可以表徵陰陽二氣的消息盈虛，必然會呈現爻象的變化，故鄭玄注：「一變而爲七，是今陽爻之象，七變而爲九，是今陽爻之變。二變而爲六，是今陰爻之變，六變而爲八，是今陰爻之象。」七八本其質性，只可表爻象；九六效其流動，可表爻動。《易》以變爲占，故爻之變動用九六，不用七八。饒炯《説文部首訂》云：「蓋文字之形，以上爲外，下爲內，與《易》卦以上爲外卦，下爲內卦意同。凡人向外爲進，反內爲退，文從八從入，入下說『內也』，象從上俱下也，然則入者退象，八而入之，即變八之六，以會其陰退氣消之意。」〔註174〕饒氏從「六」的釋形，試圖解釋陰數八與六的關係，並帶入鄭玄注《易緯乾鑿度》的說法。由《説文》「六」的釋義可知，「八」爲《易》陰數，再證八下的「別也」釋義是就字形而說。

（9）ㄓ陽之正也，從一，微会從中衺出也。（十四篇下　十六）

按：《易》陰數變於六正於八，陽數變於九正於七。《易緯乾鑿度》：「一變而爲七。」鄭玄注：「七主南方，陽氣壯盛之始也。」但是「微会從中衺出」，《説文》釋干支也有陽中生陰的例子，如丙五行屬火，「陰氣初起，陽气將虧。」午下云：「五月陰气午逆陽，冒地而出。」申下云：「七月陰氣成體。」桂馥《説文義證》云：「陽立於七，故七爲陽正，陰生於陽，故陰從陽出。」〔註175〕王筠《説文句讀》云：「一者，陽也，陽中有陰，故爲少陽。」〔註176〕王筠《説文釋例》云：「從一，一即陽也，猶卦之單也。微陰從中衺出也者，自子月至午月，閱月凡七而一陰生焉，律中蕤賓，陰氣萎蕤，生于下也，陽喜其乍至，故賓之也，陽中有陰則不純，故爲少陽。」〔註177〕《唐六典》卷十四：「凡《易》之策四十有九。」李林甫注：「用四十九筭，分而揲之，其變有四，一曰單爻，二曰拆爻，三曰交爻，四曰重爻，凡十八變而成卦。」少陽七爲單爻，少陰八爲拆爻，老陰六爲交爻，老陽九爲重爻。王筠所說的「卦之單」即單爻少陽七。子月（十一月）爲十二消息卦的復卦（䷗），律中黃鐘；午月（五月）爲十二消息卦的姤卦（䷫），律中蕤賓。從十一月到五月凡七，陽氣從初爻初起，累月而上增，至四月乾卦（䷀）爲純陽，五月「陰气午逆陽，冒地而出」，所歷之月凡七，故微陰從陽氣中衺出。茲以本章第三節頁 124 的「十二消息卦表」爲基礎，

〔註174〕同註 168，頁 11-571。
〔註175〕同註 168，頁 11-573。
〔註176〕同註 175。
〔註177〕同註 175。

增列十二律呂的配置如下，可見復卦（子，十一月）至姤卦（午，五月）凡七，微陰從中衰出的變化歷程。

【十二月卦與十二律呂配置表】

復	臨	泰	大壯	夬	乾	姤	遯	否	觀	剝	坤
䷗	䷒	䷊	䷡	䷪	䷀	䷫	䷠	䷋	䷓	䷖	䷁
子	丑	寅	卯	辰	巳	午	未	申	酉	戌	亥
十一月	十二月	正月	二月	三月	四月	五月	六月	七月	八月	九月	十月
黃鐘	大呂	太簇	夾鐘	姑洗	仲呂	蕤賓	林鐘	夷則	南呂	無射	應鐘

（10）九易之變也，象其屈曲究盡之形。（十四篇下　十六）

　　按：《白虎通・禮樂》：「九之爲言究也。」《子華子》：「數登於久而究矣。九變者，究也。」《易緯乾鑿度》：「一變而爲七，七變而爲九，九者氣變之究也，乃復變而爲一。」鄭玄注：「一主北方漸生之始，此則太初氣之所生也。七主南方陽炁北盛之始也，萬物皆形見焉，此則太始氣之所生者也。西方陽炁所終究之始也，此則太素炁之所生也。」一爲太初，陽炁之始；七爲太始，即形之始，陽炁之盛；九爲太素，即質之始，陽炁之終，猶如《淮南子・天文》的五行生壯死。所以，一→七→九，是氣之流行、發用、變化所致。《漢書・律曆志上》：「九者，所以究極中和爲萬物元也。」九者，氣變之究，乃復變爲一，此一則元炁形見而未分者。「九，究也」的聲訓方式爲明其稱名之所由，其中往往有著哲學意涵，饒炯《說文部首訂》云：「夫九爲老陽，乃數之終。凡數窮則變，變則通，通則反本復始矣。九有陽極陰生之道，故篆從反七，指其事爲老陽，下復屈曲之，以象其究竟而一陰伏生，制字之意與八象分別相背之形一例，原取陰極陽復，去陰就陽之意，故八義引借爲別，九義亦引借爲究也。」〔註178〕九爲老陽，陽極變陰，故九「象其屈曲究盡之形」是指陽氣究竟，一陰伏生。

　　大衍之數五十筮占之後得七、八、九、六。七、九爲陽，八、六爲陰。七爲少陽，九爲老陽；八爲少陰，六爲老陰。七、八不變，六、九變，六、九爲老，老則極，極則反，陰陽之爻可轉化成自己的對立面。乾卦上爻「用九，見群龍无首，吉。」「用九」是說九有可動可變的功用，陽動而變爲陰。

「群龍」代表多個之陽，「无首」即无終。宋人項安世《周易玩辭》曰：「凡卦，以初爲趾，爲尾，終爻爲首。形至首而終，故《易》中首字皆訓終。」陽爻標爲九，是爲了表示它們不會以陽爲終，而必定陽極反陰，方爲吉祥。坤卦上爻「用六，利用貞。」表明六有由陰轉陽的功用，以六示陰，意謂陰到極點必轉化爲陽，有利於長久正固。陰爻和陽爻處於永恆的循環往復之中。

　　《左傳·僖公十五年》曰：「物生而後有象，象而後有滋，滋而後有數。」是數宜居象之後，然後制字之義則莫先於一，孳乳日蕃，皆从是始，故《說文》首一，今爲述其義焉。一，許不言形，二則曰从耦一，三則曰於文一耦二爲三，皆指事字，〔註179〕四之籒文作三。「一」述其義，不言形；「二」是地數，从耦一，所以是陰數；「三」於文一耦二爲三，成數是陽數。

　　數始於一，終於九，依其字形，可分三類：一二三爲小成之數，一類也。四六八皆偶數，在字形上亦有雷同，如王筠所說，𠁥與屮猶似包「八」於內，一類也。五七九皆奇數，字形都有交叉之形，一類也。《說文》從一至十，相當於《易·繫辭下》的「天一、地二、天三、地四、天五、地六、天七、地八、天九、地十。」有陰陽奇偶之分。《說文》以「一」作爲萬物之源的「太極」與「道」，兼有《周易》與道家之說。「二」爲地數。「三」是天數一加地數二而成，一者天，二者地，三者人，人爲天地所生，故稱天、地、人爲三才之道。「四」既是陰數，也是四方空間的分割概念。從「六」之釋義互見，可知「八」爲陰正《易》數。《說文》六、七、八、九的陰陽正變《易》數，是「大衍之數五十，其用四十有九」（按：不用的一根蓍草象徵太極）經過三次「四營」（按：「分二以象兩」〔兩儀〕、「挂一以象三」〔天地人三才〕、「揲之以四，以象四時」、「歸奇於扐，以象閏」），也就是三變之後，所得蓍草總數有 36、32、28、24 四種可能，再分別「揲四」，即得一爻《易》數：$36÷4=9$（老陽），$32÷4=8$（少陰），$28÷4=7$（少陽），$24÷4=6$（老陰）。《易·繫辭傳上》云：「四營而成《易》，十有八變而成卦。」一卦六爻，須經十八變才得之。〔註180〕

〔註179〕王筠，《文字蒙求》卷二〈指事〉：「一象太極，二象兩儀，三象三才，故數成於三。而一二三同體，至四則變，數即事也，其字不合他字而成，是指事也。」（臺北：藝文印書館，民國 70.3（1981.3）），頁 38。
〔註180〕高亨，《周易古經今注》第七篇〈周易筮法新考〉（臺北：里仁書局，民國 71（1982））。

（二）天地之數說萬「物」

物萬物也，牛爲大物，天地之數起於牽牛，故从牛勿聲。（二篇上　十）

按：牛爲大物，《說文》「件」从牛，亦云「牛大物」。「天地之數起於牽牛」，《呂氏春秋・孟春紀》注云：「星辰宿度，司知其度以起牽牛之初爲常。」《河圖括地象》：「天左動起於牽牛。」《尚書考靈曜》：「甲子冬至，日月五星皆起於牽牛，若編珠。」晉灼《漢書》注曰：「賈逵論太初歷冬至日在牽牛初者，牽牛中星也。古歷皆在建星，建星即斗星也。」即入初曆十一月朔旦冬至，起於牽牛，日月如合璧，五星如連珠。許慎在此是採太初曆以立說。〔註181〕

惠棟《惠氏讀說文記》：「《易》卦起中孚，中孚者，復之始也，在辰爲子，在星爲牽牛，在卦爲復，復之初九乾元也，乾元萬物資始也，天地之數始於牽牛。」〔註182〕漢代象數《易》的卦氣說，卦氣起中孚，《新唐書》一行《卦議》引孟喜《易章句》曰：「自冬至初，中孚用事」孟氏認爲十一月冬至（中氣）初候應配以中孚卦，惠棟引孟喜《易章句》云：

　　自冬至初中孚用事，一月之策，九六七八，是爲三十，而卦以地六，

　　候以天五，五六相乘，消息一變，十有二變而歲復初。〔註183〕

「一月之策，九六七八，是爲三十」，一年計三百六十日，爲《易・繫辭傳上》大衍之數「凡三百有六十，當期之日」。

「卦以地六」是指四正卦除外的六十卦一卦值六日七分，其算法爲：

　　1 年＝360 日

　　360 日÷60 卦＝6 日

「候以天五」是指五日爲一候，其算法爲：

　　12 月卦〔註184〕＝12 個月＝24 節氣＝72 候＝365 日

　　1 候＝365 日÷72 候＝5 日

「五六相乘，消息一變，十有二變而歲復初」，其義有二：

　　（1）六十卦爲一年十二個月，一個月爲五卦，一卦值六日七分，「五六相乘」爲五乘以六日七分，得一個月之日數，再乘以十二，又得一年日數，

〔註181〕請參考互見本論文第五章《說文》天文律曆思想〉第二節〈《說文》曆法說〉之太初曆，頁 391-393。

〔註182〕楊家駱主編，《說文解字詁林正補合編》第二冊，頁 2-1082。

〔註183〕（清）惠棟轉引一行《六卦議》，見《易漢學》二（《惠氏易學》（下），臺北：廣文書局，民國 60.1（1971.1）），頁 1077。

〔註184〕十二月卦即十二消息卦，一卦表一個月。

故「十有二變而歲復初」，其算式爲：

60 卦＝365 日

1 卦＝6 日

60 卦÷12 月＝5 卦（1 個月）

6 日×5 卦＝30 日

1 年＝30 日×12 月＝365 日

　　（2）一候五日，一個月六候，「五六相乘」爲五乘以六，得一個月日數，再乘以十二，又得一年日數，故「十有二變而歲復初」，其算式爲：

1 候＝5 日

1 個月＝2 節氣＝6 候

5 日×6 候＝30 日

1 年＝30 日×12 月＝365 日

　　傳統的六十四卦序起於乾坤，以二卦的父母象，作爲萬物化生的源頭。孟喜以六十卦合成一年十二月，經七十二候之流行，以中孚卦爲首，作爲復卦的前卦。中孚卦（䷼）之象爲上下各二陽爻，包覆二陰爻於其中，即《易‧象傳》所謂「柔在內而剛得中」外部剛硬堅實而內在柔質，爲果核之象，果核之中爲生機之所在，故取「中孚」之名，「孚」爲「信」，猶伊川所云「存於中爲孚，見於事爲信」〔註 185〕孚從爪從子，信其手中所抱者爲實有之物，「以手抱子，信其必能生。果核之仁在堅殼之中，尚未見其生機，但人可信其必有生之機」。〔註 186〕惠棟引《老子》之言，以釋「卦氣起中孚」之義：

　　《老子道經》曰：窈兮冥兮，其中有精。其精甚眞，其中有信。

並引《河上公注》說明其義：

　　道唯窈冥無形，其中有精，實神明之相薄，陰陽交會也。〔註 187〕

雖眇而難見，卻眞有其「精」，足式信實。因難見其明，故稱「神明」，此「神明」是萬物運作的本源，復卦（䷗）的一陽初起，即是起於中孚這種「窈冥

〔註 185〕黎靖德編，《朱子語類》卷七十一云：「伊川云：存於中爲孚，見於事爲信，說得極好。因舉《字說》孚字從爪從子，如鳥抱子之象；今之乳字，一邊從孚。蓋中所抱者，實有物也；中間實有物，所以人自信之。」（臺北：華世出版社，1987.1），頁 1867。

〔註 186〕高懷民，《中國哲學在皇皇易道中成長發展》（臺北：作者自印，民國 88.2（1999.2）），頁 240。

〔註 187〕見（清）惠棟《易例》二，同註 183，頁 1013。

無形，其中有精」的神明之陰陽交會。由中孚而復之始動，「一動其本而百枝皆應」，宇宙萬化也自然相應，萬物資始。所以，孟喜卦氣以中孚爲首，並以一陽始生的復卦作爲十二消息卦之首，同傳統六十四卦序以乾坤爲首，一樣都有萬物化生本源之義。《說文》云：「物，萬物也，牛爲大物，天地之數起於牽牛。」惠棟解釋其義云：「中孚者，復之始也，在辰爲子，在星爲牽牛，在卦爲復，復之初九乾元也，乾元萬物資始也，天地之數始於牽牛。」惠棟以孟喜的卦氣觀點來訓解《說文》「物」字，卦氣起中孚，中孚爲復始，其辰爲子，其星爲牽牛，其化生萬物之理同於乾坤二卦。又《說文》「易」下引祕書曰：「日月爲易，象会易也。」「坤」下云：「地也，易之卦也。」乾爲天，象日；坤爲地，象月。因此，《說文》「物」字所說的「天地之數」，就是藉由《易》乾坤天地二卦之策，推算出的萬物之數。

《易·繫辭傳上》：「知周乎萬物」，又曰：「乾之策，二百一十六；坤之策，百四十有四，凡三百有六十，當期之日。二篇之策，萬有一千五百二十，當萬物之數也。」「大衍之數五十，其用四十有九，分而爲二以象兩，掛一以象三，揲之以四以象四時，歸奇於扐以象閏，五歲再閏，故再扐而後掛。」演著成卦經過三變成一爻，四十九根著草最後所剩之數有四種可能：36、32、28、24，其中 36 與 24 揲之以四，除以四之後爲 9（老陽）與 6（老陰）。因此，乾卦的爻別爲 36，36×6（爻）＝216，故「乾之策，二百一十六」；坤卦爻別爲 24，24×6（爻）＝144，故「坤之策，百四十有四」。216＋144＝360，爲當期之日。兩卦值一年，六十四卦值三十二年，360×32＝11520，《易緯·乾鑿度》云：「法於乾坤，三十二歲而周六十四卦，三百八十四爻，萬有一千二十析，復於貞也。」或者六十四卦共 384 爻，陰陽各半，陽爻 192 爻，爻別 36，192×36＝6912；陰爻 192 爻，爻別 24，192×24＝4608，6912＋4608＝11520 是爲萬物之數。所以，《說文》「物」字所云的「天地之數」，其實就是指萬物之數。

三、《說文》九宮說闡微

《說文》云：「十數之具也。一爲東西，｜爲南北，則四方中央備矣。」許慎已清楚傳達「十」不但爲數字，而且是四方加中央的十字形方位。又「五」下云：「五行也。从二，会易在天地閒交午也。乄古文五如此。」去掉篆文从二部分，乄古文五就是指「交午」之義，由十字形的四正遞推互見，乄的交午則

指四隅方位。徐灝《說文解字箋注》十下引用戴侗、錢坫之說，認為十形象太乙九宮的四正，乂古文五象太乙九宮的四隅。〔註188〕今觀「明堂九室圖」，阜陽雙古堆「太乙九宮占盤」的天盤、地盤正背面，確實有作「四方中央備矣」的十字形，明堂圖與占盤還有另作乂形的四隅，累加十形的東西橫線或南北縱線之數，都是十五；四隅兩對角線，其數總和也各為十五。因此，《說文》五、十以其交叉形象，所要表示的反不是數目意義，而是與陰陽五行密切關連的四正四隅觀念，整合《說文》的戊己中宮說，九宮模式昭然若揭。因此，本單元隨順戊己「中宮」說與五、十四正四維說的因緣，作九宮原理的深入探討。

（一）太一行九宮

「四正四維」是九宮的基礎，它在《淮南子·天文》作「二繩」、「四鈎」（「四維」），其云：「子午、卯酉為二繩，丑寅、辰巳、未申、戌亥為四鈎。東北為報德之維也，西南為背陽之維，東南為常羊之維，西北為蹏通之維。」子午、卯酉二繩居北南東西四方，是為「四正」，亦為「二至」、「二分」；「四鈎」、「四維」居東北、西南、東南、西北四角。《易緯乾鑿度》融合四正四維、九宮以說之，其云：「故太一取其數，以行九宮，四正四維，皆合於十五。」鄭玄注：「太一者，北辰之神也，居其所曰太一……四正四維以八卦神所居，故亦名之曰宮……太一下行八卦之宮，每周乃還於中央。中央者，北辰之所居，故因謂之九宮。天數大分以陽出，以陰入。陽起於子，陰起於午。是以太一下九宮，從坎宮始。坎中男，始亦言無適也。自此而從於坤宮，坤，母也。又自此而從震宮，震，長男也。又自此而從巽宮，巽，長女也。所行者半矣。還息於中央之宮。既又自此而從乾宮，乾，父也。自此而從於離宮，離，中女也，行則周矣。上游息於太一天一之宮而反於紫宮，行從坎宮始，終於離宮。」太一行九宮從坎宮起始依數運行，到了離宮恰為一周，其九宮表如下：

巽 四	離 九	坤 二
震 三	中 五	兌 七
艮 八	坎 一	乾 六

〔註188〕楊家駱主編，《說文解字詁林正補合編》第三冊，頁3-449。請參見本論文「十」之引文，頁182。

　　據上九宮表可知，八卦的排列方式為後天方位，《易緯乾鑿度》將八卦方位與十二月相配合，其曰：

> 震生物於東方，位在二月；巽散之於東南，位在四月；離長之於南方，位在五月；坤養之於西南方，位在六月；兌收之於西方，位在八月；乾剝之於西北方，位在十月；坎藏之於北方，位在十一月；艮終始之於東北方，位在十二月。八卦之氣終，則四正四維之分明，生長收藏之道備，陰陽之體定，神明之德通，而萬物各以其類成矣。

又云「四維」布散用事之狀：

> 孔子曰：「歲三百六十日而天氣周，八卦用事各四十五日，方備歲焉。」故艮漸正月，巽漸三月，坤漸七月，乾漸九月，而各以卦之所言為月也。乾者天也，終而為萬物始，北方萬物所始也，故乾位在於十月。艮者止物者也，故在四時之終，位在十二月。巽者陰始順陽也，陽始壯於東南方，故位在四月。坤者地之道，形正六月。四維正紀，經緯正序，度畢矣。孔子曰：「乾坤陰陽之主也。」陽始於亥，形於丑，乾位在西北，陽祖為據始也。陰始於巳，形於未，據正立位，故坤位在西南，陰之正也。

以八卦方位體現四季陰陽二氣的消長規律，亦本於卦氣思想。根據以上理論敘述，茲圖示如下：

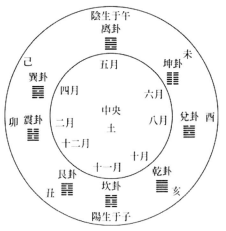

　　阜陽雙古堆出土的西漢「太乙九宮栻盤」，剛好可作為《易緯乾鑿度》九宮八卦的應證實物，其天盤刻數為九宮數，地盤正面按照八方、八節排列，冬至居子位北，立春居東北維，春分居卯位東，立夏居東南維，夏至居午位南，立秋居西南維，秋分居酉位西，立冬居西北維。天盤合地盤的九宮形式

如下圖：〔註189〕

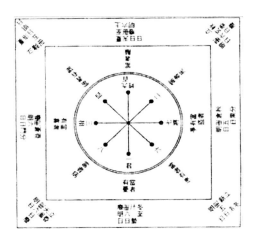

　　該盤上一至九的數字排列是按中央、四正、四維分布的，中央和四正是陽數，四維是陰數，與九宮數字排列一樣，橫向、縱向、斜向三個數字相加之和都是十五。

　　附帶一提的是，《尚書‧洪範》云：「天乃錫禹洪範九疇，彝倫攸敘。」僞孔傳曰：「天與禹，洛出書，神龜負文而出，列於龜背，有數至於九。禹因而第之，以成九類，常道所以次敘。」《莊子‧天運》：「天有五極六常，帝王順之則治，逆之則凶，九洛之事，治成德備。」楊愼注：「九洛之事，洛書九疇之事。」所謂「九洛之事」就是《尚書‧洪範》所云：「一曰五行，二曰五事，三曰八政，四曰五紀，五曰皇極，六曰三德，七曰稽疑，八曰庶徵，九曰五福六極」的九章治國大法，它的數字位次與九宮圖相同，茲列圖如下：

五 紀 四	六五 極福 九	五 事 二
八 政 三	皇 極 五	稽 疑 七
庶 徵 八	五 行 一	三 德 六

〔註189〕阜陽雙古堆栻盤的詳細形制圖與說解，可與本章第四節「筮數系統」之「天地之數理詮」字例「五」互見，詳頁185-186。

（二）九宮八風

《黃帝內經‧靈樞經》繪有「九宮八風圖」，文字與阜陽雙古堆栻盤的八方內容相同，其圖如下：

《黃帝內經‧靈樞經》「九宮八風圖」

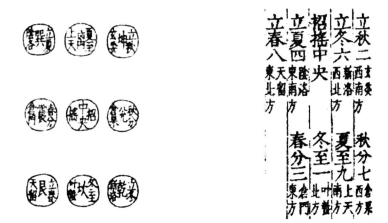

《黃帝內經》「九宮八風圖」八個節氣的方位與太乙九宮栻盤的符合，茲以表格方式列之如下：

東南 巽 四 陰洛　　立夏	南 離 九 上天　　夏至	西南 坤 二 玄委　　立秋
東 震 三 倉門　　春分	中央 土 五 招搖	西 兌 七 倉果　　秋分
東北 艮 八 天留　　立春	北 坎 一 叶蟄　　冬至	西北 乾 六 新洛　　立冬

栻盤地盤銘文字北位子至西北維依次記云：

冬至，汁蟄。四十六日廢，明日立春。

立春，天溜。四十六日廢，明日春分。

春分，倉門。四十六日廢，明日立夏。

立夏，陰洛。四十五日，明日夏至。

夏至，上天。四十六日廢，明日立秋。

立秋，玄委。四十六日廢，明日秋分。

秋分，倉果。四十五日，明日立冬。

立冬，新洛。四十五日，明日冬至。

相同的內容，《黃帝內經・靈樞經》「九宮八風」亦云：

太一常以冬至之日居叶蟄之宮，四十六日，明日居天留。四十六日，明日居倉門。四十六日，明日居陰洛。四十五日，明日居天宮。四十六日，明日居玄委。四十六日，明日居倉果。四十五日，明日居新洛。四十五日，明日復居叶蟄之宮，曰冬至矣。太一日游，以冬至之日居叶蟄之宮數所在，日從一處，至九日復反于一，常如是无巳，終而復始。

《淮南子・天文》言八風云：

距日冬至四十五日，條風至。條風至四十五日，明庶風至。明庶風至四十五日，清明風至。清明風至四十五日，景風至。景風至四十五日，涼風至。涼風至四十五日，閶闔風至。閶闔風至四十五日，不周風至。不周風至四十五日，廣莫風至。

八風爲八節之氣，八節若各以四十五日配之，則爲 360 日，比回歸年的歲時整數 365 日，顯然少了五日。太乙栻盤和「九宮八風圖」以冬至至立春、立春至春分、春分至立夏、夏至至立秋、立秋至秋分五個時段爲四十六日，又有違八節時間等長的原則，故以四十六日多出四十五日的一天，作爲廢日，五個四十六日就多出五個廢日。如此一來，便符合回歸年 365 日整數，與八節時間等長的分配。

更進一步說明，「九宮八風」的八風不是單純因八節而生的八風，而是不同季節從不同方向，能致人疾病的風。〔註190〕它必須針對疾病特徵，以陰陽五行

〔註190〕《黃帝內經・靈樞經》「九宮八風」云：「風從南方來，名曰大弱風。其傷人也，內舍于心，外在于脈，氣主熱。風從西南方來，名曰謀風。風從西南方來，名曰謀風。其傷人也，內舍于脾，外在于肌，其氣主爲弱。風從西方來，名曰剛風。其傷人也，內舍于肺，外在于皮膚，其氣主爲燥。風從西北來，名曰折風。其傷人也，內舍于小腸，外在于手，太陽賣賣絕則溢，脈閉則結不通，善暴死。風從北方來，名曰大剛風。其傷人也，內舍于腎，外在于骨與肩背之膂筋，其氣主爲寒也。風從東北方來，名曰凶風。其傷人也，內舍于大腸，外在逾兩脅腋骨下及肢節。風從東方來，名曰嬰兒風。其傷人也，內舍于肝，外在于筋紐，其氣主爲身濕。風從東南方來，名曰弱風。其傷人

之理來採取相應的治療方法。《說文》云：「齔，毀齒也。男八月生齒，八歲而齔，女七月生齒，七歲而齔，从齒匕。」《黃帝內經素問‧上古天眞論》云：「女子七歲腎氣盛，齒更髮長，二七而天癸至，任脈通，太衝脈盛，月事以時下，故有子。……丈夫八歲腎氣實，髮長齒更，二八腎氣盛，天癸至，精氣溢寫，陰陽和，故能有子。」九宮七爲兌，兌，《易‧說卦傳》爲少女，故女子起於七，七月生齒，七歲更齒，二七十四天癸至，七七四十九天癸絕。九宮八爲艮，艮，《易‧說卦傳》爲少男，故男子起於八，八月生齒，八歲更齒，二八十六天癸至，八八六十四天癸絕。女七男八就是以九宮數理闡述人體發育周期之秘。

九宮數是洛書的簡要表現形式，它所包含的治國大法、天文、節氣、醫理等多元內容，更見九宮、洛書與《易》學的深厚淵源與錯綜複雜的關係。

（三）九宮與明堂

許愼以「中宮」釋戊、己二字，段注《說文》宮下云：「宮，自其圍繞言之，則居中謂之宮。」《漢書‧律曆志上》：「宮，中也。」《春秋元命包》：「宮之言中也。」可見漢代習以宮爲「中」義。許愼釋十干之義，除了戊己以外，其他八天干皆言及時令與方位，因是推之，戊己之「中宮」也應當兼指時令與方位，不只單作方位代詞。「宮」與時令物候宜忌有關，秦漢人稱之爲「明堂月令」，《大戴禮‧明堂篇》：「明堂者，古之有也，凡九室，……二九四、七五三、六一八。」這就是洛書九宮之數，北朝甄鸞《數術記遺》解釋曰：「九宮者，即二四爲肩，六八爲足，左三右七，戴九履一，五居中央。五行參數者，設位之法，依五行。」茲將《禮記‧月令》所記的明堂與時序、十干、五方、五行、五色、五帝、五神、五蟲、五音、五數、五味之關係列表如下：

配屬\n明堂	時序	十干	五方	五行	五色	五帝	五神	五蟲	五音	五數	五味
青陽	春	甲乙	東	木	青	太皞	句芒	鱗	角	八	酸
明堂	夏	丙丁	南	火	赤	炎帝	祝融	羽	徵	七	苦
太廟\n太室	季夏	戊己	中	土	黃	黃帝	后土	倮	宮	五	甘
總章	秋	庚辛	西	金	白	少皞	蓐收	毛	商	九	辛
玄堂	冬	壬癸	北	水	黑	顓頊	玄冥	介	羽	六	鹹

也，內舍于胃，外在肌肉，其氣主體重。此八風皆從其虛之鄉來，乃能病人。三虛相摶，則爲暴病卒死，兩實一虛，病則爲淋漏寒熱。犯其兩溼之地，則爲痿。故聖人避風如避矢石焉。其有三虛而偏中于邪風，則爲擊僕偏枯矣。」

　　九宮由四正四維加中宮而成，各宮所配的數字、方位、節氣，與明堂九室相應，《大戴禮記・明堂圖》：「明堂者，古有之也，凡九室。一室而有四戶八牖。總三十六戶，七十二牖。……二九四，七五三，六一八。」《呂氏春秋》與《禮記・月令》有明文記載：四面正堂皆爲「太廟」，四角爲「个」，每個「个」爲兩個時段共用，是爲八个。易言之，每面有一堂、兩个，形成所謂的「十二堂」。東方正堂，青陽太廟（三），仲春所居。南方正堂，明堂太廟（九），仲夏所居。西方正堂，總章太廟（七），仲秋所居。北方正堂，玄堂太廟（一），仲冬所居。東南側室，青陽右个（四），季春所居；明堂左个，孟夏所居。西南側室，明堂右个（二），季夏所居；總章左个，孟秋所居。西北側室，總章右个（六），季秋所居；玄堂右个，孟冬所居；東北側室，玄堂右个（八），季冬所居；青陽左个，孟春所居。中之太室太廟（五），是在各季季月的末十八天居之。明堂的東南西北各有一個正廳，旁邊又各有兩個廂房，天子每個月換住一個地方，穿該月應穿的衣服，吃該月該吃的食物，聽該月該聽的音樂，祭該月該季的神祇，辦理該月應行的時政，按照時令方位與五行的運行，去做「天人相應」的工作，滿十二月轉完一圈。所以，明堂九室有十二個，高誘注《淮南子・本經》云：「明堂，王者布政之堂。上圓下方，堂四出，各有左右房，謂之个，凡十二所。王者月居其房，告朔朝曆頒宣其令。」〔註191〕天子居明堂九室十二所與時令物候宜忌有關。清・胡渭《易圖明辨》卷二〈五行〉曰：「今考小代言天子居明堂九室，依四時十二月之序，而大戴則分九室爲三。……九宮蓋即明堂之九室……術家取九室之數，配以八卦五行，名之曰九宮。」該書卷二〈九宮〉有「明堂九室圖」，其圖見本節「天地之數之理詮」之「十」字例所援引（頁140）。

　　關於明堂的平面圖，西漢時即有五室與九室的不同說法。「四堂」之說即《禮記・月令》所說的青陽、明堂、總章、玄堂四「太廟」，一般無爭議。所謂的「十二堂」，見於《大戴禮・盛德》，它是按照《呂氏春秋・十二紀》天子臨堂使用的情形，將四堂與八个稱爲十二堂，其說可通。從經學立場來說，像劉歆、王莽爲古文學派，由他們審定設計的明堂，按照《周禮・考工記・匠人》周制五室之說，力求遵照西周古制作五室，明堂的外圍有圜水溝，稱

〔註191〕《淮南子・本經》敘述明堂建築的優越性，其云：「是故古者明堂之制，下之潤濕弗能及，上之霧露弗能人，四方之風弗能襲。……堂大足以周旋理文，靜潔足以享上帝，禮鬼神，以示民知節儉。」

－199－

爲「辟雍」，故其形制如《大戴禮記‧明堂》：「明堂者，所以明諸侯尊卑。外
水曰辟雍。」《明堂陰陽錄》云：「明堂之制，周圜行，水左旋，以象天。內
有太室，以象紫宮。南出明堂，象太微。西出總章，象五潢。北出玄堂，象
營室。東出青陽，象天市。」20 世紀 50 年代在長安城南發掘一座禮制建築遺
址，考古學界一般認爲是漢平帝元始四年王莽所建的明堂。〔註 192〕張一兵據
唐金裕〈西安西郊漢代建築遺址發掘報告〉（《考學報》1959 年第 2 期），參考
蔡邕《明堂月令論》，作「西漢明堂推測示意圖」如下：〔註 193〕

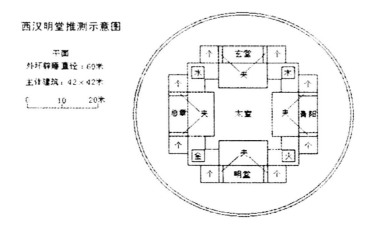

至於今文學派則以《呂氏春秋》爲據，主九室明堂論，《大戴禮記‧盛德》
云：「明堂自古有之，凡有九室，室有四戶、八牖、三十六戶、七十二牖，以茅
蓋屋，上圓下方。」蔡邕《明堂月令論》有進一步的數字解析：「其制度之數，
各有所依。堂方百四十四尺，坤之策也。屋圓，屋徑二百一十六尺，乾之策也。
太廟明堂方三十六丈，通天屋徑九丈，陰陽九六之變也。圓蓋方載，六九之道
也。八闥以象八卦，九室以象九州，十二宮以應十二辰。三十六戶七十二牖，
以四戶牖乘九室之數也。戶皆外設而不閉，示天下不藏也。通天屋高八十一尺，
黃鍾九九之實也。二十八柱列於四方，億七宿之象也。堂高三丈，以應三統。
四鄉五色者，象其行。外廣二十四丈，應一歲二十四氣。四周以水，象四海。
王者之大禮也。」關於九室之說，鄭玄駁《五經異義》云：「《禮》戴所云，雖
出〈盛德記〉，及其下，顯與本章異。九室、三十六戶、七十二牖，似秦相呂不

〔註 192〕考古研究所漢城發掘隊，〈漢長安城南郊禮制建築遺址群發覺簡報〉《考古》
　　　　　1960 年第 7 期。
〔註 193〕張一兵，《明堂制度研究》第五章〈明堂形制考〉（北京：中華書局，2005.8），
　　　　　頁 385。

韋作《春秋》時說者所益，非古制也。」鄭玄認爲《大戴禮》所記載的明堂形制是先秦史實，爲呂不韋編撰《呂氏春秋》時加進去的，並非東漢洛陽明堂記錄。「九室」是《呂覽》之見，爲漢儒今文學派所信持。

《易緯乾鑿度》云：「故太一取其數，以行九宮，四正四維，皆合於十五。」惠棟認爲明堂有五室四堂，其二九四、七五三、六一八四正四維的數字排列皆合於十五，其云：

> 五室，謂中太室、東青陽、南明堂、西總章，北元堂。四堂各有室，兼中央爲五，故有五室四堂也。二九四、七五三、六一八者，《大戴禮·盛德》文。坤二、離九、巽四，故云二九四；兌七、中央五、震三，故云七五三；乾六、坎一、艮八，故云六一八。凡九謂之九宮，一二三四，得五爲六七八九，故《乾鑿度》曰：太一取其數以行九宮，四正四維，皆合於十五。鄭彼注云：太一，主氣之神，四正四維，以八卦神所居，故亦名之曰宮。太一下行，猶天子出巡狩省方岳之事，每率則復。太一下行八卦之宮，每四乃還於中央。北辰之所居，故因爲之九宮。始坎，次坤，次震，次巽，次中央，次乾，次兌，次艮，次離。行則周矣，乃反於紫宮，出從中男，入從中女，亦因陰陽、男女之偶爲終始云。坎離震兌爲四正，乾坤艮巽爲四維。一九、六四、二八、七三，乘五皆爲十五，故云皆合於十五。〔註194〕

明堂配八卦而說之，是漢代卦氣思想的產物，惠棟再次以九宮數、太一行九宮次第應證漢代明堂九室的《易》學內涵。

（四）九宮之雛形蠡測

《説文》「五」與「十」是九宮四正四維的形制符號，九宮數字在作「乂」與「十」形的分布下，呈現內在的規律，這樣的數字排列與宋代黑白子的《洛書》如出一轍。現在所見的河圖洛書黑白子圖形，雖出自於五代、宋初之際陳摶所傳，不過，先秦已有不少典籍提到河圖洛書，例如《論語·子罕篇》：「子曰：『鳳鳥不至，河不出圖，吾已矣夫！』」《墨子·非攻下》：「天命周文王，伐殷有國，泰顛來賓，河出綠圖，地出乘黃，武王踐功。」《管子·小匡》：「昔人之受命者，龍龜假，河出圖，洛出書，地出乘黃。」《易·繫辭上》：「河出圖，洛出書，聖人則之。」《文子·道德》：「是以風雨不毀折，草木不夭死，

〔註194〕（清）惠棟，《周易述·說卦傳》（《惠氏易學》（上），臺北：廣文書局，民國60.1（1971.1）），頁591-592。

河出圖，洛出書。」《呂氏春秋・觀表》：「聖人上知千歲，下知千歲，非意之也，蓋自有云也。綠圖幡薄，從此生矣。」古人受天命，必有符瑞，河圖洛書自古相傳爲符命。尤其，到了漢代，陰陽五行天人思想的盛行，帶動了緯書對河圖洛書的演繹與附會。

　　漢代讖緯之書包括兩部份。一部分是根據七種儒家經典（《易經》、《尚書》、《詩經》、《禮經》、《樂經》、《春秋》、《孝經》）進行附會的緯書，稱爲「七經緯」。另一部分是河圖洛書的緯書。《後漢書・張衡傳》：「張衡〈上事〉云：『河洛五九，六藝四九，謂八十一篇也。』」張衡所列的緯書 81 篇，包括河圖洛書類五九四十五篇，六藝緯書四九三十六篇。日本學者安居香山、中村璋八統計，漢代緯書文獻共 239 種，河圖類緯書 43 種，洛書類緯書 18 種，共 58 種。〔註195〕而王利器〈讖緯五論〉（之三）則合爲 45 種。〔註196〕既然先秦典籍常提到河圖洛書，加上漢代河圖、洛書類的緯書有一定的數量，由此可以推測河圖、洛書應該爲早期的式圖，觀念自遠古就流傳下來，只是今不見實際圖制，便視爲神話傳說。陳摶的黑白子河圖洛書圖，只能代表河圖洛書在宋代呈顯的圖樣，但不能因此視爲河圖洛書唯一的固定圖形，或者認定是宋代圖書《易》學的專屬產物。漢代的九宮圖是洛書的一種形制，太乙九宮栻盤也可視爲洛書的一種形制，相對地也可推知洛書與天文有關。

　　宋代河圖洛書的黑白子或受三色星圖啓示而作也不一定。據查三國時代東吳太史陳卓傳承的三家星經、星圖，〔註197〕爲了區別三家星圖，則以不同顏色表示，劉宋太史錢樂之鑄銅渾天儀，以朱、黑、白三色區別三家。〔註198〕唐代敦煌卷子的標色方式，如伯卷 2512、伯卷 3589 的《玄象詩》是石氏爲赤、甘氏爲黑，巫咸爲黃；斯卷 3326、《紫微垣星圖》是甘氏用黑色圓點，石氏與巫咸之星在黑圈中塗以紅色。宋代蘇頌《新儀象法要》則曰：「出于石申者赤，出于甘德者黑，出于巫咸者黃。」〔註199〕漢代太乙九宮圖，參以天文星圖可

〔註195〕見（日）安居香山、中村璋八，《緯書の基礎研究》〈現存緯書篇目一覽表〉（東京：國書刊行會，昭和 61（1972）），頁 356。

〔註196〕張岱年，《國學今論》（臺北：洪葉文化事業有限公司，1994.1），頁 119。

〔註197〕《隋書・天文志》曰：「三國時，吳太史令陳卓，始立甘、石、巫咸三家星官，著於圖錄，並注占贊，總二百五十四官，一千二百八十三星；並二十八宿輔官附坐一百八十二星，總二百八十三官，一千四百六十五星。」

〔註198〕《隋書・天文志》曰：「宋元嘉中，太史令錢樂之所鑄渾天銅儀，以朱、黑、白三色，用殊三家，而合陳卓之數。」

〔註199〕（宋），蘇頌，《新儀象法要》卷中〈渾象西南方中外官星圖〉（《叢書集成初

作洛書九數圖；揚雄《太玄圖》〔註200〕及《易・繫辭上》「凡天地之數，五十有五」之數與方位可成河圖十數圖。宋代黑白子的河圖洛書，在漢代皆有相關線索可循，形制、名稱雖異，道理相同。

　　洛書的圖式理路同於《尚書・洪範》九疇、《黃帝內經・靈樞經・九宮八風》、《易緯》「太乙行九宮」和太乙九宮占盤，不僅使神話傳說的洛書有了具體形象，同時也將洛書的出現時間推源於至先秦與漢代。不過，1977 年安徽省含山縣凌家灘新石器時代遺址出土發現更原始的洛書形制。該雕刻玉版中心部位刻有兩個同心圓，內圓中心刻有八角紋；兩圓之間以直線均分八區，每區內各刻一枚矢狀葉脈紋分指八方，外圓之外又刻有四枚矢狀葉脈紋指向玉版四角。這樣的形制很容易聯想到八卦方位與四維。尤其，玉版夾放在玉龜腹甲和背甲之間出土，使傳說神話或緯書所謂「元龜銜符」、「元龜負書出」、「大龜負圖」的說法彷彿找到應證的實物。茲援圖如下：

安徽含山凌家灘出土的玉版與玉龜

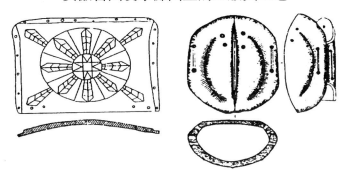

　　太乙九宮栻盤和玉版兩者最大的共同點，都是集時間與空間為一體的宇宙圖式，如果再仔細比對之，會進一步發現其中的雷同處：

　　（1）太乙九宮栻盤的天盤象徵轉動的天體，地盤象徵大地。玉版的四方形狀和圖中的大圓圈，亦是天圓地方的體現。

　　（2）太乙九宮栻盤有八方、八節、八宮等名稱，與《黃帝內經》的「九宮八風」一致。馮時認為，玉版大小圓之間的八個箭頭彷彿也含示著這樣的

編》北京：中華書局，1985），頁 63。

〔註200〕揚雄《太玄・玄圖》：「一與六共宗，二與七為朋，三與八成友，四與九同道，五與五相守。」〈太玄數〉：「三八為木，為東方，為春」；「四九為金，為西方，為秋」；「二七為火，為南方，為夏」；「一六為水，為北方，為冬」；「五五為土，為中央，為四維」。

－203－

道理，這種八角圖樣與新石器時代的八角圖案、今西南少數民族的八角紋有一脈相承關係（附圖如下），它可能源於古人利用太陽辨方正位，而有八角與八卦的聯系，像彝語的「八卦」就稱爲「八角」。〔註201〕

（3）太乙行九宮的路徑，鄭玄注《易緯乾鑿度》云：「太一下行八卦之宮，每四乃還中央。」其流轉簡式爲：坎一中男→坤二母→震三長男→巽四長女→中五→乾六父→兌七少女→艮八少男→離九中女，也就是太一從坎一開始，行至巽四便回到中五，然後再從乾六開始至離九，經過四數，再回到中五，體現了四→五→九→五的數序關係。玉版四周的鑽孔數爲四、五、九、五之數，與「太一下行八卦之宮，每四乃還中央」相符。

陳久金、馮時等學者，解讀玉版圖像符號的排列，中央有八角紋，其外又布列指向八方的矢狀圖，八矢之外又有四維矢標，最外列是太一行九宮之數，明確反映古人以方位與四時八節的聯系。玉版太一行九宮之數的存在，說明八角圖是九宮圖早期的一種圖制，它描述了古人對於陰陽之氣的理解，及其定時立候的獨特思維。這些內容形制在太乙九宮栻盤上的文字得到印證。〔註202〕據此推測，含山玉版與玉龜，可能是遠古的洛書和八卦。

玉版的發現說明，今傳洛書的形制是經過長期發展演變而來，它大致經過玉版洛書、九宮洛書和今傳洛書三個階段。玉版特有的圖式和鑽孔，可解析出天圓地方、四維四時、八方、八節、八卦和太一行九宮次第等元素，涵蓋了洛書的基本內涵在其中，可謂原始的洛書。而〈洪範〉「九疇」、《黃帝內經‧靈樞經》「九宮八風」、阜陽太乙栻盤、明堂九室都是「戴九履一、左三右七、二四爲肩、六八爲足、五居中央」的九宮圖式，是以文字和圖式相合的九宮洛書，反應自然天道、醫理、社會人事概念，涵蓋天人合一思想的宇宙圖式。北宋初陳摶的洛書圖，以黑白子來表示，增加其神秘色彩，則是今傳的洛書。因此，從玉版洛書、九宮洛書到黑白子洛書是一脈相承，那麼，宋代的圖書《易》學則非異軍突起、空穴來風，而是前有所本。

玉版的發現也使我們認識到，八卦源於天文曆法。玉版的八個箭頭類似

〔註201〕馮時，《中國天文考古學》（北京：社會文獻科學出版社，2001.11），頁 373-375。
〔註202〕陳久金、張敬國，〈含山出土玉片圖形試考〉《文物》1989 年第 4 期，頁 14-17；馮時，〈史前八角紋與上古天數觀〉，《考古求知集：'96 考古研究所中青年學術討論會文集》（北京：中國社會科學出版社，1997.4），頁 126-130；馮時，《中國天文考古學》第八章〈天數發微〉第二節〈重睹"洛書"〉（北京：社會文獻科學出版社，2001.11），頁 370-375。

彝族的八角紋（見下圖），指示八方、八節、八卦，是原始的八卦形態。甲金文常見以數字組合的單卦和重卦，爲筮數《易》卦，《周易》以陰陽爻構成的八卦爲符號《易》卦。所以，玉版使我們爲洛書和八卦的關係找到依據，同時也獲知八卦與洛書皆源於天文曆法。

新石器時代八角圖案

1、12. 崧澤文化（上海青浦崧澤出土）2. 大溪文化（湖南安鄉湯家崗出土）3. 仰韶文化（江西靖安出土）4. 馬家濱文化（江蘇武進潘家塘出土）5、7、10、13～15、17. 大汶口文化（山東泰安、江蘇邳縣大墩子、山東鄒縣野店出土）6、8、9、11. 良渚文化（上海馬橋、江蘇澄湖、將蘇海安清墩出土）16. 小河沿文化（古蒙古敖漢旗小河沿出土）

西南民族八角紋

1、3. 彝族 2. 白族 4. 傈僳族 5. 傣族 6、7. 景頗族 8. 瑤族 9、10. 苗族 11、12. 僮（壯）族

　　另外，饒宗頤考查《小屯乙編》四七〇一號的甲背鍥的兩組序數，其中一組是從一至九，作三三方陣式的排列，其圖如下：

$$
\begin{array}{ccc|ccc}
三 & 二 & 一 & 一 & 二 & 三 \\
六 & 五 & 四 & 四 & 五 & 六 \\
九 & 八 & 七 & 七 & 八 & 九
\end{array}
$$

　　《小屯乙編》六六六八號的甲尾部分也刻有一至九的序數，作三三方陣是排列。《大戴禮‧明堂》云：「二九四七五三六一八」，北齊盧辯注：「記用九室，謂法龜文。故取此數，以明其制。」將三三方陣龜數縱橫斜相加也恰為十五，和九宮明堂數相符，此不僅可視作九宮數的雛形，也可印證盧辯之九宮出於龜文說。宋楊輝《續古摘奇算法》（卷上）縱橫圖有《洛書》一項，排列之圖式如下：

　　第一式與正常的九宮數，左右對易。龜甲上的三三方陣九宮數，與第二式最接近，如果第二式改斜排作正排，則與三三方陣九宮數完全一樣，〔註203〕增加了我們對九宮數面貌新的認識。

（五）九宮數字原理

　　《易‧繫辭傳上》：「河出圖，洛出書。」孔安國以為「河圖則八卦是也，洛書則九疇是也。」〔註204〕劉歆亦云：「伏羲氏繼天而王，授河圖，則而畫之，八卦是也。禹治洪水，賜洛書，法而陳之，洪範是也。……《河圖》、《洛書》相為經緯，八卦九章相為表裏。」（《漢書‧五行志上》）漢代人認為八卦是河圖，〈洪範〉九疇是洛書，河圖八卦、洛書九疇相輔相成。至宋代轉化為黑白點組合而成的左旋五行相生之河圖，與右轉五行相剋的洛書。

〔註203〕參考饒宗頤，〈由卜兆記數推就殷人對於數的觀念——龜卜象數論〉《饒宗頤二十世紀學術文集》卷四（經術、禮樂）（臺北：新文豐出版股份有限公司，民國92.10（2003.10）），頁80-82。

〔註204〕《周易正義》十三經注疏1（臺北：藝文印書館），頁157。

　　不論河圖洛書的形制有何古今變化，其作十、乂形的數字排列則是不變的律則。將《說文》的乂、十視為河圖洛書或九宮四正四維的空間符號，正意謂著在這兩個符號直線、橫線、斜線上的數字，必有一定的對應關係或等值的加合之數。河、洛之別異在於：河圖主合，洛書主分。胡煦《周易函書約存》云：「河圖之象不獨生成合也，而奇偶悉合。洛書之象不獨生成分也，而奇偶亦分。」「无洛書之分，則无以顯河圖之合。无河圖之合，无以顯洛書之分。」〔註205〕河圖是體，其數字排列主合；洛書為用，其數字排列主分，故河圖五方成組的五組數字，成十字形排列，是為合；洛書的數字作四正四隅分散，成十、乂字形排列，是為分。河圖的十字形數字排列，統合了洛書的十、乂字形數字排列；洛書的十、乂字形數字排列，由河圖的十字形數字排列分化。茲援引河圖洛書圖的數字排列示意圖如下，方明其分合之理：

<table>
<tr><th colspan="3">河圖之數示意圖</th></tr>
</table>

河圖之數示意圖　　　　　　　洛書之數示意圖

4	9	2
3	5	7
8	1	6

河圖十字形排列（7／2／8 3 5,10 4 9／1／6）

　　河圖十字形數字排列，等於是將洛書的數字兩兩成組配對；河圖主合的十字形數字排列，包含洛書主分的十、乂兩形數字排列。易言之，河圖數字的合組配對所呈現的十字形，無形中已將乂形消化在其中。十、乂形數字排列的分合即表明河圖洛書的體用關係，與宋代陳摶、邵雍秘傳的黑白子圖如出一轍。十、乂形作為河圖洛書數字排列的圖形符號，相對地也在說明九宮與河圖洛書的密切關係。河圖以十形之合體包含洛書十、乂形之分體，其實由河圖中數五與十、洛書中數五可知，萬年淳《易拇》曰：

河圖外方而內圓，一三七九為一方，其數二十；二四六八為一方，其數亦二十也；中十五，共五十五數。中十點作圓布，包五數在內，此外圓內方，而五數方布中央，中一圈即太極圖形。外四圈分布四

〔註205〕　（清）胡煦，《周易函書約存》卷首上〈原圖約‧河洛〉（《中國古代易學叢書》卷四十三，北京：中國書店，1998.3），頁13-14。

方，爲方形，十包五在内，仍然圓中藏方，方中藏圓，陰中有陽，
陽中有陰之妙也。而十五居中，即洛書縱横皆十五之數，是又爲河
圖包裹洛書之象。……洛書外圓而内方，圓者黑白共四十，圓布精
其外，而一三七九爲一方，二四六八爲一方，仍然河圖之本體，此
謂圓中藏方，又爲洛書包裹河圖之象。而中五又有方中藏圓之妙，
蓋河圖爲體已具洛書之體，洛書爲用，實有運用河圖之妙。河出圖，
洛出書，未知誰先誰後，但當其有河圖，而洛書已寓其中，當其有
洛書，而河圖已寓其中。漢劉氏云：「河圖洛書相爲經緯，八卦九章
相爲表裏」此語，自有所傳授，非漢儒所能言也。〔註206〕

十與五（乂）體現在河圖洛書上，是數字排列方式方圓互藏、陰陽互根、負
陰抱陽之理，這也就是《說文》所云「仐易在天地閒交午也」、「一爲東西，
丨爲南北，則四方中央備矣。」最深層的《易》學筮數内涵。

　　河圖數一六、二七、三八、四九、五十成對組合，是生數與成數的配對，
每組生數與成數皆相差五，《易・繫辭傳上》：「天數二十有五，地數三十，凡
天地之數，五十有五。」（按：天數：$1+3+5+7+9=25$，地數：$2+4+6+$
$8+10=30$，$25+30=55$），河圖數總和爲五十五，是爲天地之數。揚雄《太
玄・玄圖》：「一與六共宗，二與七爲朋，三與八成友，四與九同道，五與五
相守。」〈太玄數〉：「三八爲木，爲東方，爲春，日甲乙，辰寅卯……」；「四
九爲金，爲西方，爲秋，日庚辛，辰申酉……」；「二七爲火，爲南方，爲夏，
日丙丁，辰巳午……」；「一六爲水，爲北方，爲冬，日壬癸，辰子亥……」；
「五五爲土，爲中央，爲四維，日戊己，辰辰未戌丑……。」〔註207〕《易緯
乾坤鑿度》中〈乾鑿度〉的「生天數」云：「天本一而立，一爲數源，地配生
六，成天地之數，合而成水性，天三地八木，天七地二火。天五地十土，天
九地四金。」《尚書・洪範》：「五行：一曰水，二曰火，三曰木，四曰金，五
曰土。」孔穎達疏云：「天一、地二、天三、地四、天五、地六、天七、地八、
天九、地十，此即五行生成之數。天一生水，地二生火，天三生木，地四生
金，天五生土，此其生數也。如此則陽无匹，陰無偶，故地六成水，天七成

〔註206〕　（清）萬年淳，《易拇》卷一〈圖說一〉（四庫未收書輯刊編纂委員會編，《四
　　　　　庫未收書輯刊》參輯・參冊，北京：北京出版社，2000），頁 241。

〔註207〕　（宋）司馬光《太玄經集注》本作「辰辰未戌丑」，並曰：「多作『辰戌丑未』，
　　　　　今從丁宋本。」《淮南子・時則》：季春之月，招搖指辰；季夏之月，招搖指
　　　　　未；季秋之月，招搖指戌；季冬之月，招搖指丑。故配辰爲辰未戌丑。

火，地八成木，天九成金，地十成土。于是陰陽各有匹偶而物得成焉，故謂之成數也。」天一地六，水居北，爲冬；地二天七，火居南，爲夏；天三地八，木居東，爲春；地四天九，金居西，爲秋；天五地十，土居中，爲四隅，圖示如下：

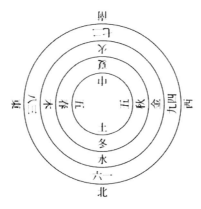

每個生數加五即是它所對應的成數，而五爲五行中的土。胡一桂認爲，土在五行中具有獨特的作用，它是水之泉源所在，火的歸宿處，木的生存基礎，金的蘊藏之處，也是土自身得以厚積的原因。〔註208〕因此，五在生數成數的構成過程起著重大作用，故其位居中，統攝五行全局。

東漢徐岳《數術記遺》云：「九宮算，五行參數，猶如循環。」北朝甄鸞注釋曰：「九宮者，即二四爲肩，六八爲足，左三右七，戴九履一，五居中央。五行參數者，設位之法，依五行。」說明了九宮數的排列形式，與《洛書》九數：「戴九履一，左三右七，二四爲肩，六八爲足，五居中央。」相同，總數皆爲45，故九宮或太乙栻盤、明堂九室皆爲洛書應用形制的變身與分身。

洛書九宮的數字按照五方排列爲：左三（東）、上九（南）、右七（西）、下一（北）、中五，皆爲陽數、奇數。其中四正方位的數字結構：東方震宮三爲陽數一與陰數二之合（1＋2＝3）。三乘以三等於九（3×3＝9），爲南方離

〔註208〕（宋）胡一桂，《周易啟蒙易傳》卷上：「然天一生水，必待地六而後成，以至天五生土，必待地十而後成者，以五行之生皆不能離乎中五之土，以成形質。天一生水矣，水非土則原泉從何出？故一得五則成六，是地六成之也。地二生火矣，火非土則歸宿于何所？故二得五則成七，是天七成之也。天三生木矣，木非土亦無所培植，故三得五則成八，是地八成之也。地四生金乙，金固土之所滋長，故四得五則成九，是天九成之也。天五生土矣，生而必成則積之深厚，故五得五則成十，是地十成之也。」（《文津閣四庫全書》（經部‧易類）第六冊，北京：商務印書館，2005），頁654。

宮之九。三乘以九等於二十七（3×9＝27），尾數爲西方兌宮之七。三乘以七等於二十一（3×7＝21），尾數爲北方坎宮之一。一乘以三得三，又復返東方的震宮三。

四維之數皆爲陰數、偶數。陰數從西南隅的坤宮二始，二二得四（2×2＝4），爲東南隅巽宮之四。二四得八（2×4＝8），爲東北隅艮宮之八。二八十六（2×8＝16），爲西北隅乾宮之六。二六十二，又回到坤宮二。

陰數二乘以五（中數）爲十，故在縱橫十形兩線端，上九加下一、左三加右七爲十；交叉乂形兩線端，四六相對、二八相對，相加皆爲十。陽數三乘以五爲十五，故凡在十、乂線上的三數相加皆爲十五：左直線 4＋3＋8＝15，中直線 9＋5＋1＝15，右直線 2＋7＋6＝15；上橫線 4＋9＋2＝15，中橫線 3＋5＋7＝15，下橫線 8＋1＋6＝15；左上到右下交叉 4＋5＋6＝15，右上到左下 2＋5＋8＝15。

陽數相加的和乘以五，以及陰數相加的和乘以五，皆等於一百，其數式爲：陽數 1＋3＋7＋9＝20，20×5＝100；陰數 2＋4＋6＋8＝20，20×5＝100。

結　語

《漢書・律曆志》的〈鐘律書〉、〈三統曆〉、〈三統曆譜〉爲劉歆所著，他以「太極上元」作爲曆法的最高存在，《漢書・律曆志上》云：「太極運三辰五星於上，而元氣轉三統五行於下。其於人，皇極統三德。故三辰之合於三統也，日合於天統，月合於地統，斗合於人統。五星之合於五行……五星會終……與日月會……與三統會。三統二千三百六十三萬九千四十，而復於太極上元。」「太極上元」在曆法中代表天地之始，劉歆此舉，是爲其〈三統曆譜〉的聖王譜系春秋學，建構規模宏大的時間參照系。又云：「太極元氣，函三爲一。極，中也。元，始也。」「太極」代表天之本原，「元氣」爲地之本原，「皇極」爲人之本原，合而言之，「太極元氣」「函三爲一」爲終極本原。〈鐘律書〉由「備數」到「和聲」、「審度」、「嘉量」、「權衡」，都是「太極元氣」這個「一」的層層開展，班固在《漢書敘傳》中介紹〈鐘律書〉云：「元元本本，數始於一，氣產黃鐘，造計秒忽，八音七始，五聲六律，度量權衡，曆算乃出。」劉歆建立以「太極元氣」爲世界本原的哲學、象數體系，同時又因之統攝音律，又借音律統攝萬事，《易》遂成爲自然科學和禮樂制度的根本。

　　《漢書・藝文志・六藝略》中五經的排列依次爲《易》、《書》、《詩》、《禮》、《春秋》，以《易》居於首位，而各經小序在思想上也高度推崇《易》，如於《易》則曰：「《易》曰：『宓戲氏仰觀於天……』」，於《書》則曰：『河出圖，洛出書……』」；於《禮》則曰：「《易》曰：『有夫婦父子君臣上下……』」；於《樂》則曰：「《易》曰：『先王作樂崇德……』」皆引《易》爲據。〈六藝略〉序便提到《易》爲經書之原，其曰：

> 六藝之文：《樂》以和神，仁之表也；《詩》以正言，義之用也；《禮》以明體，明者著見，故無訓也；《書》以廣聽，知之術也；《春秋》以斷事，信之符也。五者，蓋五常之道，相須而備，而《易》爲之原。故曰：「《易》不可見，則乾坤或幾乎息矣」，言與天地爲終始也。
> 至於五學，世有變改，猶五行之更用事焉。

將《樂》、《詩》、《禮》、《書》、《春秋》比爲仁、義、禮、知、信五常，而一切的源頭皆源自於《易》，既要「相須而備」，也要更相用事，才能與天地終始。由此可知，《易》爲劉歆的思想本原。

　　同樣的道理，《易》學也是《説文》的思想總源與最高指導原則，在在處處可明顯察覺許慎對《易》學的皈依。文字不能離「象」，《易》學重「象」，故《説文・敘》引述《易・繫辭下》的伏羲畫卦說，不僅表明文字的發明根源於「象」，也搭上《説文》與《易》的思想橋樑，《説文・敘》的文字學術語如「文」、「字」、「六書」名稱與內容，也可改以《易》學眼光重新審度。再者，《説文》從部首、字例的編排，也是經過一番《易》學巧思。「始一終亥」不但是圜道的部首終始，也象徵《説文》文字成員的相生之道，順著此理，貫串在字例的相次關係。《説文》籠罩在《易》學架構的編纂體例下，連其篇卷、字數都具筮數之理。在字例的釋義上，許慎也常引《易》說之，一至十是群組的筮數數理，干支是群組的卦氣《易》論；「物」與「易」則是以一見全的「自證」字例，「物」可計出萬物之數，「易」可知月體納甲。因此，《易》學是《説文》數術思想的總源頭，亦是撐起《説文》最核心基礎的理論架構，再輸入陰陽五行之氣補益之，於是天文律曆和方技知識皆不離本宗，開啓與系聯下面各章節的重要寶庫資源，而展現《説文》總體的數術思想。